بسم الله الرحمن الرحيم

أساسيات
التدريس

أساسيات التدريس

تأليف:

أ. د. خليل إبراهيم شبر، د. عبد الرحمن جامل، د. عبد الباقي أبو زيد

رقم الإيداع لدى دائرة المكتبة الوطنية 2005/9/2262

أساسيات التدريس

تأليف

أ. د. خليل إبراهيم شبر

أستاذ ورئيس قسم المناهج وطرق التدريس

كلية التربية- جامعة البحرين

د. عبد الرحمن جامل

أستاذ مشارك قسم المناهج وطرق التدريس

كلية التربية- جامعة البحرين

د. عبد الباقي أبو زيد

أستاذ مساعد قسم المناهج وطرق التدريس

كلية التربية- جامعة البحرين

دار المناهج للنشر والتوزيع

عمان، شارع الملك حسين، بناية الشركة المتحدة للتأمين

هاتف 4650624 فاكس 64650664

ص.ب 215308 عمان 11122 الأردن

Dar Al- Manahej

Publishers & Distributor

www.daralmanahej.com

Amman- King Hussein St.

Tel 4650624 fax +9626 4650664

P.O. Box: 215308 Amman 11122 Jordan

e-mail: daralmanahej@gmail.com

الإخراج والإشراف الفني وتصميم الغلاف: محمد أيوب

المحتويات

الفصل الثاني
الأهـــداف التربويـــة

الفصل الثالث
مهارات التخطيط للتدريس

الفصل الرابع

مهارات تنفيذ التدريس

الفصل الخامس
طـــرق التدريـــس

الفصل السادس

أساليــب التدريــس

الفصل السابع
خرائط المفاهيم - أسلوب التدريس الفعال

الفصل الثامن
التقويــــــم

مقدمة

تُعد عملية التدريس نظاماً فرعياً ينتمي إلى نظام أوسع وأكثر شمولاً باعتباره أحد عناصر المنهج التعليمي، ومن ثم فإن التدريب على التدريس من أجل اكتساب مهاراته يجب أن لا يكون إلا من خلال ذلك المنظور الكلي وما يحكمه من علاقات تبادلية مع كافة عناصر المنهج الأخرى.

وإذا كنا نؤمن بأن المعلم يجب أن يكون صاحب مهنة لها أصولها ومحدداتها، وأنه في ممارسته لها يجب أن يصل إلى مستوى معين من التمكن من مهاراتها، فهذا يعني أن المعلـم حينما يمارس عملية التدريس (بمعناها العلمـي) يجب أن يكون أداؤه مُعبراً عـن أسـلوب إعداده لممارسة هذا العمل.

ولقد حرصنا في هذا الكتاب أن نتناول طبيعة التدريس وأسسـه ومبادئه والمهارات التي يجب أن تتوافر لدى المعلم وهـو يقوم بعمليـة التـدريس سـواء مـن حيث التخطيط لعملية التدريس أو طرق تنفيذها أو أساليب وأدوات تقويمها.

فقد اشتمل هذا الكتاب (الذي نرجو أن يستفيد منه الطالب/ المعلم في كليـات ومعاهد إعداد المعلمين) على ثمانية فصول تتضمن أساسيات عملية التـدريس التي يجب أن يكتسبها ويتقنها المعلم، خصص الفصل الأول لتوضيح ماهية عملية التـدريس، وكيف يمكن النظر إليها، والمفاهيم والمصطلحات التي ترتبط بالتدريس وطرقه وأساليبه، ومبادئه، كـما عـالج **الفصل الثاني** الأهـداف التربويـة ومستوياتها، ومصادر اشـتقاقها والأهداف السلوكية وكيفية صياغتها، والأخطاء الشائعة في صياغتها، وأمثلة تطبيقيـة في مختلف المواد الدراسية، وتناول الفصل الثالث مهارات التخطيط للتـدريس، وأهميـة التخطيط ومراحله ومستوياته، وأمثلة تطبيقية في مختلف المواد الدراسية، كـما اشتمل

الفصل الرابع على بعض مهارات تنفيذ التدريس مثل: مهارة التهئية، ومهارة الإدارة الصفية، ومهارة استخدام وسائل وتكنولوجيا التعليم، وخصص الفصل الخامس لطرق التدريس وأساليبه المختلفة، وخطوات ومميزات وعيوب كل طريقة من الطرق، وكذلك أساليب التدريس المختلفة التي يمكن استخدامها في تنفيذ التدريس، وتناول الفصل السادس أساليب التدريس كما تناول الفصل السابع :خرائط المفاهيم، أسلوب للتدريس الفعال وتناول الفصل الثامن التقويم وتضمن مهارات التقويم وأنواعه وأدواته ووسائله المختلفة، والتقويم والتدريس العلاجي، والامتحانات ومشاكلها.

وإننا إذ نقدم هذا الكتاب إلى الطالب/ المعلم في كليات التربية والمعاهد العليا لإعداد المعلمين نرجو أن يكون فيه ما يسد نقصاً وما يشبع حاجةً وما يساعد المعلمين على الارتقاء بمستوى مهنة التدريس التي مهنة الأنبياء والرسل، وهي أم المهن. كما نسأله تعالى أن يكون هذا العمل بداية موفقة لأعمال أخرى وأن يوفقنا الله إلى ما فيه خير بلادنا وأمتنا إنه سميع مجيب..

أستاذ دكتور/ خليل إبراهيم شبر

دكتور/ عبد الرحمن جامل

دكتور/ عبدالباقي أبوزيد

الفصل الأول

التدريـــــس
طبيعته، أسسه، مبادئه، مفاهيمه

طبيعة التدريس

إن عملية التدريس موجودة منذ القدم، وستظل طالما أن هناك قديم وحديث، وكبير وصغير، وطالما أن هناك أفراداً أكثر خبرة وآخرين أقل خبرة يحتاجون إلى توجيه وإرشاد، فستظل الحاجة إلى التدريس قائمة.

والتدريس كان مهنة الأنبياء والرسل، وهو الآن ليس مقصوراً على المعلمين، فهناك قدر كبير من التدريس يتم خارج الفصول الدراسية.

والتدريس هو أحد الوسائل التي تعمل على تحقيق التواصل الحضاري للجنس البشري عن طريق نقل الخبرة والمهارات والأفكار إلى الأجيال القادمة.

وإذا تناولنا هذا المفهوم بمعناه الواسع انطوى تحته كل أسلوب لنقل الخبرة من فرد إلى آخر ومن مجتمع إلى مجتمع ومن جيل إلى الأجيال التالية. ويتضمن هذا النقل للخبرة عدة معانٍ مصاحبة لهذه العملية منها:

أن الطرف الأول للخبرة هو طرف إنساني عاقل يدعوك لشتى ظروف الحياة، وقد تمرس بأسبابها ونتائجها، وخرج من ذلك بعبرة صادقة أو أفكار صحيحة. وأن هذا الطرف، وقد اكتسب هذه الخبرة الثمينة، قد دفعته ثقافته وإنسانيته إلى أن لا يكتم هذه الخبرة أو يضن بها على الآخرين، ففكر ملياً وابتكر أفضل الوسائل لنقل هذه الخبرة إلى من يود أن ينتفع بها، وهو بذلك يحقق لنفسه حياة أخرى بعد موته، إذ تستمر خبراته في أعمار الآخرين. كما أنه يضمر رغبة طيبة في أن يجنب هؤلاء الآخرين ما عانى من مشقة ومتاعب، ويبغي لهم حياة خيراً من حياته، وهذا دليل على تأصل نزعة الخير في الإنسان.

إن الإنسان يؤمن ببقاء المجتمع واستمراره، وأن على كل فرد فيه دور في تحقيق هذا البقاء والاستمرار، وأن أفضل الوسائل لهذه الغاية هو التواصل الثقافي. وأن الفرد لا يعيش لنفسه فقط، وإنما هو عضو في الإنسانية التي ظفرت بالقدرة على البقاء بفضل التفكير العقلي الذي تمرس بالاحتكاك والتجارب، وبفضل نزعة الخير التي استقرت في ضمير كل أعضاء الإنسانية وأصبحت رابطة بينهم.

وإن الطرف الناقل للخبرة يعرف قيمتها وأهميتها، وما عانته الإنسانية في تحصيلها، ولهذا يريد لها أن تحيا في الناس وأن يحيوا بها.

وإن ناقل الخبرة يعرف أن الطرف المتلقي قادر على استيعاب هذه الخبرة وعلى الإفادة منها، وأنه يستحق هذا المجهود المبذول لفائدته، وأنه متيقن أن متعلمة لن يستأثر بهذه الخبرة النفسية ويضن بها على الآخرين، وإنما على العكس من ذلك سيحتفظ بالخبرة في أحسن مكان من نفسه، وسيزيد عليها وينقلها إلى من بعده أرقى وأفضل.

أما المعاني التي يتضمنها موقف المتعلم فمنها:

إنه بقدر ما تجشمه الأستاذ من معاناة لكي يستوعب الخبرة الإنسانية في تخصصه، وينقلها إليه. فهو يؤثره بأعز ما يملك.

وإن هذه المعرفة أو الخبرة البشرية هي أقوى أسلحة الإنسان وأشرف جهوده، وأنها ليست ثمرة كفاح فرد أو أفراد فقط بل الإنسانية بجملتها لأن كل فرد يستفيد من التراث قبل أن يتهيأ لتوصيله للآخرين.

وإن قيمة المتعلم ليست في شخصه وإنما في قدرته على تمثيل هذه المعرفة وعلى الإسهام في ترقيتها، وأنه بقدر عظمة التراث الحضاري الذي ورثناه عن الأجيال الماضية تكون مسئوليتنا نحو الأجيال القادمة.

وإن الفضائل الأولى هي كل ما يساعده على التواصل الحضاري مثل المعرفة والتكنولوجيا والسلوك الطيب، وأن الرذائل هي كل ما يعوق تحقيق الضمير الإنساني.

ويمكن النظر إلى التدريس من عدة وجوه منها:

التدريس كتجربة

متكررة متنوعة لدراسة النفس البشرية والمجتمع ومعرفة قدراتها وتأثيرها المتبادل. والتدريس ليس نوعاً من العطاء فحسب يعطي فيه المدرس المتعلم بعض حصيلته من

الذكاء والمهارة والخبرة، وهو كذلك نوع من التبادل العقلي بين طرفين يستفيد كلاهما من اللقاء العقلي فائدة تصقل ذكاءه وتنمي شخصيته. فالمدرس عندما يعاون المتعلم على اكتساب الخبرة يعاني من اختلاف قدرات المتعلمين وكثرتهم ومشاكلهم، ويجد نفسه مضطراً إلى معاملة أعضاء في مجتمع لا أفراد مستقلين عن بعضهم مستعدين للاستفادة، بل قد يجد المدرس أحياناً عزوفاً عن علمه وزهداً في جهوده مما يضطره إلى مراجعة نفسه واكتشاف أسباب ذلك: هل هي المادة أو الطريقة، أو شخصيته أو معاملته للمتعلمين أو رأي المجتمع فيما يجب تعليمه للمتعلمين في تلك المرحلة أو غير ذلك من الأسباب.

وعن طريق تفكير المدرس في كل ذلك واستعداده للتجاوب مع الظروف، يكتسب المدرس قدرات نفسية وعلمية جديدة تزيد من ثراء شخصيته ومن نموه المهني وتعمل على ترقيته تربوياً، كما تساعد المتعلمين على إعادة تقدير الظروف والتوافق مع الدراسة واكتساب المرونة والحرص على المستقبل.

التدريس كمناسبة عظيمة القدر لالتقاء الأجيال، ففي أثنائه يلتقي جيل قد نشأ على ثقافة معينة مع جيل في دور التنشئة تحكمه ظروف عصره الثقافية، وتدفعه إلى التبرم بالجيل الماضي ومقاومته. ولكن الجيلين يلتقيان أثناء التدريس على هدف البذل من جانب والانتفاع من الجانب الآخر، يحددها منفعة المجتمع وتحكمها مثالية التربية وسمو أغراضها

التدريس كنظام

إذا نظرنا إلى التدريس كنظام متكامل نجد أنه يتكون من:

1- مدخلات التدريس وتشمل:

● **المعلم:** خصائصه النفسية والاجتماعية- إعداده وتدريبه وفلسفته التربوية.

● **المتعلم:** خصائصه -جنسه- خلفيته الاجتماعية والاقتصادية.

● **المناهج المدرسية:** وثائق المناهج-الكتب المدرسية- أدلة الطلاب والمعلمين.

- **بيئة التعلم:** أثاث مدرسي - تجهيزات معامل - تكنولوجيا التعليم - بيئة التعلم الاجتماعية (التشجيع- التنافس ...الخ).

2- عملية التدريس وتشمل:

الأهداف - المحتوى - طرق التدريس - التقويم.

3- مخرجات التدريس وتتمثل في:

التغيرات المطلوب إحداثها في شخصية المتعلم في الجوانب المعرفية والمهارية والانفعالية والاجتماعية.

التدريس كعملية تتضمن ثلاث مهارات رئيسية هي: مهارات التخطيط، ومهارات التنفيذ، ومهارات التقويم. ومهارات التدريس هي القدرة على المساعدة في حدوث التعلم وتنمو عن طريق الإعداد والمرور بالخبرات المناسبة وهي تعني أداء سلوكي معين يمكن ملاحظته ومعرفة نتائجه.

التدريس كعملية اتصال

يمكن النظر إلى التدريس على أنه عملية اتصال عناصرها ما يلي:

1- المرسل (المعلم)

وهو غالباً ما يبدأ عملية الاتصال، وأحياناً يتحول من وضع الإرسال إلى الاستقبال حين يستمع إلى طلابه، أو يتعرف على وجهات نظرهم.

ويتأثر المعلم من وضعه كمرسل بعدد من العوامل التي تؤثر في فاعلية عملية الاتصال، ومن هذه العوامل: اتجاهاته نحو نفسه، ونحو المادة الدراسية، ونحو طلابه، فإذا كانت هذه الاتجاهات إيجابية ذات فاعلية الاتصال، والعكس بالعكس، أيضاً يؤثر مستواه العلمي والثقافي والاجتماعي على فاعلية الاتصال.

2- المستقبل (الطالب)

والطالب هو المستقبل، وأحياناً يتحول من وضع المستقبل إلى المرسل حين يبدي رأيه، أو يسأل معلمه ....إلخ.

ويتأثر الطالب من وضعه كمستقبل بعدد من العوامل التي تؤثر في فاعلية عملية الاتصال، ومن هذه العوامل: اتجاهاته نحو نفسه، ونحو المادة الدراسية، ونحو معلمه، فإذا كانت هذه الاتجاهات إيجابية زادت فاعلية الاتصال، والعكس بالعكس، أيضاً يؤثر مستواه العلمي والثقافي والاجتماعي على فاعلية الاتصال.

3- الرسالة

قد تكون الرسالة المتبادلة بين المرسل المستقبل شفهية أو مكتوبة، والرسالة في الموقف التعليمي هي محتوى المادة الدراسية، والذي قد يكون ذا طبيعة معرفية أو مهارية أو وجدانية أو هما معاً.وينبغي أن تكون هذه الرسالة مناسبة لإمكانيات المتعلم، وتلبي حاجاته ورغباته واهتماماته.

4- وسيلة الاتصال

وهذه الوسائل قد تكون سمعية أو بصرية أو هما معاً، أو وسائل أخرى يمكن استخدامها لتحقيق الأهداف المرغوبة. وتؤثر بالضرورة هذه الوسيلة على فاعلية الاتصال.

التدريس كعلم وفن

إن التدريس لم يعد مهنة من لا مهنة له، ولم يعد مهنة روتينية يومية يتخذها البعض لسد حاجات مادية معينة، كما كان يدعي البعض. بل أصبح علماً وفناًَ في آن واحد، ويرجع اعتبار التدريس كعلم وفن إلى القرنين الثامن والتاسع عشر، عندما دخلت على التربية عموماً والتدريس خصوصاً تعديلات جذرية نتيجة لاعتبارين أساسيين:

أولهما فلسفي إنساني: يقوم على أن الطفل مخلوق ذو حقوق وقيم، ويجب أن يستعمل معه الأسلوب التعليمي الذي يعمل على تنمية شخصيته الإنسانية المتكاملة ويرعى قيمه الخلقية.

وثانيهما نفسي: حيث يتم تقويم عملية التعليم وما تحتوي عليه من عوامل وأنشطة متنوعة من زاوية مدى تأثيرها النفسي على سلوك المتعلم وذاته، ومدى ملاءمتها لقدراته، وصلتها باهتماماته وحياته.

ولقد أصبح ينظر إلى التدريس كعلم، لاتصافه بالعديد من الخصائص منها:

- إن المعلم يقوم بعمله وفق أسس علمية، اكتسبها من خلال فترة إعداده في معاهد الإعداد الأكاديمي والمهني.وخلال حياته العملية بالتدريس، وإطلاعه على كل ما هو جديد في مجال عمله.
- إن التدريس قد أصبح نظاماً يتكون من مدخلات وعمليات ومخرجات لكل منها طبيعة ووظيفة محددة.
- إن مهمة التدريس أصبحت لا تتوقف على إعطاء معلومات للمتعلم خلال فترة محددة، بل تعدتها إلى بحث تأثير متغيرات تعليمية على أخرى.

والتدريس كعلم مدين في واقع الأمر إلى العلوم الإنسانية والطبيعية (علم الاجتماع - علم الفلسفة - علم المنطق - علم النفس - العلوم الطبيعية)، حيث من غير الممكن فهم معطياته المختلفة وتخطيط نظامه دون الأخذ بعين الاعتبار ما تقدمه العلوم السابقة من نظريات وتطبيقات.

وينظر إلى التدريس كفن، حيث يظهر المعلم من خلاله قدراته الابتكارية والجمالية واللغوية والتعامل الإنساني، فهناك على سبيل المثال معلم يمتاز بقدرته الفائقة على ابتكار النماذج والكتابة والرسم ، وهناك آخر يمتاز يقدرته اللغوية، فتراه متحدثا مفوهاً

يجذب من حوله من المتعلمين أو المستمعين، وهناك من هو معروف بشخصيته المحببة لمعاملته الإنسانية المتميزة داخل الفصل وخارجه، وهناك من يمتاز بقدرته على أن يتعلم منه من هو متفوق ومن هو متوسط ومنخفض القدرة على التحصيل.

أسس ومبادئ التدريس

هناك العديد من الأسس والمبادئ التي يرتكز عليها التدريس الجيد منها:

1- إن التعلم سيكون أفضل عندما يستخدم المعلم:

- طرق التدريس التي تعتمد على إيجابية ومشاركة المتعلم.

- خبرات المتعلم القديمة في تدريسه للخبرات الجديدة.

- أكثر من حاسة أثناء عملية التعليم.

2- إن التعلم سيكون أفضل عندما تكون هناك حاجة للتعلم من جانب المتعلم.

3- إن التعلم سيكون أفضل عندما تكون المادة المتعلمة أو الخبرة المقدمة للمتعلم في مستوى قدراتهم وإمكانياتهم وتشبع رغباتهم.

4- أن يكون المتعلم هو محور العملية التربوية، وأن تراعى الفروق الفردية بين المتعلمين، فيستخدم المعلم مع المتخلفين طرقاً ومواداً تختلف عن تلك التي يستخدمها مع بطيئي التعلم، أو العاديين أو ذوي الذكاء المرتفع.

5- أن يهدف التدريس إلى إكساب المتعلم المعارف والمهارات والقيم التي تؤهله للحاضر والمستقبل.

6- أن يتم استخدام وسائل وتكنولوجيا التعليم باختلاف أنواعها بشكل مكثف في عملية التدريس.

7- أن يتم الاستفادة من نتائج الدراسات والبحوث العلمية في العملية التربوية بكامل جوانبها.

مفاهيم التدريس Teaching Concepts

نحاول في نهاية هـذا الفصـل أن نوضـح المفـاهيم والمصـطلحات الخاصـة المتعلقـة بالتدريس، وذلك على النحو التالي:

مفهوم التدريس Teaching Concept

للتدريس تعريفات متعددة نختار منها ما يلي:

فهناك من يعرف التدريس على أنه: هـو كافـة الظـروف والإمكانيـات التـي يوفرهـا المعلم في موقف تدريسي معين، والإجراءات التي يتخذها في سـبيل مسـاعدة المتعلمـين علـى تحقيق الأهداف المحددة لذلك الموقف.

وهناك من يعرف التدريس بأنه: مجموعة النشاطات التي يقوم بها المعلم في موقف تعليمي لمساعدة طلابه في الوصول إلى أهداف تربوية محددة. ولكي تـنجح عمليـة التـدريس لابد للمعلم من توفير الإمكانيات والوسائل ويستخدمها بطرق وأسـاليب متبعـة للوصـول إلـى أهدافه.

ويقصد بالإمكانيات: مكان الدراسة، ودرجة الإضاءة والتهوية فيه، ومسـتوى الاهتمـام الذي تتصل بالمتعلمين، والكتاب المدرسي، والسبورة، وأي وسيلة تعليمية يستخدمها المعلم.

ومن التعريفات الأكثر شمولاً أن التدريس هو:

" نشاط إنساني هـادف ومخطط ، وتنفيـذي ، يـتم فيـه تفاعـل بـين المعلم والمـتعلم وموضوع التعلم وبيئته، ويؤدي هذا النشاط إلى نمو الجانب المعرفي والمهاري والانفعالي لكـل من المعلم والمتعلم، ويخضع هذا النشاط إلي عملية تقويم شاملة ومستمرة ".

مفهوم طريقة التدريس Teaching Method Concept

الطريقة هي الإجراءات التي يتبعها المعلم لمساعدة طلابه على تحقيـق الأهـداف، وقد تكون تلك الإجراءات مناقشات، أو توجيه أسئلة، أو تخطيط لمشروع أو إثارة لمشكلة

تدعو للمتعلمين إلى التساؤل، أو محاولة لاكتشاف أو فرض فروض، أو غير ذلك من الإجراءات، والطريقة هي حلقة الوصل بين المتعلم والمنهج، ويتوقف على الطريقة نجاح وإخراج المقرر أو المنهج إلى حيز التنفيذ، كما تتضمن الطريقة كيفية إعداد المواقف التعليمية المناسبة وجعلها غنية بالمعلومات والمهارات والعادات، والاتجاهات والقيم المرغوب فيها.

الفرق بين التعليم والتعلم Learning & Instruction

إن التعليم هو العملية والإجراءات بينما التعلم هو نتاج تلك العملية، فالمعلم يقوم بعملية التربية والتعليم، حيث أنه ينقل لطلابه المعارف، والحقائق، ويكون لديهم مفاهيم معينة، ويكسبهم العديد من الميول والاتجاهات والقيم والمهارات المختلفة، كما يسعى المعلم إلى إحداث تغيرات عقلية ووجدانية ومهارة أدائي لدى طلابه وهذا ما يسمى (بعملية التعليم).

أما التعلم فهو كل ما يكتسبه الإنسان عن طريق الممارسة والخبرة كاكتساب الاتجاهات والميول، والمدركات، والمهارات الاجتماعية والحركية والعقلية والتعلم أيضاً هو تعديل في السلوك أو الخبرة نتيجة ما يحدث في العالم أو نتيجة ما نفعل أو نلاحظ. أي أن التعليم هو العملية والتعلم هو الناتج.

لقد أصبحت عملية التدريس في الوقت الحاضر عملية تفاعلية بين طرفين أساسيين هما المعلم والمتعلم، ولم تعد أحادية الجانب، تعتمد فقط على الدور الذي يقوم به المعلم، ولم يعد المتعلم سلبياً في موقفه إذ أصبح يأتي إلى المدرسة وهو يملك خبرات عديدة وموضوعات كثيرة، وبحاجة إلى إجابات عن تساؤلات كثيرة.

أسلوب التدريس Teaching Style

يعرف أسلوب التدريس "بأنه النمط التدريسي الذي يُفضله معلم ما" ويمكن تعريفه بالكيفية التي تناول بها المعلم طريقة التدريس أثناء قيامه لعملية التدريس أو هو الأسلوب

الذي يتبعه المعلم في توظيف طرق التدريس بفعالية تميزه عن غيره من المعلمين الذين يستخدمون نفس الطريقة، ومن ثم فإن أسلوب التدريس يرتبط بصورة أساسية بالخصائص الشخصية للمعلم.

التدريس والتعليم Teaching and Instruction

هناك من يستخدم مفهومي التدريس والتعليم بمعنى واحد، ولكن في الحقيقة يوجد بينها فرق كبير، فمفهوم التعليم هو تعبير شامل وعام نستعمله في لغتنا اليومية في مواضع كثيرة، كمثل أن يقول الإنسان لقد تعلمت الكثير من قراءتي لهذا الكتاب أو مشاهدتي لهذا الفلم.

أما مفهوم التدريس يشير إلى نوع خاص من طرق التعليم، أي أنه تعليم مخطط ومقصود، ويمكن أن نحدد الفرق بين المفهومين في أن التدريس: يحدد بدقة السلوك الذي نرغب في تعليمه للمتعلم، ويحدد الشروط البيئية العلمية التي يتحقق فيها الأهداف، أما عملية التعليم فإنها قد تحدث بقصد أو بدون قصد أو هدف محدد.

الفرق بين مفهومي إستراتيجية وطريقة التدريس

تعرف استراتيجيات التدريس، بأنها مجموعة الإجراءات والوسائل التي تستخدم من قبل المعلم ويؤدي استخدامها إلى تمكين المتعلمين من الإفادة من الخبرات التعليمية المخططة وبلوغ الأهداف التربوية المنشودة.

وتعرف طريقة التدريس بأنها الأداة أو الوسيلة أو الكيفية التي يستخدمها المعلم في توصيل محتوى المنهج للدارسين في أثناء قيامه بالعملية التعليمية.

وذلك يعني أن إستراتيجية التدريس تتصل بالجوانب التي تساعد على حدوث التعلم الفعال كاستعمال طرق التدريس الفاعلة، واستغلال دوافع المتعلمين، ومراعاة استعداد تهم وحاجاتهم وميولهم، وتوفير المناخ الصفي الملائم والشروط المناسبة للتعلم، وغير ذلك من الجوانب المتصلة بالتدريس الفعال.

ومن ثم نجد أن الطريقة تمثل أحد وسائل الاتصال التي توظفها الإستراتيجية لتحقيق ذلك التعلم الفعال، وهذا يعني أن الإستراتيجية اشمل من الطريقة، وأن الطريقة ونوعها تمثل أحد البدائل أو الخيارات التي تتخذها الإستراتيجية بهدف تحقيق التعلم الفعَّال، وتيسير عملياته وضبط محددات تنفيذه.

ولتوضيح الفرق بينهما نورد المثال التالي:

عند تدريس موضوع في الدراسات الاجتماعية عن " تاريخ البحرين" فعلى المعلـم هنا أن يحدد الأهداف، والإجراءات والأنشطة التي يقوم بها، وتلك التي يقوم بها الطلاب. فقد يقرر أنه سيبدأ درسه باستخدام طريقة المحاضرة، ثم يتبع المحـاضرة بعرض لفيلم تسجيلي عن تاريخ البحرين، ثم يستخدم طريقة المناقشة لما ورد بالفيلم من معلومـات وأحداث، والمقارنة بينه وبين ما جاء بالكتاب المدرسي، ثم يوجه المعلـم طلابه إلى بعض المواقع على شبكة الإنترنت لإثراء معلوماتهم حول الموضوع، وفي النهاية يطبـق عليهم بعـض الاختبـارات للتأكد من حدوث التعلم".

هذه هي الإستراتيجية، ويتضح مما سبق أن الإستراتيجية أشمـل وأعم مـن الطريقـة، وأنه يمكن استخدام أكثر من طريقة للتدريس في تنفيذ الإستراتيجية.

الفرق بين مفهومي طرق وأساليب التدريس

عرفنا أن طريقة التدريس هي وسيلة الاتصال التي يستخدمها المعلم لتوصيل المحتوى إلى المتعلمين، كما عرفنا أن أسلوب التدريس هو الكيفية التي يتناول بها المعلم تلك الطريقـة أثناء قيامه بعملية التدريس.

ومن ذلك نستنتج أن الطريقة أشمل من الأسلوب ولها خصائصها ومميزاتها العامـة، ويمكن أن يستخدمها أكثر من معلم، في حين أن الأسلوب خاص بالمعلم، ويـرتبط بالخصائص الشخصية له.

ولتوضيح الفرق بينهما نورد المثال التالي:

نفترض أن المعلم (أ) والمعلم (ب) يريدان تدريس موضوع في الدراسات الاجتماعية عن " النهضة التعليمية في البحرين خلال نصف قرن" وقد قررا أن يستخدما طريقة المناقشة في تدريسهما.

وعندما سأل المعلم (أ) المعلم (ب) عن كيفية تنفيذه لطريقة المناقشة، أجابه: أنه سيعرض على الطلاب مجموعة من الصور قام بجمعها وتصنيفها لمراحل النهضة التعليمية في البحرين خلال الفترة المحدد، وبعد ذلك سيفتح باب المناقشة بينه وبين الطلاب حول هذه المجموعة من الصور.

وعندما سأل المعلم (ب) المعلم (أ) عن كيفية تنفيذه لطريقة المناقشة، أجابه: أنه خطط للقيام برحلة تعليمية لأحد متاحف التعليم بالبحرين، وأنه سيقسم الطلاب أثناء الزيارة إلى مجموعات، كل مجموعة ستكون مسئولة عن إعداد تقرير حول ما شاهدوه ووجدوه بالمتحف عن مرحلة تعليمية معينة كمرحلة التعليم الابتدائي أو الإعدادي أو الثانوي، يتم مناقشة هذه التقارير عند العودة إلى المدرسة.

فنلاحظ أن كلا المعلمين استخدم طريقة المناقشة، إلا أن كل منهما استخدم أسلوباً يختلف عن الآخر. وهذا يوضح الفرق بين طريقة التدريس وأسلوب التدريس، أي أنه يمكننا القول بأن الطريقة أشمل وأعم من الأسلوب، وأنه يمكننا استخدام أكثر من أسلوب في الطريقة الواحدة.

الفرق بين مفهوم إستراتيجية وطريقة وأسلوب التدريس

يمكن تحديد الفروق بين الإستراتيجية ، والطريقة، والأسلوب في: أن إستراتيجية التدريس اشمل من الطريقة فالإستراتيجية هي التي تختار الطريقة الملائمة مع مختلف الظروف والمتغيرات المؤثرة في الموقف التدريسي، أما الطريقة فإنها بالمقابل أوسع من

الأسلوب، وأن الأسلوب هو الوسيلة التي يستخدمها المعلم لتوظيف الطريقـة بصـورة فعالـة، والطريقة هنا أعم كونها لا تتحدد بالخصائص الشخصية للمعلم، وهـي الخصـائص المحـددة لأسلوب التدريس الذي يتبعه المعلم بصورة أساسية.

أسئلة التقويم الذاتي

السؤال الأول:

س1: عرف بما لا يزيد عن ثلاثة أسطر كل من:

أ- مهارات التدريس.   ب- مفهوم التدريس.   جـ- مفهوم الطريقة

س2: ما هو الفرق بين طريقة وأسلوب التدريس؟

س3: وضح باختصار ما يأتي:

الفرق بين مفهومي إستراتيجية التدريس وأسلوب التدريس.

السؤال الثاني: ضع علامة (√) أمام الإجابة الصحيحة لكل مما يأتي:

1- تتميز طريقة التدريس بأنها:

أ-   أشمل وأعم من الإستراتيجية   ( )

ب-   أقل شمولية وعمومية من الإستراتيجية   ( )

ج-   تمثل أحد مكونات الإستراتيجية   ( )

د-   كل من ب ، ج   ( )

2- يتميز أسلوب التدريس بأنه:

أ-   أقل شمولية وعمومية من طريقة التدريس   ( )

ب-   أشمل وأعم من طريقة التدريس   ( )

ج-   يمكن استخدام أكثر من أسلوب للتدريس في الطريقة الواحدة ( )

د-   كل من أ ، ج   ( )

3- الكيفية التي يتناول بها المعلم طريقة تدريس معينة، والتي يمكن أن تختلف من معلم لآخر عند استخدامهم نفس طريقة التدريس تعرف بـ :

أ-   الإستراتيجية   ( )

ب-   الأسلوب   ( )

ج- الطريقة ( )

د- كل من أ، ج ( )

4- تتميز الإستراتيجية بأنها:

أ- أشمل وأعم من الطريقة ( )

ب- أقل شمولية وعمومية من الطريقة ( )

ج- تمثل الطريقة أحد بدائلها لتحقيق أهدافها ( )

د- كل من أ، ج ( )

5- يمكن النظر إلى التدريس على أنه:

أ- علم وفن ( )

ب- نظام له مدخلات وعمليات ومخرجات ( )

ج- عملية اتصال تشتمل على مرسل ومستقبل ورسالة ووسيلة اتصال ( )

د- كل ما سبق ( )

6- مجموعة الإجراءات والوسائل التي يستخدمها المعلم، وتمكنه من الاستفادة بالخبرات التعليمية المخططة وتحيق الأهداف المرجوة بفاعلية، تعرف بـ :

أ- الإستراتيجية ( )

ب- الأسلوب ( )

ج- الطريقة ( )

د- كل من أ، ج ( )

7- من الخصائص الأخلاقية التي يجب أن تتوافر في المعلم الناجح :

أ- الصبر واللين مع المتعلمين ( )

ب- الإلمام التام بالمادة العلمية وطرق تدريسها ( )

ج- الإخلاص في العمل واحترام التقاليد ( )

د- كل من أ، ج ( )

8- من الخصائص العقلية التي يجب أن تتوافر في المعلم الناجح:

أ. الصبر واللين مع المتعلمين ( )

ب- الإلمام التام بالمادة العلمية وطرق تدريسها ( )

ج- لإخلاص في العمل واحترام التقاليد ( )

د- الخلو من العـــاهات ( )

السؤال الثالث: ضع علامة (√) أو علامة (X) أما كل مما يأتي مع تصحيح الخطأ إن وجد وتبرير الصواب.

1- إن التدريس في الوقت الحاضر مهنة من لا مهنة له ( )

2- مصطلح التعليم هو مرادف لمصطلح التعلم ( )

السؤال الرابع:

1- "التدريس الجديد يعني أن هناك اتصالاً فعالاً بين المعلم وطلابه، والعكس صحيح، حيث توجد العديد من العوامل التي تؤثر على فاعلية الاتصال بين المعلم والمتعلم". في ضوء ذلك من هذه العوامل ؟.

2- وضح بمثال الفرق بين الإستراتيجية والطريقة؟

3- وضح بمثال الفرق بين الطريقة والأسلوب في التدريس ؟

4- وضح لماذا ينظر إلى التدريس على أنه علم وفن؟

<u>نشاط صفي (1)</u>

قم بعمل مقارنة بين المفاهيم المختلفة للتدريس بالرجوع إلي بعض المصادر والمراجع، مع الاستعانة بشبكة المعلومات العالمية.

الفصل الثاني

الأهداف التربوية

تمهيد

الأهداف هي الخطوة الأولى لأي عمل منظم، حيـث تحكـم مسـاره، وتـبرز أولوياتـه .
والأهداف التربوية هي عبارات تصف التغيرات أو النواتج المرغوبة أو المرتقبـة لـدى المـتعلم
من خلال دراسة برنامج تربوي معين. وقد تكون هذه التغيرات أو النواتج في صورة إضافة لما
لدى المتعلمين من معارف، أو تطوير أساليب تفكيرهم، أو أدائهم لمهارات لم يكونـوا قـادرين
على أدائها، أو الارتفاع بمستوى أدائهم لها، أو بإكسابهم ميولاً واتجاهات إلى أقصى مـا تسـمح
به قدراتهم.

وقد كان هدف التربية إلى أوائل القرن العشرين وبعض البلدان وخصوصاً في المـدارس
يركز على اكتساب المعلومات وحفظها، وجاء (راش) Rates سنة 1938 ليهاجم اقتصار التربيـة
على هذا الهدف الذي كان يعتقد بعدم فائدته ثم أورد لنا ثمانية أهداف للتربية هي:

1- تقديم المعلومات الوظيفية.

2- تنمية الاتجاهات.

3- تنمية عادات الدراسة والتعلم.

4- تنمية التفكير وإدراك العلاقات.

5- تنمية الميول والاهتمامات والتذوق.

6- تنمية الابتكار.

7- الاهتمام بالتكيف الاجتماعي.

8- اكتساب الفلسفة الاجتماعية.

مصادر اشتقاق الأهداف التربوية

حدد تايلور Tyler ثلاثة مصادر رئيسة تشتق منها الأهداف التربوية هي:

1- **المجتمع من حيث: طبيعته وحاجاته ومشكلاته وطموحاته**

أنشأ المجتمع المدرسة لتربيـة الصغار، ونقل تراثـه الثقافي لهـم، لـذلك فإن القضايا والاحتياجات والاهتمامات التي تشغل المجتمع ينبغي مراعاتها عند وضع الأهداف التربويـة، وينبغي دراسة طبيعة وحاجات ومشكلات وطموحات المجتمع؛ لكي يمكّن المتعلمـين مـن أن يصبحوا أعضاء فاعلين في هذا المجتمع.

2- **المتعلم من حيث: نموه وحاجاته واهتماماته وقدراته وتعلمه**

إن المتعلم بمراحل نموه المختلفة (طفولة- مراهقة- شباب- شيخوخة)، ومبادئ ذلك النمـو، والتـي تتمثـل في أن النمـو عمليـة مستمرة، وعمليـة فرديـة، وأن جوانبـه المختلفـة الجسمية والعقلية والوجدانية تؤثر بعضها في بعض، وأن التعلم دالة النمو، ومطالب ذلك النمو ومشكلاته، وحاجات المتعلم واهتماماته وقدراته، وموضوع تعلمه بما يشمله مـن موضوع شروط التعلم المتمثلة في الدافعية والنضج والممارسة، وانتقال أثر التعلم، كـل ذلك يعد من المصادر الأساسية الهامة التي يجب أخذها في الحسبان عند وضع الأهداف التربوية.

3- **المادة الدراسية من حيث: طبيعتها ومكوناتها، والاتجاهات الحديثة**

تعد المادة الدراسية مصدراً أساسياً من مصادر اشتقاق الأهداف التربويـة، وأن تراعي الأهداف الطبيعة المتطورة، والتراكمية للمعرفـة العلميـة. ولابد مـن الرجوع إليهـا وبالـذات ونحن نعيش في عصر الانفجار المعرفي، وتكنولوجيا المعلومات باعتباره مصدر مـن مصادر اشتقاق الأهداف التربوية كما أن لكل مادة أهدافاً محددة. فأهـداف مـادة التـاريخ تختلـف عن أهداف مادة الكيمياء، وتختلف عن أهداف مادة اللغة العربية وهكذا ... وحتى لا نكون بمعزل عن التطورات الحادثة في العالم. فنحن نعيش عصر الكمبيوتر، عصر الفضاء، والأقمار الصناعية، وتكنولوجيا المعلومات ... الخ.

وبالنسبة لدول الخليج العربيـة، فلقـد حـددت الوثيقـة التـي أعـدها مكتـب التربيـة العربي، والمركز العربي للبحوث التربوية، واعتمدتها الدول الأعضـاء مصـادر اشـتقاق الأهـداف التربوية في هذه الدول فيما يلي:

1- الإسلام بمنهجه الشامل، ونظرته إلى الكون، والإنسان، والحياة .

2- الانتماء العربي،لغة، وحضارة، وآمالاً، ومصيراً مشتركاً .

3- طبيعة المجتمع الخليجي العربي، وقيمه، ومطالب تنميته الشاملة .

4- حاجات الفرد في دول الخليج العربية، ومطالب نموه .

5- خصائص العصر والاتجاهات المستقبلية .

مستويات الأهداف التربوية

للأهداف التربوية مستويات متعددة فهـي تتـدرج في عموميتهـا وشـمولها رأسـياً مـن العام إلى الخاص، ومن البعيد جداً إلى القريب جداً، ومن الواسع العريض إلى الضيق.

فـأعم الأهـداف التربويـة وأشـملها وأبعـدها وأوسـعها هـي "غايـات التربيـة **Aims**" . وأكثرها تخصيصاً وتحديـداً وقربـاً وضـيقاً الأهـداف القريبـة المحـددة (الأهـداف التعليميـة) **Objectives** " وبينهما توجد أهداف عامة ووسـيطة تُسـمى " المقاصـد **Goals** " أو الأهـداف العامة، فهناك أهدف على مستوى المجتمع ككل تضمن له البقاء والازدهار، والتقـدم والأمـن وتوفير الأمن الداخلي والخارجي، وتقديم الخدمات التربوية والصحية. والمحافظة على عقيـدة المجتمع وتقاليده. كل هذا يعود من أهداف المجتمع.

وهناك أهداف لعملية التربية بشكل عام، وأهداف للخطة التربوية، في كل مرحلـة من مراحل التعليم (مرحلة الحضانة ورياض الأطفال، مرحلة التعليم الابتدائي، الإعـدادي، الثانوي، الجامعي)، وهناك أهداف لكل ميدان من ميادين الخطة: ميدان اللغات، ميدان العلـوم الاجتماعيـة ميـدان الفنـون، ميـدان الرياضـيات. وهنــاك أهــداف لكــل

مادة دراسية مثل: مادة الجغرافيا، مادة التاريخ، الاجتماع، ... الخ. ولكل مادة دراسية أهداف معينة وهناك لكل درس من الدروس التي تلقى في الفصل.

ويمكن أن تمثل مستويات الأهداف بمثلث مقلوبة قاعدته كما بالشكل التالي:

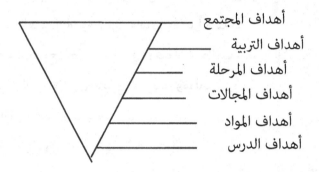

أهداف المجتمع
أهداف التربية
أهداف المرحلة
أهداف المجالات
أهداف المواد
أهداف الدرس

شكل (1) مستويات الأهداف

وفيما يلي توضيح لهذا المستويات وأمثلة على كل منها:

الغايات الكبرى للتربية Aims of Education

هي عبارات تصف نواتج حياتية، عريضة بعيدة المدى، على درجة عالية من التجريد، تتصل بالحياة أكثر مما تتصل بما يجري في الفصل والمدرسة، ويضعها قادة الفكر السـياسي والاجتماعي والثقافي، ويتناولها واضعو المناهج لترجمتها إلى أهداف عامة للمراحل الدراسـية، ولا تحتاج إلى محتوى مسبق، بل إن تحديدها يساعد على اختيار المحتوى الدراسي.

وينبغي أن تسعى لتحقيقها كـل المؤسسـات التي لها صـلة مباشـرة أو غـير مباشرة بالمدرسة كوسائل الإعلام، ودور العبادة والأسرة، والنوادي والأحزاب، والجمعيات.....إلخ .

وفيما يلي بعض الأمثلة للغايات الكبرى للتربية، والمشتقة من مصادر اشتقاق الأهداف في دول الخليج العربية.

أمثلة للغايات الكبرى المشتقة مـن الإسلام بمنهجه الشـامل، ونظرتـه إلى الكـون، والإنسان، والحياة كمصدر للأهداف في دول الخليج العربية:

- الاعتزاز بالإسلام، والولاء له، والعمل بتعاليمه.
- غرس العقيدة الإسلامية في الناشئة على أساس من الفهم الصحيح للإسلام.
- إدراك أثر العبادات في تثبيت العقيدة، وأهميتها في حياة الفرد والمجتمع.
- تنمية الاتجاه الإيجابي نحو العلم والاستمرار في طلبه وفقاً للمنهج الإسلامي.
- تقدير العمل، وأهمية إتقانه.

أمثلة للغايات الكبرى المشتقة مـن الانتماء العربي، لغـة، وحضـارة، وآمالاً، ومصيـراً مشتركاً كمصدر للأهداف في دول الخليج العربية:

- تعزيز الانتماء إلى الأمة العربية لغة، وحضارة، وآمالاً، ومصيراً مشتركاً.
- إدراك العلاقة والروابط بين الدول العربية، دينيـة، وتاريخيـة، وثقافية، واجتماعيـة، واقتصادية، وأثرها في بناء أمة عربية موحدة.
- فهم الحضارة العربية وإسهاماتها في الحضارة العالمية.
- تنمية الاعتزاز باللغة العربية، لغة القرآن، ووعاء التراث العربي والإسلامي، وسجل القيم والمناقب العربية.
- تعرف ما يواجه الأمة العربية من مشكلات، وتحديات، وأطماع، وأساليب مواجهتها.

أمثلة للغايات الكبرى المشتقة من طبيعة المجتمع الخليجي العربي، وقيمه، ومطالب تنميته الشاملة كمصدر للأهداف في دول الخليج العربية:

- إدراك السمات والروابط المشتركة بين دول الخليج العربية، دينيـة، وثقافيـة،

وجغرافيـة، وتاريخيـة، واجتماعيـة، واقتصـادية، وسياسـية، وأثرهـا في بنـاء مجتمـع خليجي عربي موحد .

- تنميـة الشـعور بـالانتماء إلي المجتمـع الخليجـي العـربي امتـداد للانـتماء الـوطني وتعزيزه، ارتباطا بتراثه الحضاري العريق، وإسهاما في بناء نهضة الحـاضر، واسـتعدادا لتحقيق تطلعات المستقبل.
- تنمية الوعي بإمكانات الدول العربية الخليجية، ومواردها الطبيعية، وسبل المحافظة عليها، وتنميتها، واستثمارها.
- تعرف الدور الرائد الذي قرره مجلس التعاون لدول الخليج العربية في تعزيز الرخاء، والأمن، والاستقرار للمنطقة.
- تعرف ما يواجه المجتمع الخليجي العربي من مشكلات، وتحديات، وأطماع لما تتمتع به المنطقة من موارد طبيعية، وموقع جغرافي متميز، وأساليب مواجهتها.
- تعرف الاحتياجات الفعلية والمستقبلية للتنمية الاقتصادية والاجتماعية وغيرهـا مـن مجالات التنمية الشاملة لدول الخليج العربية، والمهن التي تسهم في تحقيقها.

أمثلة للغايات الكبرى المشتقة من حاجات الفـرد في دول الخلـيج العربيـة، ومطالـب نموه كمصدر للأهداف في دول الخليج العربية

- تحقيق النمـو الشـامل المتـوازن للفرد،،جسـمياً، وعقليـاً، وروحيـاً وخلقيـاً، ونفسـياً، واجتماعياً.
- تحقيق مبدأ تكافؤ الفرص في التعليم والاستجابة للفروق الفردية بينهم بمـا في ذلـك رعاية ذوي الاحتياجات الخاصة.
- ممارسة الحرية الشخصية الملتزمة بقيم الإسلام.
- تأكيد مبدأ التسامح، وتحمل اختلاف وجهات النظر بين المتحـاورين بشـتى أنواعهـا، والتعايش مع الآخرين في ضوء التوجيه الإسلامي.

- تنميـة التفكـير العلمـي الناقـد والابتكـاري لحـل المشـكلات التـي يواجهها الفـرد والمجتمع.
- رعاية ذوي الاحتياجات الخاصـة (الموهـوبين والمعـوقين) وتنميـة ميـولهم وقـدراتهم واستثمارها .
- تنمية الوعي بأهمية الوقت واستثماره في ممارسة الهوايات وتحقيق الذات بما يفيـد الفرد والمجتمع.
- تأكيد دور التعاون والعمل الجمعي في التنمية الشاملة للمجتمع.

أمثلة للغايات الكبرى المشتقة من خصائص العصر والاتجاهـات المسـتقبلية كمصـدر للأهداف في دول الخليج العربية

- تكوين المجتمع الدائم التعليم بتأكيد الذاتي، والتعلم المستمر، وإتقان مهاراتهما.
- الانفتاح الواعي على الثقافات العالمية، بإتقان أهـم لغاتهـا والاسـتفادة مـن تجاربهـا العلمية والتقنية في ضوء القيم والمبادئ الإسلامية.
- التعامل مع تقانة العصر بكل كفاءة واقتدار، استفادة منهـا، وتفـاعلا إيجابيـا معهـا، وتأصيل إنتاجها في مختلف مجالات الحياة .
- النظـر إلي المسـتقبل واسـتشراف آفاقـه، والإعـداد لـه في ضـوء تـداعيات الأحـداث المعاصرة، وتوقع ما تسفر عنه من نتائج.
- تنمية الوعي البيئي، وإدراك أهمية المحافظة على البيئة، وحمايتها من التلوث.
- تنمية قدرة الأفراد على التفكير الناقـد ضـمن القـيم السـائدة في المجتمـع الخليجـي العربي الإسلامي، ومناقشـة الأمـور، وإصـدار الأحكـام عليهـا حتـى لا يقعـوا فريسـة الدعايات والأفكار المغرضة في عصر الدعاية ولإعلام والانفتاح.
- تنمية مهارات التفاعل الإيجابي مع الثقافات الأخرى بكل ثقة واقتـدار، وأخـذ الـدور المبادر الفاعل، ونبذ روح الخوف والتردد والانهزامية في إطار مثـل ومبـادئ المجتمـع الخليجي العربي الإسلامي وقيمه الراسخة.

المقاصد (الأهداف العامة) Goals

وترتبط هذه الأهداف بالنظام التعليمي تمييزاً لها عـن غايـات التربيـة التـي لهـا صلـة بالحياة ونشاطاتها أكثر من اتصالها بالتعليم النظامي .وهي أقل تجريداً مـن غايـات التربيـة، ويمكن أن تكون نواتج التعليم المدرسي كله، أو لمراحـل منـه، أو لمـواد دراسيـة، وبـذلك فهـي مستويات متدرجة. والأهداف التربوية العامة طويلة الأمد في طبيعتها، فأهـداف مثـل تنميـة التفكير الناقد، أو معرفة تـراث الأمـة العربيـة تحتـاج إلى وقت طويـل لتحقيقهـا، ولا تعتـبر أهدافاً مباشرة في الفصل.

وفيما يلي بعض الأمثلة للأهـداف التربويـة العامـة، والمشتقة مـن مصـادر اشـتقاق الأهداف في دول الخليج العربية.

أمثلة: مقاصد (الأهداف التربوية العامة) للمرحلة الثانوية بدول الخليج العربية

- تأكيد الإيمان بمبادئ الدين الإسلامي، وترسيخ القيـم الدينيـة وتوظيفهـا في العلاقـات الاجتماعية والإنسانية، وجعلها معياراً للسلوك.

- تنمية الشعور بالانتماء والاعتزاز بالوطن، والمجتمع الخليجي العربي، والأمـة العربيـة والإسلامية.

- تنمية إدراك المتعلم لما له من حقـوق، ومـا عليـه مـن واجبـات نحـو وطنـه، ونحـو مجتمعه الخليجي العربي، ونحو الأمة العربية والإسلامية.

- الوفاء بحاجات المجتمع من القوى البشرية المدربة اللازمة لمتطلبات التنمية.

- تعـرف الاتجاهـات العالميـة المعاصرة: سياسـية، واقتصادية، واجتماعيـة، وثقافيـة، والتفكير فيما ينبغي اتخاذه إزاءها.

- تنمية الاتجاهات الإيجابية نحو العمل المنتج، استعدادا له، وسعادة بممارسته.

- ترسيخ مهارات التعليم الذاتي.

- تحقيق النمو الثقافي، والعلمي، والمهني.

- تحقيـق النمـو المتكامـل للطفـل في جميـع النـواحي الجسـمية والعقليـة والروحيـة والوجدانية.

- إعداد الطفل للحياة العملية في البيئة التي يعيش فيها .

أمثلة: مقاصد (الأهداف التربوية العامة) للتعليم التجاري

- تنمية الفهم والوعي تجاه القوى التي تؤثر في النظام الاقتصادي.

- اكتساب المعلومات والمهارات والاتجاهات والقيم المرتبطة بالعمل والتي يحتاجها الطلاب في حياتهم الشخصية والعملية.

- اكتساب المعلومات والمهارات الأساسية في العلوم التجاريـة التي تؤهلهم لمواصلة الدراسة أو مزاولة المهنة المناسبة والنجاح فيها .

- إتقان مهارات التعلم الذاتي بما يمكنهم مـن التعلـم المسـتمر والقـدرة علـى الوصـول لمصادر المعرفة التي تربطهم بالمتغيرات المتجددة في مجال عملهم .

- استيعاب التقنيات الحديثة المتعلقـة بالمكتب معرفـة وأداء لتحقيـق التكامـل بيـن الجوانب النظرية والتطبيقية .

- اكتساب الخبرة عن طريق الممارسة الفعلية في المؤسسات المالية والتجاريـة المختلفـة باعتبار أن التدريب الميداني وسيلة لنمو الفرد ونضج شخصيته.

- تفهم وجهة نظر الإسلام في الموضوعات الاقتصادية والوعي بأن الإسـلام بمـا فيـه مـن مبادئ وتشريعات صالح لكل زمان ومكان وقادر على حل مشكلات العصر.

أمثلة: مقاصد (الأهداف التربوية العامة) في العلوم والرياضيات

- تعرف كيفية التعايش مع مكونات البيئة.

- تكوين اتجاه إيجابي نحو حماية البيئة من التلوث.

- تعرف أهمية دراسة الأعداد في الحياة اليومية

- اكتساب مهارات حل المشكلة الرياضية.

أمثلة للأهداف التربوية العامة لبعض مناهج التعليم التجاري

بعض أهداف منهج المحاسبة

1- يـتفهم الـنظم المحاسـبية الحديثـة وتطبيقاتهـا في المجـالات التجاريـة والخدميـة والشخصية.

2- يتعرف الأسباب والمبررات التي تدعو المنشأة إلى إمساك دفاتر محاسبية منظمة.

3- يكتسب مهارات حل المشكلات واتخاذ القرار فيما يتعلق بالأمور المالية.

4- يسجل العمليات المالية بالدفاتر المحاسبية المختلفة ويرحلها لدفاتر الأستاذ.

5- يعد القوائم المالية المختلفة (الدخل - رأس المال - الميزانية العمومية)

بعض أهداف منهج الاقتصاد

1- يتعرف أهمية علم الاقتصاد في الحياة وعلاقته بالعلوم الأخرى.

2- يتعرف طبيعة وخصائص النظم الاقتصادية المختلفة و أثر كل نظام على التنميـة في المجتمع .

3- يكتسب المعلومات والمهارات الأساسـية المتعلقـة بمرونـة العـرض والطلـب وكيفيـة احتسابها للسلع والخدمات.

4- يتعرف أهم المنظمات الاقتصادية الدولية و بعض المشكلات الاقتصادية المعاصرة ودور المنظمات في حلها.

5- يكتسب المعلومات والمهارات المتعلقة بمكونات ميزان المدفوعات وكيفية إعداده.

بعض أهداف منهج المشروعات الصغيرة

1- يتعرف أنواع المشروعات الصغيرة ودورها في خدمة الاقتصاد القومي.

2- يتعرف دور الدولة والقانون في تنظيم العمل الخاص وحمايته .

3- يتعرف مستلزمات تنفيذ المشروع الصغير ومتابعته.

4- يكتسب مهارات إعداد دراسة الجدوى الاقتصادية (للمشروع الذي يختاره)

5- يكتسب مهارة تحديد نوع معين من المشروعات الصغيرة يمكن تنفيذه

بعض أهداف منهج تطبيقات على الحاسوب (للمواد التجارية)

1- يتعرف أهمية توظيف الحاسوب في مناهج المواد التجارية والحياة التجاري

2- يكتسب مهارة اختيار وتوظيف برامج الحاسوب المناسبة للمعرفة والمهارة المعطاة بدقة ووعي.

3- يكتسب مهارة تنفيذ ما يطلب إليه باستخدام برامج الحاسوب المختلفة بدقة وسلاسة

4- يقدم مقترحا لطرائق عرض البيانات والمعلومات قبل تنفيذها بأسلوب فردي وجماعي.

5- تنمو لديه مهارة التذوق الفني والجمالي وحسن التنظيم والأداء.

الأهداف التعليمية المحددة (الأهداف السلوكية) Objectives

يطلق عليها الأهداف التعليمية الخاصة أو الأهداف السلوكية لارتباطها بما يحدث في حجرة الدراسة، وتمثل الموجهات القريبة للمعلم في نشاطاته التعليمية اليومية، أي أنها قصيرة الأمد في طبيعتها، ويسهُل ملاحظة مدى تحققها، ويضعها المعلم قبل بدء التدريس، وتشتق من مصادر متعددة هي: الفلسفة التربوية التي يقوم عليها النظام التربوي، والأهداف العامة للتربية، والأهداف العامة للمرحلة التعليمية، وأهداف المجال الدراسي (اللغة العربية، المواد الاجتماعية، الرياضيات)، والأهداف الخاصة بمحتوى دراسي معين (أهداف المادة الدراسية)، وخصائص النمو للمتعلم، طبيعة المعرفة، وحاجات المجتمع.

وينبغي أن تصاغ في صورة سلوكية واضحة ومحددة؛ لأن ذلك يحقق العديد من الأهداف لكل من المعلم والمتعلم والمادة الدراسية والنظام التعليمي وبالتالي المجتمع، وذلك على النحو التالي:

1- من جانب المعلم

إن تحديد وصياغة المعلم لأهداف درسه تحديداً وصياغة واضحة يساعده على:

- تخطيط الأنشطة التعليمية المناسبة.
- اختيار الوسائل التعليمية المرتبطة بالهدف.
- تجميع المادة العلمية التي تستوفي أهداف درسه.
- تقويم طلابه ومعرفة جوانب الضعف والقوة في كل متعلم.
- تخطيط وتنظيم تدريسه متبعاً لتلك الأهداف حتى لا يحدث الإسراع في جزء والإطالة في جزء أخر.
- عدم التكرار فيما يدرسه.
- الاستعانة بالوقت إلى أبعد درجة ممكنة.

2- من جانب المتعلم

إن معرفة المتعلم للأهداف التي يضعها المدرس والتي تصف بالتحديد السلوك المتوقع يسلكه في تعلمه يساعده على:

- التركيز على النقاط الأساسية في الدرس.
- الاستعداد لوسائل التقييم المختلفة سواء كانت عملية أو شفهية أو تحريرية.
- عدم الرهبة من الامتحانات لأنها ما هي إلا وسيلة لمعرفة ما تحقق من أهداف.
- الثقة في المدرس والتأكد من أنه جاد ومخلص في تدريسه وأنه عادل في تقييمه.

3- من جانب المادة العلمية

يساعد تحديد أهداف التدريس على تحليل المادة إلى مفاهيم أساسية والتركيز عليها،، تتابع وترابط الموضوعات دون تكرار أو نقص، وضوح المستويات المختلفة لمضمون المادة سواء في مجال المعلومات أو المهارات أو الاتجاهات.

4- النظام التعليمي والمجتمع

فصياغة الأهداف التعليمية بشكل سلوكي واضح ومحدد، يساعد في الحكم على مدا\ى تحقيق النظام التعليمي للأهداف المرجوة من، وذلك من خلال تزويد المجتمع بكوادر تستطيع أن تشارك بفاعلية في تحقيق أهدافه.

ولتحقيق الأهداف السابقة نقدم لك عزيزي الطالب فيما يلي تعريفاً للهدف السلوكي ومكوناته وشروط وكيفية صياغته، وفيا يلي توضيح لذلك:

معنى الهدف السلوكي

هو عبارة تصف التغير المرغوب فيه في مستوى من مستويات خبرة أو سلوك المتعلم معرفياً، أو مهارياً، أو وجدانياً عندما يكمل خبرة تربوية معينة بنجاح، بحيث يكون هذا التغير قابلاً للملاحظة والتقويم.

صياغة الهدف السلوكي

هناك عدة طرق لصياغة الهدف السلوكي منها ما يلي:

نمط ميجر لصياغة الأهداف السلوكية: يرى ميجر أن الهدف حتى يكون هدفاً سلوكيا واضحاً ينبغي أن يصاغ بصورة تمكن من إظهار ثلاث خصائص أساسية هي:

أ- السلوك النهائي (عمل يقوم به المتعلم).

ب- وصف الظرف التي يتم في ظلها السلوك.

ج- تحديد معيار الأداء المقبول.

ويتكون نمط ميجر للأهداف من خمسة عناصر رئيسية هي:

1- **من الذي يقوم بالأداء المطلوب؟**: مثال: الطالب أو المتعلم أو المتدرب

2- **السلوك الواقعي الواجب استخدامه لإظهار إتقان الهدف**: وهو المردود أو الناتج التعليمي القابل للملاحظة أو القياس، والذي يتوقع المعلم من المتعلم أن يظهره بعد عملية التعلم.

والهدف هنا ينبغي أن يكون في اتجاه استخدام أفعال معينة محددة أكثر من مجرد أفعال عامة، ومن أمثلة الأفعال المحددة ما يلي: يحرر – يتصل – يرسم – يقرأ – يصور ......إلخ.

3- **نتيجة السلوك**: أي ما الذي يتم تقييمه للتأكد من أن الهدف قد تحقق.

وفيما يلي أمثلة لنتيجة السلوك، والمشار إليها بالكلمات المظللة في الأمثلة التالية:

- أن يرسم الطالب خريطة الوطن العربي
- أن يعد الطالب ملفاً للمراسلات الواردة
- أن يحضر الطالب حمض الكبريتيك
- أن ينسخ الطالب محضر الاجتماع

4- **الشروط أو الظروف التي يظهر في ظلها السلوك الواجب أداؤه**: وتتمثل هذه الظروف في المعلومات، والأدوات، والمعدات أو المواد التي ستكون متاحة عند تنفيذ الهدف.

وفيما يلي أمثلة للشروط أو الظروف، والمشار إليها بالكلمات المظللة في الأمثلة التالية:

● أن يحدد الطالب معاني بعض الكلمات في اللغة العربية مستخدماً القاموس

● أن يحدد الطالب بعض الجزر بعد إعطائه خريطة

- أن يحضر الطالب حمض الكبريتيك مستخدماً المواد والأدوات الخاصة بذلك

- أن يحل الطالب تمارين الوسط الحسابي بعد دراسة الفصل الخامس مـن الكتـاب المقرر.

5- **المعيار الواجب استخدامه لتقييم المنتج (السلوك) النهائي**: هو المقياس أو المستوى الذي يقوم في ضوء السلوك، أو هو أداء المتعلم الذي يقبله المعلم، ويعتبر دليلاً على أن التعلم قد حدث.

وفيا يلي أمثلة للمعيار الواجب استخدامه لتقييم المنتج (السـلوك) النهائي، والمشـار إليها بالكلمات المظللة في الأمثلة التالية:

- أن يرسم الطالب خريطة للوطن العربي خلال عشر دقائق.

- أن يذكر الطالب سبع عواصم لـدول مـن الـوطن العربـي خـلال 30 ثانيـة مـن دون أخطاء.

- مـن خـلال خطـاب مكـون مـن 100 كلمـة غـير منسـقة، فـإن الطالـب سـوف يكتب على الخطاب على الحاسب ببرنامج الوورد خلال ثلاث دقائق بمستوى دقة 100%.

شروط الهدف التعليمي السلوكي

- هناك شروط أساسية عليك أيها المدرس مراعاتها عند صياغتك للأهـداف التعليميـة بصورة سلوكية، وهي:

1- صف سلوك المتعلم وليس سلوك المعلم.
2- صف نتائج التعلم النهائي وليس عملية التعلم.
3- حدد نتاج التعلم وليس موضوعات التعلم.
4- اقتصر على نتاج واحد من نتاج التعلم في عبارة الهدف.
5- حدد سلوكاً يمكن   ملاحظته أو قياسه.

6- نوع أهدافك بحيث تشمل جوانب النمو المتكامل لدى المتعلم، أي تشمـل عـلى: - أهداف معرفية - (معلومات وحقائق - مفاهيم، قوانين، نظريـات) أهداف حركيـة (مهارات - يدوية، مهارات عقلية، مهارات اجتماعية) أهداف وجدانية (اتجاهـات، ميول - قيم).

كيف تضع هدفاً تعليمياً سلوكياً؟

لكي تكتب هدفاً سلوكياً ينبغي أن تتبع الخطوات الآتية:

1- أقرأ الأهداف العامة للمقرر الذي تقوم بتدريسه.

2- أقرأ المحتوى الدراسي وتعرف على الحقائق والمفاهيم.

3- حدد مجموعة النواتج السلوكية التي تود تعليمها للمتعلمين.

4- ابدأ في كتابة الهدف باستخدام أفعال سلوكية يمكن ملاحظتها وقياسها.

مثلاً: هدف عام (تنمية مهارة التفكير الناقد).

نقوم بتحويله إلى أهداف سلوكية من خلال الآتي:

1- قراءة الهدف جيداً.

2- قراءة المادة العلمية من الكتاب المدرسي وبعض المراجع.

3- قم بتحليل هذا الهدف العام إلى نواتج سلوكية خاصة تدل على أسباب تقويم هـذا الهدف كالآتي:

أ- أن يكتب المتعلم استنتاجات صحيحة من البيانات المعطاة.

ب- أن يميز بين الحقائق العلمية والآراء.

ج- أن يتعرف على المسلمات المتضمنة في الاستنتاجات.

د- أن يعرف حدود البيانات المعطاة.

تلاحظ أن هذا التحديد يوضح لك ما الذي تعنيه بالتفكير الناقد.

مثال: يوضح هدفاً عاماً يمكن أن يشتق منه هدفاً سلوكياً مثل (تنمية قدرة المتعلم على تذوق الأدب الجيد) هدف عام.

بعد قراءة المادة العلمية يمكنك تحليل هذا الهدف إلى أهداف سلوكية:

أ- أن يفرق المتعلم بين الأدب الجيد والأدب الضعيف.

ب- أن يختار، ويقرأ بعض الأدب الجيد.

ج- أن يشرح أسباب حبه لمختارات الأدب المعينة التي يقرأها.

لاحظ أن الأهداف بدأت بأفعال سلوكية (يفرق، يميز، يختار، يشرح).

الأخطاء الشائعة في صياغة الأهداف السلوكية

1- وصف نشاط المعلم بدلاً من نشاط المتعلم

الغرض من الهدف السلوكي تحديد سلوك المتعلم عند نهاية الحصة، وليس الدور الذي ينبغي أن يقوم به المعلم خلال الحصة .

مثال: (أي الهدفين التاليين أدق ؟)

أ- أن أقوم بتوضيح العلاقة بين العرض والطلب

ب- أن يفسر الطالب رسماً يبين العلاقة بين العرض والطلب

2- تحديد موضوعات العملية التعليمية بدلاً من نتائجها

يقوم بعض المعلمين بتحديد موضوع الدرس بدلاً من تحديد السلوك المتوقع من الطالب في نهاية الحصة.

مثال: (أي الهدفين التاليين أدق ؟)

أ- أن نقوم بدراسة قانون الفائدة البسيطة .

ب- أن يستنتج الطالب قانون الفائدة البسيطة .

3- وصف العملية التعليمية بدلاً من نتائجها

يركز بعض المعلمين على العملية التعليمية بدلاً من التركيز على نتائجها.

مثال: (أي الهدفين التاليين أدق ؟)

أ- أن يتم تحقيق معرفة الطالب لتركيب جهاز الفاكس .

ب- أن يصف الطالب تركيب جهاز الفاكس.

4- صياغة أهداف مركبة

تقوم فكرة الأهداف السلوكية على تحديد هدف لكل عبارة، لكن بعض المعلمين يقومون بصياغة أهداف مركبة.

مثال: (أي الهدفين التاليين أدق ؟)

أ- أن يوضح الطالب أنواع المحاسبة ووظائف كل نوع منها.

ب- أن يوضح الطالب وظائف المحاسبة المالية .

تصنيف الأهداف التعليمية

تستهدف التربية تحقيق المتكامل للأفراد. بمعنى أنها تسعى لتحقيق نمو الفرد في الجانب المعرفي (النمو عقلي) والجانب الوجداني (النمو عاطفي) والجانب المهاري (النمو الجسمي) أو حركي.

ويجب أن تشير إلى أنه قد يختلف التركيز على أحد جوانب النمو السابقة، فيكون التركيز على أحد الجوانب بدرجة أكبر من الجانبين الآخرين، وهذا تبعاً لنوع الدرس، فقد يغلب على أحد الدروس الجانب المعرفي، أو يغلب الجانب الحركي المهاري. وهكذا.

وعلى ذلك يجب أن يحدد المدرس أهداف درسه ليغطي جوانب النمو الثلاثة ولا يغفل جانب منها. ونناقش فيما يلي تصنيف من التصنيفات الشهيرة للأهداف التعليمية، وهو تصنيف بلوم للأهداف التعليمية، وربما لا يرضى جميع التربويون عن هذا التصنيف، لكنه ما زال أكثر التصنيفات شهرة وقبولاً في هذا المجال.

فلقد اتفق خبراء المناهج وطرق التدريس والقياس والتقـويم عـلى تصـنيف الأهـداف التعليميـة في اجـتماع لهـم عـام 1956 في جامعـة شـيكاغو إلي ثلاثـة مجـالات هـي المعـرفي **Cognitive**، والانفعالي **Affective**، والنفسحركي **Psychomotor**.

وتأتي أهمية هذا التصنيف من صعوبة التعامل مع شخصية المتعلم المعقدة بصورة إجماليـة، مـع أننـا نعـرف أن الشخصـية كـل متكامـل وفريـدة في خصائصـها، بمعنـى أن الهدف من التصنيف التبسيط والتسهيل للمجالات، لا الفصل بينها. وتم وضعها في مستويات متدرجة من السهل إلى الصعب ومن البسيط إلى المركب، وهذا ما سنوضحه في الجزء التالي:

أولاً: تصنيف الأهداف التعليمية في المجال المعرفي (العقلي)

يهتم بالمعلومات والحقائق والمفاهيم العلمية التي يحصل عليها الطالب عن طريق ما يدرسه أو ما يقوم به من أنشطة تعليمية. وتتدرج أهداف الجانب المعرفي في عدة مستويات تتدرج من حيث الصعوبة والسهولة لتصبح على النحو التالي:

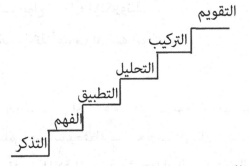

1- مستويات التذكر

يتطلب هذا المستوى أن يحفظ المتعلم مجموعة معلومات وحقـائق علميـة وقـوانين، ولا مانع من أن يحفظها عن ظهر قلب -وما عليه إلا أن يسترجعها ويرددها كما هـي- وهـذا هو أدنى مستويات التفكير حيث إن المعلومات التي تحفظ سرعان ما تنسى ولا يكون لها أثـر فعال على سلوك المتعلم.

كما أن التذكر يشمل: تذكر الأشياء تذكر المعلومات، المصطلحات، الحقـائق، التـواريخ، الأحداث، الأشخاص، الأماكن، تذكر معايير، النظريات، التعميمات والمبادئ والعلاقة فيما بينها.

ومن الأفعال التي تعبر عن هذا المستوى ما يلي: (يتذكر، يعدد، يكتب، يريد، يسمى .. الخ، يعرف)

أمثلة

- أن يتذكر المتعلم أسماء خمسة من الرسل والأنبياء على الأقل.
- أن يعدد خمسة من أسماء كان وأخواتها بعد رجوعه إلى كتاب اللغة العربية.
- أن يسمي ثلاث غزوات إسلامية على الأقل.
- أن يكتب تاريخ الوحدة اليمنية بالشهر والسنة.
- أن يسمّي الطالب مكونات الجهاز المصرفي بالبحرين .
- أن يعرف الطالب السكرتارية المتخصصة.
- أن يذكر الطالب أنواع التجارة الإلكترونية.
- أن يحدد الطالب ثلاثة أهداف لدراسة المحاسبة.

2- مستوى الفهم

هو القدرة على إدراك معنى المادة واسترجاع المعلومات وفهم معناهـا ويتطلـب هـذا المستوى استيعاب المتعلم لمعنى ما يحفظه من معلومات ويظهر السلوك عن طريق الترجمـة من صورة إلى أخرى، أو تفسير المادة المتعلمة وشرحها أو القدرة على الاستنتاج والتنبؤ بأشـياء معينة.

ومـن الأفعـال التـي تعـبر عـن هـذا المسـتوى مـا يـلي: يشرح، يـفسر، يصـيغ، يعطـي أمثلة .... الخ) وهذه الأفعال ومثيلاتها تدل على سلوك ظاهر يمكن ملاحظتـه ويكـون برهانـاً على أن المتعلم (يفهم).

<u>أمثلة:</u>

- أن يشرح معنى آية قرآنية.
- أن يفسر معنى حديث شريف.
- أن يعطي أمثلة لعملية الجمع والقسمة.
- يترجم نصاً من لغة إلى أخرى، أو ترجمة رموز وألفاظ وكلمات إلى أرقام.
- أن يقارن (بتحديد أوجه الشبه والاختلاف).
- أن يكون قادراً على الوصول إلى تقديرات أو توقعات، أو استنتاجات نتيجة فهمه للمادة التعليمية.
- أن يعرّف الطالب المقصود بفن البيع بمفردات من عنده .
- أن يوضح الطالب أسباب اختيار البحرين لتكون مركزاً للوحدات المصرفية الخارجية(الأفشور) .
- أن يشرح الطالب كيفية إيجاد المعدل في الرياضة المالية.

3- مستوى التطبيق

هو قدرة المتعلم على استخدام ما تعلمه في مواقف جديدة، ويشمل ذلك استخدام القواعد، والقوانين، والطرق، والنظريات.

ويتطلب هذا المستوى الفكري من الطالب، القدرة على استخدام ما عرفه وفهمه من حقائق ومعلومات وقواعد، وقوانين في مواقف لم يسبق له مواجهتها. فالشرط يكون هنا أن يكون الموقف جديداً بالنسبة للطالب.

ومن الأفعال التي تستخدم عند صياغة الهدف في هذا المستوى: يطبق، يستخدم، يعلل، يحل (مسألة، أو مشكلة)، يحسب، يوضح.

<u>أمثلة:</u>

- أن يستخدم العمليات الحسابية في حياته اليومية.
- أن يطبق القواعد النحوية في حديثه في الفصل.

- أن يعد جداول ورسوم بيانية في زمن محدد.
- أن يصحح المتعلم الأخطاء النحوية في النص.
- أن يحسب الطالب الفائدة البسيطة .
- أن يسجل الطالب قيود المشتريات النقدية بالدفتر اليومية باستخدام طريقة القيد المزدوج .
- أن يحسب الطالب قسط الإهلاك بطريقة القسط المتناقص .

4- مستوى التحليل

يشر هذا المستوى إلى قدرة المتعلم على تحليل مادة التعلم إلى مكوناتها الجزئية مما يساعد على فهم تنظيمها الثاني ويشمل التعرف على الأجزاء والعناصر تحليل العلاقات بين الأجزاء أو العناصر ويتطلب هذا المستوى الإدراكي أن يتمكن الطالب من التعرف على مكونات وأجزاء موقف معين.

ومن الأمثلة لأفعال تستخدم في صياغة الأهداف في هذا المستوى ما يلي: (يحلل، يتعرف على أوجه الشبه والاختلاف، يصنف في فئات، يوضح النقط الرئيسية)

أمثلة:

- أن يستطيع الطالب تمييز الحقائق من الفروض.
- أن يستطيع الطالب تمييز العلاقات المنطقية لفكرة ما.
- أن يقارن بين حالة المسلمين في مكة قبل الهجرة وبعدها.
- أن يحلل مفهوم البيئة إلى العناصر الرئيسية التي يتكون منها.
- أن يميز الطالب بين التزامات الناقل في عقد نقل الأشياء وعقد نقل الأشخاص.
- أن يحلل الطالب مجموعة الأصول المعروضة عليه إلى أنواعها المختلفة.
- أن يحلل الطالب المصروفات إلى مصروفات إدارية ومصروفات بيعية.

5- مستوى التركيب

ويقصد به التأليف مثل إعداد موضوع أو مشروع.

ويتطلب هذا المستوى الإدراكي أن يؤلف الطالب شيئاً جديداً من عناصر أو من أجزاء تعطى له. أي أن هذا المستوى يتطلب عملية عكس ما يحدث في التحليل؛ ففي التحليل يقوم الطالب بتحليل كل متكامل إلى مكوناته الرئيسية بينما في عملية التركيب تتوفر للطالب المكونات الجزئية ويقوم بتجميع تلك الأجزاء أو بعض منها لتكون كلاً جديداً بالنسبة له.

أمثلة لأفعال تستخدم في صياغة الأهداف في هذا المستوى ما يلي: (يكون موضوعاً، يؤلف، يصمم، يبتكر، يجمع أفكار، يعيد صياغة)

<u>أمثلة:</u>

– أن يضع عناوين جديدة لنص من النصوص.

– أن يصمم تجربة علمية.

– أن يضع خطة تعالج حل مشكلة من المشكلات.

– أن يتابع الطالب المقالات الصحفية العلمية، ويُعد مقالاً بذلك .

– أن يقترح الطالب إجراءات جرد مخازن مؤسسة للأجهزة الكهربائية .

6- مستويات التقويم

هـو الحكـم الكمـي والكيفـي عـلى موضـوع في ضـوء معـايير يضعها المـتعلم أو تعطى له:

ويعتبر هذا المستوى أعلى مستويات الجانب المعرفي حيث يتطلب القدرة على إصدار أحكام على الأشياء أو المواقف. ومن الطبيعي أنه لكي يصدر الإنسان حكماً لابد أن يكون على مقدرة تامة على تحليل أجزاء الشيء، ولكي يحلل الموقف إلى مكوناته لابد أن يكون على دراية كاملة بهذه الأجزاء والمكونات.

ويتضح مما سبق أنه لكي يصل الفرد إلى أي مستوى لابد له أولاً من تحقيق المستوى أو المستويات السابقة له.

ومن أمثلة الأفعال التي تستخدم في صياغة هذا أهداف هذا المستوى. (يفاضل، يحكم على، يعلل، يوازن، يعطي رأيه، يعطي تقديراً .. الخ).

<u>أمثلة:</u>

– أن ينفذ الأفكار التي وردت في النص استناداً على المبادئ العلمية السليمة.

– أن يصدر المتعلم حكماً على حادثة أو موقف أو موضوع معين.

– أن يثبت الطالب صحة تقييده وترحيله في الدفاتر من خلال ميزان المراجعة .

– أن يقوم الطالب تقريراً أعده أحد زملائه وفقاً لشروط التقرير الجيد .

ملاحظة هامة: واضح من تصنيف بلوم وزملائه للمجال المعرفي أن المعيار في التدرج الذي استخدم فيه هو درجة تعقيد العمليات العقلية، فالمستويات الدنيا (التذكر) لا تتطلب إلا قدراً يسيراً من الفهم، أو المعالجة الذهنية، بينما المستويات العليا (التحليل – التركيب – التقويم) تتطلب أعلى درجات الفهم والقدرة على مناقشة الأفكار وتحليلها، والحكم عليها .

ثانياً: تصنيف الأهداف التعليمية في المجال الوجداني (الانفعالي- العاطفي)

ويهتم بالاتجاهات والقيم التي يكونها المتعلم عن طريق ما يدرس له وما يتفاعل معه من مواقف وخبرات تعليمية. ويمثل الجانب العاطفي أو الوجداني إحد الجوانب المهمة لدى الإنسان. وصحيح أن المجال المعرفي ضروري في حياة الفرد، لأن الإنسان يحتاج إلى خلفية معرفية في حياته إلا أنه لا قيمة لتلك المعارف إذا لم يمتلك صاحبها مجموعة من القيم والاتجاهات التي نطلق عليها (أخلاقيات المهنة).

فمثلاً: قد نجد معلماً قد تخرج مـن الجامعـة بتقـدير مرتفـع للغايـة، أي أن الخلفيـة المعرفية أو المجال المعرفي لديه ممتاز، ولكن في الوقـت نفسـه لا يـؤمن بـالإخلاص في العمـل كأسلوب في الحياة ولا يؤمن بهذه المهنة، هنا نقول بأن الجانب الوجداني لديه لا يـتماشى مـع أخلاقيات المهنة التي قد تخصص فيها.

مثال آخر: قد نجد طالباً قوياً في دروسه، نشيطاً في أداء واجبه، ويشـترك في المناقشـات بحيوية، ولكنه يعامل والديه بقسوة، ولا يحترم أسـاتذته، ويميـل إلى إثـارة الفـتن بـين زملائـه. فتقول في هذه الحالة أن هذا الطالـب قـد امتلـك الخلفيـة المعرفيـة القويـة، ولكـن الناحيـة الوجدانيـة مازالـت لديـه ضـعيفة، أو يتسـم بعـدم التـوازن الإيجـابي مـن الناحيـة المعرفيـة والوجدانية.

مستويات الأهداف التعليمية في المجال الوجداني

طرح كراثول **Krathwohl** عام 1961م تصنيفاً للأهداف التعليمية في المجال الثـاني مـن مجالات الأهداف، وهو المجال الوجداني أو العاطفي أو الانفعالي **Affective Domain**.

فإذا كان عـلى المـتعلم في المجـال المعـرفي السـابق أن يتعامـل مـع العمليـات العقليـة بمستوياتها المختلفة، فإن المطلوب من هذا المتعلم في المجال الوجـداني أن يتعامـل مـع مـا في القلب من اتجاهات ومشاعر وأحاسيس وقيم تؤثر في مظاهر سلوكية متعددة.

قسم (كرا تـول) المجـال إلى خمسـة مسـتويات كتنظـيم هرمـي كـما فعـل (بلـوم) في تصنيفه لأهداف المجال المعرفي. تبدأ بالسهل في قاعـدة الهـرم، وينتهـي بالمقعـد والصـعب في قمته.

وتتمثل هذه المستويات الخمس في الآتي:

1- الاستقبال.

2- الاستجابة.

3- التقييم أو إعطاء القيمة.

4- التنظيم.

5- تشكيل الذات (تكوين القمة).

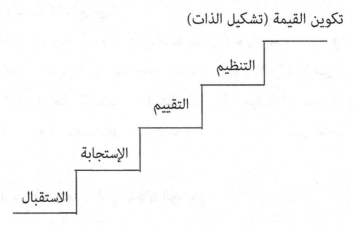

تكوين القيمة (تشكيل الذات)

ينبغي أن تتعامل الأهداف التعليمية في هذا المجال مع قضايا وأمور عاطفية تثير المشاعر فعلاً: ولكن يصعب قياس سلوك المتعلم في هذه المستويات لأن التعامل يتم مع المشاعر والاتجاهات والقيم وليس مع أداء المعرفة المحددة والملاحظ.

يلعب المجال الوجداني دوراً أساسياً في العملية التعليمية لأنه يركز على تكوين القيم والاتجاهات. والمشاعر وتثبيتها لدى المتعلم في مختلف المراحل التعليمية.

وسوف يتم توضيح هذه المستويات بالتفصيل كالآتي:

1- مستوى الاستقبال

المطلوب من المتعلم في هذا المستوى أن يبدي الرغبة في الاهتمام بقضية ما. أو موضوع معين أو مشكلة عامة، وتتدرج نواتج التعلم في هذا المستوى من:

- الوعي البسيط بالأمور.
- الاهتمام أو الانتباه لما يجري.

- الرغبة في تقبل الأشياء عن طريق تحمل ما يجري.

ومن أمثلة الأفعال السلوكية المستخدمة في هذا المستوى:

(يتقبل، يهتم، يبدي اهتماماً، يبدي الرغبة، يعي)

✓ **أمثلة لأهداف تعليمية في مستوى الاستقبال**

الرياضيات:

أن يبدي الطالب اهتماماً بما لاقاه علماء الرياضيات من معاناة ومتاعب في سبيل اكتشاف نظرياتهم ونشرها بين الناس. إذا ما وقع بين يديه أحد المراجع الخاصة بذلك.

الدراسات الاجتماعية:

1- أن يبدي الطالب اهتماماً بموضوع التفرقة العنصرية في جنوب أفريقيا - إذا ما تم عرض الموضوع عليه.

2- أن يصغي الطالب إلى محاضرة تدور حول تلوث البيئة والمضار الصحية والاجتماعية التي تلحقها بالمجتمع .... إذا ما اتيحت الفرصة لحضور تلك المحاضرة.

تربية إسلامية:

1- أن يهتم الطالب بقضية اضطهاد الأقلية الإسلامية في البوسنة إذا ما سمع أو قرأ عنها.

2- أن يصغي الطالب إلى ندوة تلفزيونية تدور حول ما لاقاه الرسول صلى الله عليه وسلم من معاناة وحصار المشركين في مكة قبل الهجرة ... إذا ما شاهد تلك الندوة.

لغة عربية:

أن يتنبه الطالب إلى صديقه الذي يقرأ عليه (قصة) تدور حول طفل يتيم .. إذا ما طرح ذلك الصديق القصة عليه.

2- مستوى الاستجابة

إذا كان موقف المتعلم في المستوى الأول الاستقبال موقفاً سلبياً لأن ما قام به هو فقط الاهتمام والإصغاء، والانتباه لقصة أو مسألة عاطفية معينة فإن مستوى الاستجابة: يتعدى ذلك إلى المشاركة في موضوع تلك القضية واتخاذ مواقف حيالها بطريقة أو بأخرى. وتشمل الأجزاء العليا من هذا المستوى ما يسمى (بالميول والاهتمامات).

ومن أمثلة الأفعال السلوكية التي تستخدم في هذا المستوى ما يلي:

(يستجيب، يبادر، يتقبل، يطيع، يشارك، يناقش، يتحمل، أن يتطوع)

- كقراءة واجب ما.
- التطوع لقراءة متطلبات أخرى
- قراءة الطالب لقصة تاريخية من أجل التسلية

<u>مثال في الرياضيات:</u>

– أن يستمع الطالب بقصص كفاح علماء الرياضيات العرب والمسلمين في سبيل تطور علم الرياضيات وتقدمه.

<u>مثال في الاجتماعيات:</u>

– أن يتحمل الطالب مسئولية المحافظة على البيئة المحلية التي يعيش فيها من التلوث.

<u>مثال في التربية الإسلامية:</u>

– أن يوافق الطالب على المشاركة في ندوة تدور حول ما عاناه الرسول صلى الله عليه وسلم وصحبه من أذى المشركين في مكة قبل الهجرة.

3- مستوى التقييم (إعطاء القيمة)

يهتم هذا المستوى بالقيمة التي يعطيها المتعلم لشيء ما. أو سلوك محدد ويتميز هذا المستوى بفعالية الطالب أو إيجابية في إطار قد يتعدى المطلوب منه في الدرس. وفيه تتكون (الاتجاهات أو المعتقدات أو التقديرات).

ومن أمثلة الأفعال السلوكية التي تستخدم في هذا المستوى ما يلي:

(يقيم، يقدر، يجادل، يدعم، يثمن، يتطوع للقيام بعمل ما)

<u>أمثلة:</u>

أن يتطوع الطالب بالقيام ببعض الأعمال، ويبدى استعداده لبذل بعض الوقت والجهد سواء داخل المدرسة أو خارجها.

<u>أمثلة لمادة الرياضيات:</u>

أن يقـدر الطـالـب جهـود الخـوارزمي في تطور علـم الرياضيات وبخاصـة وضـع (اللوغاريتمات).

<u>التربية الإسلامية:</u>

أن يقدر الطالب الأنصار في تأييدهم الدعوة والتآخي مع المهاجرين.

4- مستوى التنظيم

في هـذا المستوى يقدر المتعلم الموضوع تقديراً ذاتياً يـنعكس بوضوح في سلوكه وتصرفاته عندما يثار هـذا الموضوع ليـس في موقف واحد بـل في مواقـف متكررة وثابتة ومستمرة ويطلق عليه (تكوين الميول).

ومن أمثلة الأفعال السلوكية التي تستخدم لصياغة أهداف هذا المستوى ما يلي:

(يمارس بحماس، يبذل مجهود، يدافع عن، ينظم، يخطط، يعدل، يلتزم، يضع خطة)

✓ **أمثلة لأهداف تعليمية لمستوى التنظيم في المواد المختلفة:**

<u>الرياضيات:</u>

– أن يلزم الطالب بالدفاع عن الـدور الـذي قام بـه علماء الرياضيات مـن المسـلمين لتقدم هذا الميدان ...

<u>التربية الإسلامية:</u>

– أن يخطط الطالب لحل المشكلات العديدة للفقراء والمحتاجين في بيئته المحلية باستخدام أموال الزكاة.

الاجتماعيات:

– أن ينظم الطالب ندوة تدور حول المحافظة على البيئة المجاورة مـن التلـوث إذا مـا أطلع على بعض جوانب التلوث فيها.

5- مستوى تكوين القمة (تشكيل الذات)

يعتبر هذا المستوى أعلى مستويات المجال الوجداني. سـلوك المـتعلم في هـذا المـستوى يتصف بصفات خاصة بالفرد، ويتم الاهتمام هنا بتشكيل صفات الذات عند الشخص كوحدة متميزة عن غيره من الأفراد، ويتكون عند الفرد نظام قيمي يضبط سـلوكه ويوجهـه لفتـرات طويلة.

هنا تندمج المعتقدات، والأفكار والميول والاتجاهات معاً لتشكيل أسـلوب حيـاة لهـذا الفـرد أو تشـكل فلسـفة في الحيـاة. وتشـمل نـواتج الـتعلم في هـذا المسـتوى مجموعـة مـن الأنشطة مثل:

- البرهنة على الثقة بالنفس في العمل الفردي.
- التعاون في العمل الجماعي.
- استخدام الأسلوب الموضوعي في حل المشكلات الاجتماعية.

إن بلوغ هذا الهدف أو المستوى يستغرق وقتاً طويلاً يحتاج الفرد في بلوغه إلى تفاعل الزمن والخبرة والتعلم الفكري والاتصالي، ويشمل هذا الهدف ما يسمى بالتكييف الشخصي والاجتماعي، والعاطفي، واكتساب العادات السلوكية.

ومـن أمثلـة الأفعـال السـلوكية التـي تستخدم لصياغة الأهداف في هذا المستوى ما يلي:

(يسلك، يتصرف، يواظب، يحافظ على، يحترم، يؤمن).

✓ **أمثلة أهداف تعليمية في هذا المستوى:**

الرياضيات:

أن يـؤمن الطالب بالرياضيات كـمادة لا يـستغني عنها الإنسـان في تطوره العلمـي والتكنولوجي .. إذا ما اطلع على دور الرياضيات التقليدية والمعاصرة في عالم اليوم.

- أن يعتز الطالب بـدور العلماء المسلمين في تطور علـم الرياضيات وفضلهم علـى الحضارة الأوربية.

التربية الإسلامية:

- أن يـؤمن الطالـب بالـلـه وملائكتـه وكتبـه ورسـله واليـوم الآخـر في ضوء دراسـته لموضوعات التربية الإسلامية العديدة.

الاجتماعيات:

- أن يشكل الطالب له فلسـفة في الحيـاة تقوم علـى احـترام آراء الآخـرين وحريـاتهم وممتلكاتهم في ضوء القوانين والأنظمة الموجودة.

أمثلة أخرى:

1- أن يصل الفرد إلى الإيمان الكامل بالـلـه واليوم الآخر.

2- أن يحافظ الفرد على العادات الصحية الجيدة.

3- أن يظهر ضبط النفس في المواقف المختلفة.

ملحوظـة هامة: يتضح مـن التناول التفصيلي السابق للمجـال الوجداني أن المبـدأ التنظيمي الذي يقوم عليه تصنيف كراثوهـل لهذا المجال: هـو التبني الـذاتي والاستيعاب الداخلي . فعلى المستوى الأدنى نجد أقل قدر من المشاركة والالتـزام، وعلى المستوى الأعلى نجد أن القيم والاتجاهات تتشربها شخصية الفرد وتتحكم في أخلاقياته .

ثالثاً: مستويات الأهداف التعليمية في المجال الحركي (المهاري)

ويهتم بالمهارات اليدوية التي يكونها الفرد نتيجة لما يمر به من خبرات تعليمية أو كل ما يتصل بالمهارات الجسدية والعضلية. وتتدرج أهداف الجانب المهاري الحركي من حيث الصعوبة والسهولة على النحو التالي:

الإتقان
الممارسة
التجريب
التقليد
الملاحظة

تتدرج مستويات الأهداف الحركية إلى مستويات متتابعة يترتب كل مستوى منها على المستوى السابق له وعلى درجة إتقانه.

1- مستوى الملاحظة

وهو أول مستوى تكوين المهارات ويتطلب من المتعلم أن يكون لديه قدرة وملاحظة واعية لما يدور حوله. فإذا لم يلاحظ الفرد بدقة تفاصيل ودقائق ما يدور أمامه (أثناء عمل شيء ما) فإن جهله وإغفاله لهذه التفاصيل يؤثر بالطبع على قدرته بتكوين مهارة في أداء هذا العمل.

أمثلة لأفعال تستخدم لهذا المستوى:

(يراقب، يلاحظ، يشاهد، يتابع، يتبين ... الخ)

<u>أمثلة:</u>

- أن يتابع الطالب فلماً تعليماً عن مراحـل تعلـم مهـارة استخدام لوحـة مفـاتيح الحاسب الآلي.
- أن تلاحظ الطالبة معلمتها وهي تحضر المكونات لعمل الكيكة الإسفنجية.
- أن يشاهد الطالب فيلماً تعليمياً عن تشريح الضفدعة.
- أن يشاهد الطالب المعلم وهو يكتب جملة بخط النسخ.

2- مستوى التقليد

في هذا المستوى يقوم المتعلم بأداء عمـل مـا أو جـزء معـين منـه متبعـاً تماماً وبـدون معرفة الطريقة التي شاهدها والتي أعدت أمامه. ومن أمثلة اللأفعال التـي تستخدم لهـذا المستوى: (يكرر، يقلد، يعيد).

<u>أمثلة:</u>

- أن يكرر الطالب كتابه جمله مكتوبة بخط النسخ خمس مرات.
- أن تقلد الطالبة معلمتها في كيفية الإمساك بالإبرة لعمـل بعـض الرسـومات عـلى المفارش.
- أن تقلد الطالبة معلمتها في تحضير مكونات عمل الكيكة الإسفنجية.
- أن يعيد الطالب تركيب أجزاء الميكروسكوب بعد ملاحظته للمعلم وهـو يقـوم بذلك.
- أن يجلس الطالب الجلسة الصحيحة أمام الحاسب الآلي بعـد مشـاهدته معلمـه وهو يجلس الجلسة الصحيحة.

3- مستوى التجريب

هنا يبدأ المتعلم في تنفيذ بعض الأعمال بشيء مـن الحريـة والتعـرف، أي أنـه يجـرب عمل أشياء لم يراها منفذة أمامه بالضبط، وكذلك يقل تدخل المدرس في عمل الطالـب أثنـاء عملية الإشراف عليه.

ومن الأفعال التي تستخدم في هذا المستوى ما يلي:

(يؤدي، يعمـل، يجـرب، ينفـذ، يحـاول، يحـدد، يتبـع تعلـيمات نظريـة في عمـل شيء،
يجرب، يعمل، يؤدي)

أمثلة:

– أن يطبق الطالب آداب الاستماع إلى القرآن الكريم

– أن ينفذ الطالب تجربة ورق عباد الشمس والمحاليل الحمضية والقلوية

4- مستوى الممارسة

من هنا يبدأ تكوين المهارة، فلا يمكن أن تتكرر مهارة ما إلا بالممارسة، والممارسة تعني
تكرار تنفيذ العمل بدون تغيرات جذرية عدة مرات. ومن الأفعـال التي تستخدم في صياغة
أهداف هذا المستوى (يعمل بدون إشراف، يكـرر عمـل، ينتج كميـات، يعمـل بثقـة، يعمـل
بكفاءة نسبية).

أمثلة:

– أن يتدرب الطالب على نطق كلمات الدرس

– أن يكتب الطالب 3 محاضر لاجتماع مجلس الإدارة على الحاسب الآلي.

5- مستويات الإتقان

هنا يتصف عمل وأداء المتعلم بثلاث مواصفات هي:

أ- السرعة في العمل.

ب- الإتقان في العمل.

ج- السهولة في الأداء.

ومن الأفعال التي تستخدم في هذا المستوى صياغة الأهداف المهارية:

يجيد، يتقن، ينتج بسرعة أو كثرة، يعمل بثقة، يتحكم في، يحسن عمل... الخ - أيضاً :
أن يعمل بثقة، أن يتحكم في.

أمثلة:

– أن يتقن الطالب حل مسائل على الجمع

– أن يجيد الطالب استخدام جهاز الفاكس

– أن يكتب الطالب 40 كلمة في الدقيقة على الحاسب بدون أخطاء

– أن يصمم الطالب أشكالا مبتكره من خلال استخدام الحاسب الآلي.

وكل مستوى من المستويات هذه، يعتمد على إتقان المستويات السابقة له.

أمثلة توضح صياغة الأهداف في جوانب أهداف المجال الحركي (المهاري):

1- أن يتقن قراءة سورة الفاتحة (أداء صوتي).

2- أن يجيد المتعلم رسم خريطة توضح حدود الجمهورية اليمنية.

3- أن يقوم المتعلم بإجراء تجربة توضح أهمية الأوكسجين للاشتعال.

4- أن يكتب الطالب على الآلة الكاتبة (40) كلمة في 10 دقائق.

5- أن يستطيع السباحة لمسافة 50 متراً في 10 دقائق.

6- أن يستطيع الفرد قيادة السيارة بكفاءة دون أخطاء.

وفي هذا المثال الأخير تتمثل مستويات الأهداف الحركية (المهارية)حيث يبدأ الفرد بملاحظة من يقود السيارة، ثم التقليد دون أي معرف، ثم التجريب بالقيام بمحاولة قيادة السيارة بالمحاولة والخطأ، ثم الممارسة وهي قيادة السيارة مع التكرار وهنا تتكون المهارة التي تصل إلى درجة الإتقان وهي قيادة السيارة بكل كفاءة ودون أي أخطاء وهكذا في التعلم على الآلة الكاتبة.

ملاحظة هامة: واضح من تصنيف المجال النفسحركي أن المعيار في التدرج هو التخلص من الحركات الزائدة، وتقليل الجهد الإرادي في العمل بحيث تتم كثير من الحركات بصورة روتينية آلية، ليولي المتعلم اهتماماً أكبر للجانب العقلي من المهارة مما يؤدي به إلى التجديد والابتكار . ويظهر هذا واضحاً في تعلم الطفل مهارات الكتابة

والقراءة مثلاً:على المستوى الأدنى: نجـد الأفعـال المنعكسـة والحركـات الأساسـية، حيـث تكـثر الأفعال الزائدة والتردد وعدم الثقة، وتركيز الذهن في كل خطـوة مـن خطـوات العمـل، وكـل حركة من حركاته.

وعلى المستوى الأعلى: يكون الفرد قد أصبح يؤدي كثيراً مـن خطـوات العمـل بسرعـة، ودون جهد واع، فيؤدي العمل بمهارة، ويبتكر ويبرع فيه .

أسئلة التقويم الذاتي

س1: وضح الفرق بين الهدف التربوي العام والهدف التدريسي؟

س2: عدد مصادر اشتقاق الأهداف التربوية مع التوضيح؟

س3: اذكر الشروط الأربعة التي ينبغي توافرها في الهدف الجيد؟

س4: عرف الهدف السلوكي، ومكوناته؟

س5: ضع ثلاثة أهداف سلوكية شاملة لمكونات الهدف في مجال تخصصك؟

س6: أكتب أمام كل من الأفعال السلوكية التالية مستوى الهدف المعرفي الذي يعبر عنه؟

1- يحدد 2- يعرف 3- يفسر

4- يستنتج 5- يحلل 6- يتأكد

7- يسمى 8- يتنبأ 9- يستخدم

10- يستدعي 11- يحسب

س7: ما مجموعة الأفعال التي تشير إلى سلوك التذكر:

أ- (عدد - رسم - برر) ب- (حدد - صنف - أحسب)

ج- (ابتكر - صنف - قارن) د- (تذكر - استرجع - عدد)

س8: بإعطاء المتعلم عدداً من التعريفات لمفاهيم معينة يستطيع أن يحدد المفهوم المناسب (لكل تعريف). هذا الهدف من مستوى.

أ- التذكر ب- التفسير ج- الترجمة د- الاستقراء

س9: أي من الأفعال التالية تشير إلى استجابة من مستوى (الفهم) فقط؟ (ضع علامة √)

1- (قارن حول، استنتج، سم) 2- (ترجم، فسر، تذكر، تنبأ)

3- (لخص، قدر، أعط أمثلة، علل)

س10: أي الهدفين التاليين من مستوى التحليل.

بإعطاء المتعلم وثيقة إعلان قيام الوحدة اليمنية يستطيع أن:

1- يحدد عبارتين تتضمنان عاطفة وتحيز لأحد الشرطين:

2- يحدد تاريخ إعلان الوثيقة والمكان الذي أعلنت فيه.

س11: أكتـب هـدفـاً تعليميـاً سـلوكيـاً في مسـتوى التـذكر، الفهـم، التقـويم، في مجـال تخصصك.

س12: ضع مستوى الهدف الوجداني أمام العبارة التي تعبر عن ذلك.

أ- أن يصغي الطالب باهتمام إلى شرح المدرس ( )

ب- أن يبدى الطالب اهتماماً بأنشطة المدرسة ( )

ج- أن يطيع الطالب قوانين المدرسة ( )

د- أن يشعر المتعلم بالروح الجماعية في حل المشكلات العامة ( )

هـ- أن يدرك دور التخطيط، والتنظيم في حل المشكلات ( )

س13- ضع أمام العبارات ما يناسبها (هدف معرفي) أو هدف وجداني

أ- تنمية إحساس الطالب بتحمل المسئولية ( )

ب- مساعدة الطالب على اكتشاف المعلومات الوظيفية ( )

ج- تعريف الطالب بعدد محافظات الجمهورية ( )

د- تنمية الاتجاهات نحو حب المادة الدراسية ( )

س14: رتب مستويات الأهداف الحركية (المهارية) من السهل إلى الصعب؟

س15: ما معنى مستوى الممارسة، مع التوضيح بالمثال؟

س16: ما الأفعال المستخدمة عند صياغة هدف في مستوى الإتقان والممارسة؟

س17: ضع علامة (√) أمام الإجابة الصحيحة لكل مما يأتي:

1- تتميز الغايات الكبرى للتربية بأنها:

أ- أكثر تجريداً من الأهداف التربوية العامة ( )

ب- ترتبط بالنظام التربوي أكثر من ارتباطها بالحياة وأنشطتها ( )

ج- تسعى لتحقيقها كل المؤسسات، كوسائل الإعلام، ودور العباد وغيرها ( )

د- كل من أ، ج ( )

2- تتميز الأهداف التربوية العامة بأنها:

أ- تمثل الموجهات القريبة للمعلم في نشاطاته التعليمية اليومية ( )

ب- ترتبط بما يحدث في حجرة الدراسة أكثر من ارتباطها بالحياة ( )

ج- قصيرة المدى في طبيعتها، ويسهل ملاحظة مدى تحققها ( )

د- ليس واحداً مما سبق ( )

3- الذي صنف الأهداف التعليمية في المجال الوجداني هو:

(أ) جانييه ( )

(ب) كراثوهل ( )

(ج) بياجيه ( )

(د) بلوم ( )

4- تتميز الأهداف التربوية العامة بأنها:

أ- أكثر تجريداً من الغايات التربوية ( )

ب- ترتبط بالحياة وأنشطتها أكثر من ارتباطها بالنظام التربوي ( )

ج- ترتبط بالنظام التربوي أكثر من ارتباطها بالحياة وأنشطتها ( )

د- كل من أ، ب ( )

5- تتميز الأهداف التعليمية المحددة بأنها:

أ- تمثل الموجهات القريبة للمعلم في نشاطاته التعليمية اليومية ( )

ب- ترتبط بما يحدث في حجرة الدراسة ( )

ج- قصيرة المدى ويسهل قياسها وملاحظتها   (   )

د- كل ما سبق   (   )

6- إكساب الطالب المعارف والمهارات اللازمة للعمل بوظيفة معلم فنون تربوية يعد:

أ- غاية تربوية   (   )

ب- هدفاً عاماً   (   )

ج- هدفاً تعليمياً (سلوكياً أو خاصاً)   (   )

د- ليس واحداً مما سبق   (   )

7- المبدأ التنظيمي الذي ارتكز عليه تصنيف كراثوهل للأهداف التعليمية في لمجال الوجداني هو :

أ- تعقد العمليات العقلية   (   )

ب - التبني الذاتي والاستيعاب الداخلي   (   )

ج - التخلص من الأفعال الزائدة   (   )

د - كل من أ,ج   (   )

8- يأتي تقليد العناصر الأساسية للمهارة المراد تعليمها وتعلمها في المجال المهاري في المستوى:

أ- الأول   (   )

ب- الثاني   (   )

ج - الثالث   (   )

د - الرابع   (   )

9- أن ترسم الطالبة منظراً طبيعياً على الزجاج باستخدام الألوان المناسبة، يعد هدفاً:

(أ) معرفياً ( )

(ب) مهارياً ( )

(ج) وجدانياً ( )

(د) عاماً ( )

10- أن تبدي الطالبة استعدادها للمشاركة في جماعة مدرسية تهتم بمساعدة الفقراء، يعد هدفاً :

(أ) مهارياً ( )

(ب) معرفياً ( )

(ج) وجدانياً ( )

(د) عاماً ( )

11- أن تعزف الطالبة السلام الملكي البحريني، فإن عبارة" السلام الملكي البحريني" في هذا الهدف تعبر عن:

(أ) السلوك الواقعي الواجب استخدامه لإظهار إتقان الهدف ( )

(ب) الشروط أو الظروف التي يظهر في ظلها السلوك ( )

(ج) نتيجة السلوك المراد من الطالبة أن تظهره ( )

(د) المعيار الواجب استخدامه لتقويم السلوك ( )

12- المبدأ التنظيمي الذي ارتكز عليه تصنيف بلوم للأهداف التعليمية في لمجال المعرفي هو :

أ - تعقد العمليات العقلية ( )

ب - التبني الذاتي والاستيعاب الداخلي ( )

ج - التخلص من الأفعال الزائدة ( )

د - كل من أ، ج ( )

13- أن يبدي الطالب استعداده للمشاركة في جماعة مدرسية تهتم بنظافة البيئة، يعد هدفاً :

(أ) مهارياً ( )

(ب) معرفياً ( )

(ج) وجدانياً ( )

(د) عاماً ( )

14- جميع ما يلي من مستويات المجال المعرفي لبلوم ما عدا:

أ – التحليل ( )

ب – التركيب ( )

ج – الإتقان ( )

د – الفهم ( )

15- أن يثبت الطالب صحة تقييده للعمليات المالية في دفتر اليومية، وترحيله لها إلى دفتر الأستاذ من خلال ميزان المراجعة يعد هدفاً معرفياً في مستوى:

أ- التحليل ( )

ب_ التركيب ( )

ج - الفهم ( )

د- التقويم ( )

16- أن يكتب الطالب محضر اجتماع مجلس الإدارة لإحدى الشركات على الحاسوب في نصف ساعة على الأكثر وبدرجة دقة لا تقل عن 95 % يعد هدفاً:

أ – معرفياً ( )

ب - مهارياً ( )

ج - وجدانياً ( )

د - عاماً ( )

17- إكساب الطالب المعارف والمهارات اللازمة للعمل بمهنة السكرتارية بعد:

أ- غاية تربوية ( )

ب- هدفاً عاماً ( )

ج- هدفاً إجرائياً (سلوكياً) ( )

د- ليس واحداً مما سبق ( )

18- أن يحكم الطالب على المركز المالي لمشروع معين بعد الإطلاع على حساباته وميزانياته، فإن المستوى المعرفي لهذا الهدف هو:

أ- التذكر ( )

ب- التطبيق ( )

ج- الفهم ( )

د- التقويم ( )

19- أن يقبل الطالب على قراءة الموضوعات ومشاهدة البرامج الخاصة بموضوع الخصخصة، فإن هذا الهدف الوجداني يأتي في مستوى:

أ - الاستقبال ( )

ب - الاعتزاز بقيمة ( )

ج - الاستجابة ( )

د - تكوين نظام قيمي ( )

20- جميع ما يلي من معايير صياغة الأهداف الإجرائية فيما عدا :

أ- التحديد ( )

ب- الثبات ( )

ج-الواقعية ( )

د - إمكانية الملاحظة ( )

21- صاغ أحد زملائك الهدف التالي: " في نهاية الوحدة ينبغي أ ن يكون الطالب قادراً علي أن يكتب تقريراً مكوناً من صفحتين باستخدام الحاسوب " من خلال دراستك لمعايير الأهداف فإن ما تحته خط يشير إلي معيار :

أ- السلوكية ( )

ب- التحديد ( )

ج- الواقعية ( )

د- ظروف الأداء ( )

س22: أجب عما يأتي:

1- لصياغة الهدف السلوكي مجموعة من المعايير وضح ذلك مستعيناً بالأمثلة.

2- يقع بعض المعلمين عند صياغتهم للأهداف السلوكية في الكثير من الأخطاء. وضح ذلك مستعيناً بالأمثلة.

3- لاشتقاق الأهداف العديد من المصادر. وضح اثنين منها.

4- اتفقت دول مجلس التعاون الخليجي على العديد من المصادر التي يجب أن تشتق منها الأهداف التربوية فيها. وضح ثلاثة مصادر منها مستعيناً بالأمثلة.

5- اذكر مكونات الهدف السلوكي الجيد كما أوضحها ميجر.

6- وضح بالأمثلة مكونين من مكونات الهدف السلوكي عند ميجر.

س23: ضع علامة (√) أو علامة (X) أما كل مما يأتي مع تصحيح الخطأ إن وجد وتبرير الصواب.

1- من مصادر اشتقاق الأهداف التربوية في دول الخليج العربية: المادة الدراسية من حيث طبيعتها ومكوناتها. ( )

2- المبدأ التنظيمي الذي ارتكز عليه تصنيف بلوم للأهداف التعليمية في لمجال المعرفي هو التخلص من الحركات والأفعال الزائدة. ( )

3- صاغت إحدى زميلاتك الهدف التالي: أن أقوم بذكر مكونات السلم الموسيقي للطالبات، إن الخطأ هنا هو أن الهدف مركباً. ( )

<u>**نشاط صفي (2)**</u>

1- كتابة ثلاثة أهداف عامة في مجال التخصص
2- صياغة أهداف سلوكية من الأهداف العامة
3- كتابة ثلاثة أهداف يمكن ملاحظتها
4- صياغة أسئلة أهداف تمثل مستويات بلوم في مجال التخصص

الفصل الثالث
مهارات التخطيط لعملية التدريس

تمهيد

إن مهارات التدريس من أهم المكونات الأساسية التي يجب أن يتم تدريب المعلمين عليها قبل الخدمة وأثنائها، وتتضمن: مهارات التخطيط، ومهارات التنفيذ، ومهارات التقويم. ونتناول فيما يلي مهارات التدريس من حيث: تعريفها وخصائصها، وأنواعها. وسبل اكتسابها وإتقانها.

مهارات التدريس

تعرف مهارات التدريس بأنها:

" نمط من السلوك التدريسي الفعال في تحقيق أهداف محددة يصدر من المعلم علي شكل استجابات عقلية أو لفظية أو حركية أو جسمية أو عاطفية متماسكة، وتتكامل في هذه الاستجابات عناصر الدقة والسرعة والتكيف مع ظروف الموقف التدريسي".

خصائص مهارات التدريس

لمهارات التدريس العديد من الخصائص العامة من أهمها:

(أ) العمومية

ويرجع ذلك إلى أن وظائف المعلم تكاد تكون واحدة في كل المراحل التعليمية وفي كل المواد الدراسية، وطبيعة عملية التدريس فيها متشابهة إلا أن سلوك التدريس (كأسلوب) لدى كل معلم من المعلمين يختلف باختلاف المراحل التعليمية المتعددة والمواد الدراسية المختلفة، أي في ضوء اختلاف المحتوى التعليمي الذي يدرسه. كما أن العمومية قد تكون بأن هناك مهارات عامة لكل تخصص معين دون الآخر.

(ب) التغيير

إذا كانت أهداف المناهج الدراسية متغيرة، وبالتالي فإن جميع خبرات المنهج التي تعكس هذه الأهداف وتحققها في ضوء كثير من المصادر التي يتم الرجوع إليها عند بناء أو تطوير المناهج الدراسية، والمتمثلة في أوضاع المجتمع وفلسفته وطبيعة الطلاب، والتغيرات

التي يمكن أن تحدث لهم، وكذلك التطور في بنية المادة الدراسية، مما يجعلنا بالتالي نبحث عن المزيد من مهارات التدريس التي يمكن أن تحقق هذه الأهداف.

(ج) التفاعل

السلوك التدريسي بطبيعته معقد ومركب بمعنى أنه لا يمكن عزل نمط محدد من أنماط السلوك التدريسي دون غيره، ولذلك يكون من الصعب فصل مهارة تدريسية معينة عن غيرها من المهارات التدريسية الأخرى.

(د) الاختلاف في كيفية الأداء

بالرغم من وجود أنماط سلوكية شائعة الاستخدام بين جميع المعلمين عند أدائهم لمهارات تدريسية معينة، إلا أنه يوجد نواحي اختلاف بين معلم وآخر عند تطبيق المهارة، وذلك لأن التطبيق يتسم بالسلوك الشخصي لكل معلم .

(هـ) القابلية للتعلم

سواء قبل الخدمة أو في أثنائها، حيث إن اكتسابها يخضع لعوامل متعددة أهمها: الدافعية والخبرة السابقة والتنفيذ والممارسة.

أنواع مهارات التدريس

للتدريس ثلاث مهارات أساسية هي: (مهارات التخطيط، ومهارات التنفيذ، ومهارات التقويم)، وتشتمل كل مهارة أساسية على العديد من المهارات الفرعية، وسنتناول في هذا الفصل المهارة الأساسية الأولى وهي مهارة التخطيط للتدريس، وفيما يلي توضيح لهذه المهارة.

التخطيط للتدريس

إذا كانت العملية التعليمية - التعلمية حقاً عملاً يوصل إلى أهداف وغايات نبيلة، فهي عمل (مهني) يلزمها التخطيط المكتوب ما دامت تحكم بالعقلانية والفاعلية وتحدد

بهما، ولهذا يحتاج المعلم إلى تخطيط مقرره أو وحدته أو درسه، شأنه في ذلك شأن من يقومون بالأعمال المهنية المهمة الأخرى . فالتخطيط علي سبيل المثال: يحتاجه الطبيب قبل إجراء أية عملية من العمليات الجراحية ؛ ويحتاجه المهندس قبل تنفيذ مشروعاته الهندسية المختلفة؛ ويحتاجه المحامي قبل أن يدافع عن موكله في ساحة القضاء. فإذا كانت حاجة الطبيب والمهندس والمحامي إلى التخطيط واضحة وملحة، فهي بالنسبة للمعلم ومهنته (التي هي أم المهن) أشد وضوحاً وأكثر ضرورة وأهمية.

لذا سنحاول على الصفحات التالية تناول مهارات التخطيط للتدريس من خلال الإجابة عن الأسئلة التالية:

- ما المقصود بالتخطيط للتدريس ؟ وما أهميته؟ وما مبادئه ؟ وما أنواع مهارات التخطيط؟
- ما أنواع الخطط التدريسية ؟ وما عناصرها ؟وكيف يتم تصميمها ؟

تعريف التخطيط للتدريس

يعرف التخطيط للتدريس بوجه عام بأنه "مجموعة من الإجراءات والتدابير يتخذها المعلم لضمان نجاح العملية التعليمية - التعلمية وتحقيق أهدافها ".

أهمية التخطيط للتدريس وفوائده

كثيراً ما يدور النقاش والخلاف بين فئات المعلمين ومشرفيهم حول أهمية التخطيط. حيث يجادل البعض في أهمية التخطيط للتدريس أو في جدواه بالنسبة للعملية التعليمية التعلمية، وذلك انطلاقاً من إدعائهم بأن المعلم يمكنه أن ينجح في التدريس بدون كتابة خطة درسه أو وحدته أو مقرره، حيث يرون أن الجهد الذي يبذله المعلم في عملية التحضير والإعداد والكتابة للتدريس، إنما هو جهد ضائع طالما هناك كتاب مدرسي مقرر بين أيدي الطلبة والمعلمين سواء بسواء .

إلا أن المعلم الذي ينجح تدريسياً بدون خطة لدرسه أو وحدته أو مقرره، يمكن أن يكون أكثر نجاحاً وإبداعاً وابتكاراً إذا ما خطط لمقرره ودرسه ووحدته تخطيطاً سليماً وبفاعلية وعقلانية.

وعليه يجمع المختصون على أن التخطيط للتدريس يعد من المهارات الأساسية في إعداد المعلم وتكوينه، وبالتالي ضرورياً لنجاح المعلم، وإنجاح العملية التدريسية، وتتضح أهمية التخطيط للتدريس وفوائده في أنه:

1- يساعد المعلم على تنظيم عناصر العملية التعليمية - التعلمية من حيث اختيار: الأهداف التعليمية واشتقاقها وتحديدها وصياغتها بحيث يمكن ملاحظتها وقياسها، والمادة العلمية (المحتوى) التي يقدمها لطلبته، والنشاطات التعليمية المناسبة لتحقيق الأهداف التعليمية المنشودة التي سبق تحديدها، إستراتيجية التدريس(الطريقة)، والوسائل التعليمية ذات العلاقة المناسبة، أساليب القياس والتقويم المناسبة لمعرفة مدى تحقق الأهداف المرجوة .

2- يمنع المعلم من الارتجال في عملية التدريس ؛ ويقلل من مقدار المحاولة والخطأ في تدريسه، وبالتالي يجنب المعلم المواقف الحرجة التي قد تنشأ من عدم التخطيط كما في الارتباك أو المشكلات الصفية كعدم الانضباط أو فشل النشاطات العملية.

3- يقدم فائدة كبيرة ومهمة للمعلم من حيث إنه: يكسبه احترام الطلبة وتقديرهم له، وبخاصة أن كثير من الطلبة يقدرون ويحترمون المعلم الذي يبدو مخلصاً في عمله، ويمنحه فرصة مستمرة للتحسن والنمو المهني سواء في المادة العلمية نفسها أم في طرائق وأساليب تدريسها وتقويمها، كما يكسبه مهارة الضبط الصفي وإدارة الصف بشكل جيد، ويساعده على تنظيم أفكاره، والوقت المخصص لموضوع دراسي معين أو وحدة دراسية معينة في وقت زمني معين، ويساعده في

تحديد ما يريد أن يقوم به، وبالتالي تسهيل تنفيذ النشاطات التعليمية، ويكسبه تغذية راجعة تفيده في تحسين تعلم الطلبة بوجه عام، يكسبه مهارات تنظيم الطلبة وتصنيفهم في مجموعات وفقاً لقدراتهم التفكيرية وأنماط تعلمهم المختلفة، ويساعده على إعطاء التأكيد المناسب علي كل جزء من أجزاء الدرس وعدم إعطاء اهتمام خاص أو تأكيد لجزء من أجزاء الدرس علي حساب الأجزاء الأخرى .

4- يتوقع أن ينعكس إيجابياً علي الطلبة من حيث إنه:يساعدهم علي المشاركة الإيجابية في تحقيق أهداف النشاطات التعليمية، ويمكنهم من معرفة الأهداف والغايات التعليمية التي سيحققونها في دروسهم أو في حياتهم العملية المستقبلية، وينمي لديهم الوعي والاهتمام بأهمية التخطيط في المدرسة والجامعة والحياة سواء بسواء.

5- يسهم في تطوير العملية التربوية بوجه عام من حيث: تطوير الاختبارات المدرسية وبناؤها ، تطوير مستوي التعليم وتحسين نوعيه، وتحديد جوانب القوة والضعف في المناهج والمقررات الدراسية، وبالتالي تطويرها.

6- يعد وسيلة يستعين بها الموجه الفني أو مشرف التربية العملية في متابعة الدرس وتقويمه.

مبادئ التخطيط للتدريس

لضمان تحقيق فوائد التخطيط للتدريس السابق الإشارة إليها، يذكر الأدب التربوي مبادئ عامة يجب علي المعلم معرفتها وامتلاكها، ومن ثم مراعاتها في عملية التخطيط للتدريس وتنفيذها. ومن هذه المبادئ والأسس ما يلي:

1- إتقان المعلم لمادته العلمية جيداً، مما يسهل عليه تحديد الأهداف وتحليل المحتوي العلمي إلي أشكاله وأنواعه المختلفة ...فكما قيل: "فاقد الشيء لا يعطيه".

2- فهم المعلم للأهداف التربوية العامة وأهداف تدريس مقرراته بشكل خاص، مما ييسر عليه وضع الخطط التدريسية في ضوئها .

3- معرفة المعلم لخصائص الطلبة الذين يدرس لهم وقدراتهم وحاجاتهم، وميولهم واهتماماتهم .

4- معرفة المعلم لطرق وأساليب تدريس مقرراته المختلفة، وبالتالي وضع الخطط التدريسية بشكل مرن يتناسب مع طبيعة المادة العلمية، والأهداف المنشودة، ومستوي الطلبة ونوعيتهم، والمرحلة التعليمية وأهدافها .

5- معرفة المعلم لأساليب التقويم، وبالتالي تحديد الأدوات المناسبة لقياس مدي ومقدار ما تحقق من الأهداف المنشودة أو الغابات المرسومة؛ وهذا يتطلب ارتباط إجراءات التقويم وأساليبه بالأهداف والخبرات والنشاطات والمواقف التعليمية المختلفة .

6- تصميم الخطط التدريسية في ضوء الاعتبارات التربوية التالية :

- الإمكانات المادية والفنية المتوافرة في المدرسة بوجه عام.
- إمكانية التحقيق والتنفيذ، وبالتالي الابتعاد عن الخطط المثالية التي يصعب تحقيقها أو تنفيذها.
- أن تتصف بالمرونة والتطور والتجديد والتحديث، وبالتالي الابتعاد عن التخطيط التدريسي الروتيني.
- أن تكون شاملة للعناصر (والمتغيرات) التي تحيط بالمواقف والنشاطات التعليمية المختلفة.
- أن تراعي مبدأ تكامل الخبرات التعليمية والوحدة بين أنواع الخطط التدريسية ونماذجها أو مستوياتها المختلفة .

أنواع مهارات التخطيط للتدريس

هناك العديد من مهارات التخطيط على المعلم اكتسابها وإتقانها، ومن هذه المهارات ما يلي:

مهارة تحديد أهداف الدرس، ومهارة تحليل محتوي الدرس وتحديد أوجه التعلم المتضمنة فيه مثل: الحقائق، والمفاهيم، والتعميمات، والنظريات، مهارة اختيار طريقة التدريس المناسبة للدرس، مهارة اختيار الوسائل والأنشطة المناسبة للموضوع. مهارة إعداد الأسئلة....إلخ.

وهناك مجموعة أخرى من المهارات التي يجب أن يتقنها المعلم حتى يمكنه التخطيط للتدريس بشكل فعال، ومنها:

1- تحديد الأهداف العامة للمقرر

إذ ينبغي أن تشتمل الخطة السنوية على قائمة بالأهداف العامة التي نسعى إلى تحقيقها من تدريس المقرر، ثم تصاغ هذه الأهداف إلى أهداف تفصيلية في صورة سلوكية وذلك بالاستعانة بالمحتوى الدراسي، وخصائص المتعلم.

2- تحديد محتوى المادة الدراسية

الذي يحقق كل هدف من الأهداف العامة، فمن المعروف أن المقرر الدراسي يقسم إلى مجموعة من الوحدات أو الموضوعات.

وينبغي أن تحدد الوحدات والموضوعات التي تحقق كل هدف من هذه الأهداف السابقة مع ملاحظة أنه بالإمكان أن يتحقق هدف واحد أو أكثر من خلال تدريس وحدة واحدة. كما يمكن أن يتطلب تحقيق هدف واحد تدريس وحدتين أو ثلاث.

3- وضع جدول زمني

من المفيد أيضاً أن تشمل الخطة السنوية وضع جدول زمني لتدريس الوحدات التي يتضمنها المقرر. على أنه ينبغي مراعاة الوقت المحدد لتدريس كل وحدة ومدى مساهمة تلك الوحدة في تحقيق الأهداف العامة.

4- تحديد مصادر التعلم

من العناصر الهامة في الخطة السنوية أن يتضمن المصادر التي سوف تستخدمها في التدريس، وكذلك المصادر التي يمكن أن يرجع إليها المتعلمين ويكفي أن تذكر إلى جانب الكتاب المدرسي بعض أسماء الكتب والمراجع والوسائل التعليمية المختلفة.

5- تحديد عناصر إستراتيجيات التدريس التي سوف تتبعها

وتشمل هذه الإستراتيجية:

أ- الطرق لتقديم المعلومات كأن ن يستخدم طريقة المحاضرات أو المناقشة أو التعلم الذاتي عن طريق برامج معدة لهذا الغرض.

ب- تحديد أوجه النشاط التي يمكن أن يشارك الطلاب من خلالها في دراسة المقرر.

ج- إستراتيجية التقويم التي سيتم استخدامها لتقويم تحصيل الطلاب: كاستخدام الاختبارات التحصيلية سواء كانت شفوية، أو تحريرية، مقالية، أو موضوعية.

أنواع الخطط التدريسية

تذكر أدبيات التربية بوجه عام ثلاثة أنواع (أو نماذج أو مستويات) من الخطط التدريسية هي:

الخطة التدريسية للمقرر الدراسي (أو الخطة الفصلية)

1- الخطة الفصلية

هي خطة بعيدة المدى تفيد في بيان المعالم الأساسية للمنهج، كما تساعد المعلم على معرفة مدى إمكانية تنفيذه للمنهج، ومدى السرعة التي يجب أن يسير بها، حتى يتمكن من تحقيق الأهداف التي يسعى إلى تحقيقها. وهي خطة تدريسية طويلة المدى زمنياً ؛ ويتم تنفيذها على مدى فصل دراسي كامل بالنسبة لمقرر معين، وتتضمن الخطة الفصلية عادة

الخطوط العريضة دون ذكر التفصيلات، ومن هذه الخطوط العامة أو العناصر، علي اختلافها، نذكر منها ما يلي :

1- عناوين الوحدات.

2- الأهداف العامة.

3- تحديد الفترة الزمنية اللازمة لتنفيذ كل هدف من الأهداف.

4- ملاحظات حول تنفيذ الأهداف، حيث يذكر الصعوبات المتعلقة بسير العمل من أجل المساعدة على إزالة هذه الصعوبات في المستقبل.

5- مختصر لمحتوى الوحدات الدراسية.

6- استراتيجيات التدريس، والنشاطات العلمية والوسائل التعليمية المناسبة، والأجهزة والأدوات والمواد اللازمة لتحقيق الأهداف التعليمية المنشودة كالمحاضرة والبحوث والمناقشة، والتجارب، والزيارات، والرحلات، والأفلام، والنماذج، والخرائط، والصور، والرسوم ... الخ.

7- تصور عام لأدوات وأساليب تقويم مدي تحقيق الأهداف والغايات التعليمية المنشودة.

8- المراجع الأساسية والثانوية المعتمدة. وفيما يلي نماذج لخطط فصلية في مختلف المجالات العلمية.

نموذج لخطة فصلية في مادة اللغة العربية

الصف الأول إعدادي المادة: نحو

الوحدات	الأهداف: معرفية	الأهداف: وجدانية	الأهداف: حركية	الطرق والوسائل والأنشطة	وسائل التقويم	الزمن من- إلى	عدد الحصص
الوحدة ا لأولى من إلى ص7 ص20	أن يتعرف المتعلمين على أسماء الإشارة	أن يؤمن الطالب بأهمية النحو	أن يطبق الطالب القواعد النحوية	وسائل + طباشير + الكتاب المدرسي	الواجبات اختبار شهري	أكتوبر نوفمبر	4
الثانية من إلى 2 - 32	أن يفهم الطالب الفرق بين النكرة والمعرفة	أن نغرس في نفوس الطلاب حب النحو	أن يتقن الطالب فهم المادة	وسائل السبورة الكتاب طباشير	الواجب اختبار شهري	نوفمبر ديسمبر	6
الثالثة من إلى 32 - 53	أن يفهم الطالب ما هو العلم	أن نحبب المادة في نفوس المتعلمين	أن يجرب المتعلمين حل التمارين	وسائل تعليمية + السبورة	الواجبات اختبار شهري	ديسمبر يناير	6
الوحدة الرابعة من إلى 63 - 86	أن يفرق الطالب بين المبني والمعرب	أن نحبب المادة للمتعلمين	أن يمارس المتعلمين حل التمارين	وسائل سبورة طباشير	واجبات اختبار شهري	فبراير مارس	7
الوحدة الخامسة من إلى 86 - 116	أن يفهم المتعلمين الفرق بين المثنى والجمع	أن يؤمن المتعلمين بحب المادة	أن يتقن المتعلمين حل الأسئلة	وسائل سبورة طباشير	واجبات اختبار شهري	مارس أبريل	7
من إلى 116 - 130	أن يفهم الطالب ما أهمية المراجعة	أن نغرس في نفوسهم حب الاختبار	أن يتقن المتعلمين حل الاختبارات	سبورة طباشير الكتاب	مراجعة عامة اختبار نهائي	أبريل المجموع	3 37

نموذج لخطة فصلية لمقرر الرياضة المالية بالتعليم التجاري

المقرر: رياضة مالية　　الشعبة:　　عدد الحصص الأسبوعية: 4 حصص　　زمن الحصة: 50 دقيقة　　الفصل الدراسي الأول 2005/2004

الشهر	الأسبوع	موضوع الوحدة	الأهداف العامة	المحتوى	نشاطات التعليم والتعلم المقترحة	الوسائل والمواد التعليمية المقترحة	وسائل وأساليب التقويم المقترحة	ملاحظات مصادر مقترحة
أكتوبر	الأول الثاني الثالث الرابع	✧النقود وتحويل العملات ووسائل السداد المالية.	✧إكساب الطالبات مهارات تحويل العملات. ✧التعرف على وسائل السداد المالية. ✧إكساب الطالبات مهارات استخدام الحاسب الآلي في التحويلات المالية.	✧النقود وتحويل العملات. ✧وسائل السداد المالية. ✧استخدامات الحاسب الآلي في التحويلات المالية.	✧المناقشة. ✧المحاضرة القصيرة. ✧التعلم التعاوني. ✧وضع تدريبات خارجية. ✧زيارة ميدانية (بنك). ✧استضافة زائر. ✧تطبيقات على الحاسب الآلي.	✧السبورة. ✧الكتاب المدرسي. ✧عرض لأسعار العملات من الجرائد والإنترنت. ✧عرض نماذج لبطاقات خصم، شيكات سياحية، حوالات،عملات دولية.	✧اختبار قصير. ✧اختبار طويل. ✧تطبيق. ✧وظيفة منزلية. ✧حل أسئلة الكتاب المدرسي.	✧مواقع على الإنترنت: ✧ www.bahraintourist.com/currencymuseum.htm. ✧حضور دورة مال 111 في وزارة التربية والتعليم.

الشهر	الأسبوع	موضوع الوحدة	الأهداف العامة	المحتوى	نشاطات التعليم والتعلم المقترحة	الوسائل والمواد التعليمية المقترحة	وسائل وأساليب التقويم المقترحة	ملاحظات مصادر مقترحة
نوفمبر	الأول الثاني الثالث الرابع	✧تسعير البضاعة وشرائها.	✧إلمام الطالبات بطريقة حساب الخصومات المختلفة مع إيجاد الربح والخسارة. ✧إكساب الطالبات مهارة استخدامات الحاسب الآلي في تسعير وشراء البضاعة.	✧عمليات شراء البضاعة. ✧عمليات تسعير البضاعة. ✧استخدامات الحاسب الآلي في تسعير وشراء البضاعة.	✧المناقشة. ✧المحاضرة القصيرة. ✧التعلم التعاوني. ✧وضع تدريبات خارجية. ✧تطبيقات على الحاسب الآلي.	✧السبورة. ✧الكتاب المدرسي. ✧عرض نماذج لخصومات مختلفة من الجرائد والمجلات.	✧اختبار قصير. ✧اختبار طويل. ✧تطبيق. ✧وظيفة منزلية. ✧حل أسئلة الكتاب المدرسي.	✧مواقع على الإنترنت: ✧ www.bahraincustoms.gov.bh ✧ www.bahrainuports.gov.bh
ديسمبر	الأول الثاني الثالث الرابع	✧الرواتب واحتسابها يدوياً وباستخدام الحاسب الآلي.	✧التعرف على طريقة حساب الأجور والرواتب متضمنة العلاوات والاستقطاعات مع استخدام الحاسب الآلي في طريقة احتسابها.	✧الرواتب. ✧الرواتب باستخدام الحاسب الآلي.	✧المناقشة. ✧المحاضرة القصيرة. ✧التعلم التعاوني. ✧وضع تدريبات خارجية. ✧تطبيقات على الحاسب الآلي.	✧السبورة. ✧الكتاب المدرسي. ✧عرض نماذج لكشف راتب.	✧اختبار قصير. ✧اختبار طويل. تطبيق. ✧وظيفة منزلية. ✧حل أسئلة الكتاب المدرسي.	

نموذج لخطة فصلية لمقرر أعمال وكالات السفر والسياحة بالتعليم التجاري

المقرر: أعمال وكالات السفر والسياحة — الشعبة: — عدد الحصص الأسبوعية: حصتان — زمن الحصة: 50 دقيقة — الفصل الدراسي الأول 2005/2004

الشهر	الأسبوع	موضوع الوحدة	الأهداف العامة	المحتوى	نشاطات التعليم والتعلم المقترحة	الوسائل التعليمية المقترحة	وسائل التقويم المقترحة	ملاحظات ومصادر	
ديسمبر	الثالث	دليل الرحلات لخطوط الطيران	إكساب الطلاب المعارف والمهارات المتعلقة بدليل الرحلات لخطوط الطيران ومحتوياته	- التوقيت لعالمي- الأياتا - خطوط الطيران - الرموز الرقمية والرموز المحددة والمشتركة - رموز طائرات ورموز المدن والمطارات	- التعلم التعاوني - الزيارات الميدانية لوكالات السفر - تمثيل الأدوار - دعوة بعض المتخصصين	- الشفافيات - السبورة - دليل الرحلات - الكتاب المدرسي	- أسئلة شفوية - اختبارات تكوينية قصيرة.	- دليل الرحلات لخطوط الطيران - مواقع الإنترنت	

الشهر	الأسبوع	موضوع الوحدة	الأهداف العامة	المحتوى	نشاطات التعليم والتعلم المقترحة	الوسائل التعليمية المقترحة	وسائل التقويم المقترحة	ملاحظات ومصادر	
	الرابع	دليل الرحلات لخطوط الطيران	إكساب الطلاب المعارف والمهارات المتعلقة بالجداول العالمية للطيران	الجداول العالمية من بلد إلى آخر.	- التعلم التعاوني - الزيارات الميدانية لوكالات السفر - تمثيل الأدوار - دعوة بعض المتخصصين - توزيع نماذج لجداول عالمية - استخدام غرفة المحاكاة	شفافيات + نماذج لجداول عالمية	- أسئلة شفوية - اختبارات تكوينية قصيرة. - اختبار شامل للوحدة	- الجداول العالمية للطيران - مواقع شركات الطيران على الإنترنت	
أكتوبر	الأول	التذاكر	إكساب الطلاب المعارف والمهارات المتعلقة بأنواع التذاكر ومحتوياتها وأهميتها.	التذاكر: أهميتها - أنواعها - ومحتوياتها	- التعلم التعاوني - الاكتشاف - المناقشة - الزيارات الميدانية - استخدام غرفة المحاكاة	- نماذج للتذاكر - الشفافيات	- تطبيقات عملية على إصدار التذاكر اليدوية وغيرها		

نموذج لخطة فصلية في الرياضيات

العام الدراسي: 2004-2005 - الصف: السادس الأساسي - الرياضيات

الزمن / الشهر	ما يدرس فيه من هذا المنهج	الأهداف العامة للمقرر
سبتمبر 2004-2005	مراجعة عامة على العمليات الأربع على الأعداد الطبيعية.	1- تقديم المعلومات المفيدة المتنوعة والمتعلقة بخانات الأعداد والكسور (النسبة والتناسب). 2- تدريب المتعلمين على استخدام الآلات الهندسية. 3- تنمية الفكر العقلي السريع والسليم. 4- تنمية حب الرياضيات في النفوس.
أكتوبر 2004-2005	قراءة كتابة الملايين من أول الفصل الثاني إلى نهاية جمع وطرح الكسور المختلفة.	
نوفمبر 98/11م	ضرب وقسمة الكسور من أول الفصل الثالث إلى نهاية النسبة بين ثلاثي كميات.	
ديسمبر 2004-2005	تكملة الفصل الثالث حتى نهاية إيجاد مقدار علمت نسبة مئوية منه.	
يناير 2004-2005	الفصل الرابع كاملاً الفصل الخامس حتى نهاية المساواة	الوسائل والطرق: سبورة، طباشير، كتاب مدرسي، مؤشر، طباشير ملون، ورقة مكبر، شكل مجسم أسطواني، كرة، أدوات هندسية.
فبراير 2004-2005	المعادلة وإيجاد حل المعادلات. اختبارات وإجازة نصف العام	من الأنشطة - المناقشة والحوار مشاركة المتعلمين في حل بعض الأمثلة على السبورة.
مارس 2004-2005	الفصل السادس حتى نهاية المنشور القائم.	
أبريل 2004-2005	الأسطوانة، حجم الاسطوانة، الكرة	
مايو 2004-2005	مراجعة عامة واختبارات	
عدد الحصص المقررة	6 حصص أسبوعياً	

نموذج لخطة فصلية في المواد الاجتماعية
الصف الأول الإعدادي المادة: التاريخ الوسيط

الوحدات	الأهداف			الطرق والوسائل	وسائل التقويم	الزمن من-إلى	عدد الحصص
	معرفية	وجدانية	حركية	الأنشطة			
الباب الأول: شبه الجزيرة العربية قبل الإسلام.	تشمل تعريف الطالب شبه الجزيرة من حيث الموقع والخصائص والتنظيم السياسي والنفوذ الأجنبي من الفرس والروم وغيرهم. * علاقاتهم ببعض مع جيرانهم أهل البدو وأهل الحضر صفاتهم عاداتهم تقاليدهم.	وعي الطالب بما كان يتصف أهل الجزيرة العربية من كرم وشهامة وقوة واهتمامهم بدراسة تلك الفترة. * تقبل المتعلمين لبعض عاداتهم ورفضهم للسيئ منها.	*رسم خارطة توضح حدود شبه الجزيرة العربية مثل الإسلام. * قيام المتعلمين بكتابة مذكرات وتقديرات عن حياة العرب في شبه الجزيرة العربية قبل الإسلام من عدة نواحي.	طريقة المناقشة والحوار. القصة في شرح بعض صفات أهل الجزيرة : مواقف" مثلاً.	في أثناء الحصص عن طريق المناقشة. الأعمال المنزلية "الواجبات" الأسئلة الاختبارات الشفوية والاختبارات الشهرية.	من 99/10/9 إلى 99/10/30م	8

2- الخطة التدريسية للوحدات

وهي خطة تدريسية متوسطة المدى زمنياً؛ ويتم تنفيذها على مدى أسبوع أو أسبوعين أو أكثر حسب طبيعتها، وتتضمن بوجه عام العناصر الأساسية التالية:

1- عنوان الوحدة والزمن اللازم (التقريبي) لتنفيذها.

2- الأهداف العامة للوحدة.

3- محتوى الوحدة.

4- النشاطات التعليمية والأجهزة والأدوات والمواد المطلوبة.

5- أساليب التقويم.

6- المراجع والمصادر العلمية المعتمدة.

✓ نموذج لتخطيط وحدة تعليمية

البيانات الأساسية عن الفصل والسنة الدراسية وعدد الحصص المخصصة...إلخ.

موضوع الوحدة: التعامل مع العملاء وبحث الالتماسات والشكاوى.

فكرة عامة: تبعاً للتحليل الوظيفي فإن العاملين الجدد في هذا الميدان على اتصال مع الجمهور، ويتعاملون بصفة متكررة ومباشرة مع العملاء وقد صممت هذه الوحدة لتتيح للطلاب معرفة المبادئ العامة للعلاقات مع العملاء . والطالب الذي يستكمل دراسة هذه الوحدة بنجاح سوف يكون كفئاً. ومكتسبا للمهارات التي يتطلبها العمل مع العملاء في المواقف الروتينية.

الأهداف	المحتوي	الأنشطة التعليمية	المصادر	التقييم
أن يكون الطالب قادرا على أن : يظهر اتجاها إيجابيا تجاه العملاء وتجاه التعامل معهم.	مدخل إلي العلاقات مع العملاء. -أهمية العلاقات الجيدة مع العملاء. -الحاجات إلي تنمية الكفاءات الشخصية في هذا المجال. -المتطلبات الوظيفية في مهارات العملاء.	الاستماع إلي درس يلقيه المدرس. -قراءة الفصل الرابع في الاختبار. – الاستماع إلي العرض الذي يقدمه مدير شئون الموظفين –الاشتراك في العروض الفصلية.	الكتاب المدرس.	اختبار قبلي وبعدي عن الاتجاهات الوظيفية اختبار رقم (17).
يجتاز (80%) من 25 سؤالا من اختبار موضوعي عن المبادئ النفسية للعلاقات مع العملاء	-أهمية معرفة النواحي النفسية عند التعامل مع العملاء. -مشاهدة فيلم عن التعرف على طبيعة الناس.والإجابة عن الأسئلة المسجلة على شريط الفيديو. -الحاجات النفسية للعميل -العملاء المشكلون. -أمثلة تطبيقية.	-يستمع إلي عرض للمبادئ النفسية والتطبيقات العملية لها.-المساهمة في المناقشات داخل الفصل -شريط فيديو. -جهاز فيديو.		اختبار من إعداد المدرس يشمل (25) مفردة من نوع الاختبار الموضوعي. معد على أساس العروض السابقة وأشرطة الفيديو.
يعرض كفاءته في مواقف تمثيلية، مثل أساليب التعامل مع العملاء في المواقف التجارية الروتينية من المتوقع أن يشابه مستوي الأداء مستوي العاملين المبتدئين	-متطلبات الوظيفة في المظهر الشخص والملابس –أساليب وأنماط العمل المتوقعة من العاملين. -الأساليب الفنية وسلوكيات التعامل مع العملاء . -السلوكيات غير المرغوب فيها. _بحث شكاوى والتماسات العملاء في المواقف الروتينية.	_الاستماع إلي عرض عن أساليب التعامل مع العملاء. -الاشتراك في المناقشات الفصلية. -نقد إحدى دراسات الحالة لموقف العلاقات مع العملاء. -الاشتراك في لعب الأدوار الخاصة بالعميل والموظف (كل من الدورين).	قوائم دراسة حالة ونموذج الإجابة . - نشرة خاصة تصف مواقف تمثيل الأدوار.	أداء الطالب لكفاءات التعامل مع العملاء يتم تقييمه باستخدام بطاقة ملاحظة

3- الخطة التدريسية اليومية

إن المعلم الماهر هو الذي يهتم بإعداد دروسه حتى تلك التي قام بتدريسها مرات سابقة . فإذا لم يكن المعلم مدركا لما سوف يقوم به في مراحل الدروس المختلفة فالأرجح أن يكون الجهد المبذول مجرد شكل دون مضمون .

فمن خلال التخطيط اليومي الدقيق المنظم يحسب المعلم حساب لكل خطوة ويقدر لها موقعها قبل الشروع في السير نحو أهدافه حرصاً منه علي ضمان النجاح الأكيد في بلوغها، وحرصاً علي تجنب التعثر والارتباك وتجنب طلابه الملل، ويجعل المعلم يشعر بالاطمئنان والثبات في الصف.

وتختلف عن الخطة السنوية أن هذه الخطة أكثر تفصيلاً وأشد أحكاماً وأكثر قرباً من الواقع. وتختلف باختلاف عناوين الدرس، ومحتويات ومقررات كل درس.

✓ كيف تعد خطة دراسية يومية؟

ومن الضروري أن يدرك المعلم أن إعداد كل درس ليس معناه قيوداً علي النشاط والحركة أثناء الدرس، بل معناه إطار ودليل عمل يرشد المعلم في خطوات متسلسلة منطقياً ونفسياً، وينبغي أن يحدد المعلم قبل إعداد خطته التدريسية اليومية ما يلي:

1- تاريخ تدريس الدرس .

2- عنوان الدرس وموضعه في صفحات الكتاب .

3- ترتيب الحصة الدراسية في البرنامج اليومي .

4- الصف الذي سيكون فيه الدرس، وهل سيكون الطلاب داخل غرفة الصف أو خارجة في البيئة المحلية كزيارة لمتحف أو رحلة علمية .

5- المصادر التي رجع إليها المعلم ليفيد هذا في الرجوع عند الحاجة .

6- أهداف الدرس التي يراد تحقيقها، من خلال الأسئلة التالية :

- بماذا يعني الدرس ؟

- هل يعني بمعرفة الحقائق والمفاهيم والتعميمات

- هل يهتم بإتقان مهارة ما ؟
- هل يهتم بتنمية اتجاهات معينة ؟
- هل الأهداف مناسبة لسن الطلاب؟
- هل تمت صياغة الأهداف سلوكية قابلة للملاحظة والقياس ؟
- هل الأهداف محددة وواضحة ؟

ولا تختلف مكونات خطة التدريس اليومية كثيراً عن خطة الوحدة في العناصر الأساسية، والاختلاف يتمثل في أن خطة التدريس اليومية تركز على التفاصيل شيئاً ما، وهناك طريقتان لإعداد خطة الدروس اليومية هما: الطريقة الرأسية، والطريقة الأفقية، ويمكن الرجوع إلى النماذج المرفقة بهذا الخصوص. وعموماً يجب أن تشتمل خطة الدرس اليومية على العناصر التالية:

1- <u>عنوان الدرس</u>

وهو أن يتخذ المعلم عنوان الوحدة كعنوان لدراسة مثل (الماء، الغازات، ظهور الإسلام) أو أن يتخذ العناوين الجانبية لمحتوى الكتاب المدرسي كعناوين لدرسه.

2- <u>الفصل الدراسي</u>

كل فصل من الفصول يحتاج إلى تصور خاص به لخطة الدرس، وإن كان موضوع الدرس واحداً، وذلك لوجود فروق فردية بين تلاميذ الفصل الواحد من هذه الخطط: (زيارة ميدانية، أو مشاهدة فيلم تعليمي، أو مناقشة).

3- <u>ترتيب الحصة في الجدول المدرسي</u>

عند وضع المعلم لخطة دراسية عليه أن يأخذ بعين الاعتبار موضوع الحصة في جدول الدراسة اليومي، لأن موعد الحصة له علاقة وطيدة بمدى ارتفاع، أو انخفاض مستوى النشاط، والتهيؤ العقلي للمتعلمين، ومستوى دافعيتهم أو انخفاضها.

4- **أهداف الدرس التعليمية: (السلوكية)**

لاشك أن الهدف التعليمي المحدد من أهم مكونات خطة الدرس، فهو يحدد ما يتعين على المتعلمين عمله في نهاية الدرس، كما أنه يقترح أنشطة التعليم والتعلم المناسبة، ولابد أن يأتي الهدف ليعبر عن وصف دقيق وإجرائي لأشكال الأداء المختلفة والمتوقعة من المتعلمين في نهاية الدرس، وأن تكون هذه الأهداف محددة وواضحة، أي تبدأ بفعل إجرائي (سلوكي) وأن يشمل على ناتج واحد من نواتج العلم وأن تكون مناسبة لمستويات المتعلمين، وأن يكون الهدف قابلاً للملاحظة ويمكن ملاحظته.

وقد سبق الحديث عن الأهداف بشكل عام، وكيفية صياغة الأهداف التعليمية السلوكية الجيدة وكيفية اشتقاقها. ولكن المهم عند كتابة خطة الدرس، أن تراعي إمكانية تحقيق الهدف أو الأهداف في المدة المحددة للدرس.

5- **محتوى المادة**

المعلم مطالب بأن يقسم محتوى المادة الدراسية لأي دروس من دروسه إلى حقائق، ومفاهيم، وتعميمات، ومبادئ ونظريات بشكل منطقي. ويتوقف شكل المحتوى على أمرين:

1- الهدف التعليمي الذي تم تحديده للدرس (هل هو هدف معرفي أم مهاري أم حركي).
2- أنشطة التعليم والتعلم المختارة.

مثال: إذا رأى المعلم أن تقضي جانباً من الدرس في الشرح أو الإلقاء، فإنه ينبغي عليه أن يضمن خطة الدرس أهم العناصر أو المعلومات التي سوف يتناولها.

مثال آخر: إذا قرر أن يشترك المتعلم في مناقشة موضوع الدرس، عليه أن يضع مجموعة من الأسئلة التي تساعده على إثارة الحوار والمناقشة.

هكذا-المهم أن تسجيل المعلم في المحتوى ما يراه ضرورياً لتحقيق أهداف الدرس.

6- <u>الأنشطة التعليمية</u>

إذا كان المحتوى كمكون من مكونات الخطة يرتبط بهدف الدرس فإن أنشطة التعلم تبنى على هذا الهدف أيضاً، وترتبط ارتباطا قوياً بالمحتوى والطريقة في الخطة.

فمثلاً: إذا كان الهدف التعليمي للدرس: (أن يستطيع المتعلمين كتابة قائمة بأربع خصائص للنظام الديمقراطي، وأن يعطي مثالاً لكل خاصية).

إذاً فإن نشاط التعلم والتعلم قد يشمل الآتي:

أ- محاضرة قصيرة يوفر للمتعلمين المعلومات الأساسية عن الديمقراطية.

ب- مناقشة يستطيع المتعلمين من خلالها أن يعطوا أمثلة لبعض الخصائص التي تحددت.

ج- تسميع مختصر لبرامج المتعلمين، من خلال تحديد النقاط الرئيسية التي تناولها الدرس (وبالتالي يظهرون مدى تحقيقهم للهدف).

7- <u>الوسائل التعليمية</u>

وهي تعد من الأركان الأساسية لخطة أي درس من الدروس وذلك يجب على المدرس أن يحدد الوسائل التعليمية المناسبة، والتي إذا تكاملت مع طرق التدريس والمحتوى الدراسي، والأنشطة الأخرى كان لها دور فعال في تحقيق المتعلمين لأهداف الدرس. لآن الوسيلة التعليمية هي أداة لتوضيح المعاني، وكشف الغموض وترتبط عادةً بأهداف الدرس، وأن تكون مناسبة لمستويات المتعلمين وذات أثر في نفوسهم.

8- <u>طرق التدريس</u>

يتم اختيارها في ضوء الأهداف المحددة للدرس. ولكل جانب من جوانب التعلم المختلفة طريقة معينة. وقد يضطر المعلم إلى استخدام أكثر من طريقة في الدرس الواحد. كالإلقاء، والمناقشة، والتدريب العملي.

9- <u>التقويم</u>

عملية يجب أن يوليها المعلم أهمية كبيرة قبل البدء بالتدريس فإذا كان قد حدد أهدافاً للدرس فهذا يعني أنه لابد من التعرف على مدى بلوغ هذا الهدف ومن ثم لابد من أعداد أسئلة لهذا الغرض أثناء الدرس وبعد الانتهاء منه، على أن تكون هذه الأسئلة مرتبطة بالأهداف وأن تتميز بالوضوح حتى يدرك المتعلمين الإجابة المطلوبة بيسر وسهولة.

10- <u>الملخصات (ملخص سبوري)</u>

يحتاج المتعلمين عادةً إلى تلخيص المادة التي يدرسونها، وذلك لابد من أن يعد ملخصاً لكل مرحلة من مراحل درسه، وكذلك ملخصاً للدرس كله في النهاية وهو ما نسميه بالملخص السبوري، وتتضمن هذه الملخصات الأفكار الأساسية التي تحتويها كل مرحلة.

11- <u>التعيينات (الواجبات المنزلية)</u>

كما تعلم أن عملية التعلم عملية مستمرة وليست قاصرة على ما يحدث داخل الفصل، كما أن الوقت المخصص للدرس عادة لا يكفي لضمان مشاركة جميع المتعلمين، ولذا كان من الضروري أن تشمل خطة الدرس على واجبات يكلف المتعلمين بأدائها خارج الفصل: هذه الوجبات في صورة تمارين أو مشروعات يقوم بها المتعلمين فرادى أو جماعات، ويجب أن تكون في مستوى المتعلمين متنوعة حتى تقابل ما لديهم من فروق فردية.

✔ **أخطاء شائعة يقع فيها بعض المعلمين في مجال تخطيط الدروس اليومية**

من واقع الخبرة في مجال الأشراف على طلاب التربية العملية في كلية التربية والمعلمين في وزارة التربية والتعليم فقد وجدنا أن هناك بعض الأخطاء التي نود أن نشير إليها حتى يمكن تجنبها عند قيامهم بالتخطيط للدروس اليومية، ومن أهمها ما يلي:

- عدم احتواء الخطة علي أهداف تعليمية محددة يمكن ملاحظتها وقياسها.

- عدم احتواء الخطة علي المفاهيم والأفكار الرئيسية للمحتوى الدراسي.

- عدم شمول الخطة علي المواد والوسائل التعليمية أو عدم اختيارها بما يتناسب مع الأهداف وطبيعة وموضوع الدرس

- عدم احتواء الخطة علي نماذج للأسئلة المستخدمة في التمهيد أو تحضير الطلاب لموضوع الدرس.

- عدم شمول الخطة لمكوناتها الرئيسية من عنوان/ أهداف/ مقدمة تمهيدية/ طريقة العرض/ التطبيق/ التقويم / التلخيص /التعيينات.

- الاستغراق في تفصيل معلومات الدرس أو اللجوء لإيجازها.

- عدم الاهتمام بالتخطيط الجيد للدروس اليومية والوقوع في خطأ إعداد الخطة قبل الحصة بزمن قليل.

✔ توجيهات عامة في تخطيط الدروس اليومية

من الأهمية بمكان أن يسأل المعلم عند إقدامه علي وضع خطط الدروس اليومية الأسئلة التالية ويجيب عنها سواء من خلال قراءاته أو من سؤاله للمعلم الأول، وهذه الأسئلة هي:

- كيف يمكنني الربط بين الدرس الحالي والدرس السابق؟

- كيف سأبدأ الحصة؟

- ما أنواع السلوك أو الأنشطة التي يمكن أن تسود الحصة؟

- كيف أستطيع تنويع الأنشطة التعليمية ؟

- كيف يمكنني تنويع واستخدام المواد والوسائل التعليمية؟

- كيف أستطيع التدرج والانتقال من مهمة تعليمية إلى أخرى؟

- كيف أستطيع إثارة انتباه الطلاب؟

- كيف يمكنني ضبط الفصل الدراسي إذا ما حدثت مشكلات سلوكية ونظامية؟

- ما المعلومات والمهارات التي سأعمل على اكتساب الطلاب لها؟

- ما المواد والأدوات والمصادر التي يمكن استخدامها لتسهيل عملية التعليم لدى الطلاب؟

- كيف سأتقدم في تنفيذ مكونات خطة الدرس(عمليات التمهيد للدرس/ العرض / التطبيق/ التقويم؟

- كيف سأختم أو أنهي الدرس اليومي؟

- كيف سأعد المتعلمين للدرس القادم؟

وفيما يلي بعض النماذج لشكل خطة التدريس اليومية.

نموذج لخطة يومية في الكيمياء، في التعليم الثانوي

التاريخ	الحصة	الفصل	المادة	موضوع الدرس وطريقة تدريسه
98/5/17 20/2/2ه	الأولى	ثاني ثانوي	كيمياء	الهيدروكربونات - أهداف الدرس: 1- أن تُعرف الطالب الكائنات الحية. 2- أن يفرق الطالب بين الكائنات الحلقية والعادية. 3- أن يقارن بين الألكانات ومجموعة الألكيل 4- أن يرسم الصيغ التركيبية للألكانات. 5- أن يسمي الألكانات. - الوسائل والأساليب والأنشطة: الوسائل الثابتة: السبورة الطباشير الطريقة: إلقائية 1- أقوم بتوضيح ماذا يقصد بالألكانات الحلقية مع كتابة أمثلة. 2- أقوم بتعريف مجموعة الألكيل مع كتابة أمثلة $CnH2n+1$ 3- أرسم بعض الصيغ التركيبية لمجموعة الألكيل. 4- أشرح طريقة تسمية الألكانات 5- كتابة الأمثلة وتسميتها. - التقويم: س: عدد أسماء عائلة الألكانات. س: أرسم الصيغة التركيبية للبروبان. س: سمي المركبات التالية: 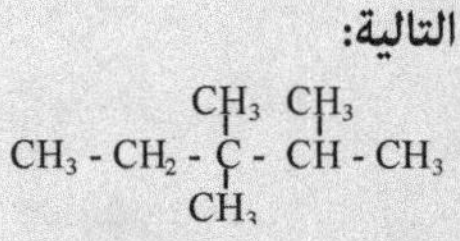 $$CH_3 - CH_2 - \underset{\underset{CH_3}{\overset{\vert}{}}}{\overset{\overset{CH_3}{\vert}}{C}} - CH - CH_3$$ - الواجب: أرسم الصيغ التركيبية للمركبات التالية: (أ) 2.2 - ثنائي كلور البروبان (ب) 3.2.2 - ثلاثي ميثيل البنتان (ج) 4 - إيثيل - 5.2 - ثنائي ميثيل هكسان (د) 3.2 - ثنائي ميثيل هبتان

نموذج لخطة يومية في الكيمياء في التعليم الأساسي

نموذج خطة يومية - المادة: كيمياء - الدرس: النتروجين «N2»

الصف: الثالث الإعدادي - الحصة: الرابعة

الزمن	الأهداف	الأنشطة والأساليب	التقويم
45 دقيقة اليوم: الثلاثاء التاريخ: 99/6/1م	1- أن يتعرف المتعلم على كيفية تحضير غاز النتروجين. 2- أن يرسم المتعلم الجهاز المستخدم في تحضير النتروجين على السبورة. 3- أن يعدد المتعلم مركبات النتروجين. 4- أن يتعرف على أهمية غاز النتروجين. 5- أن يفهم المتعلم الخواص الفيزيائية والكيميائية لغاز النتروجين.	أقوم بإلقاء بعض الأسئلة عن الدرس السابق لربطه بالدرس الجديد. س: ما هي أهمية النتروجين؟ س: علل ازدياد نسبة النتروجين على غاز الأوكسجين في الطبيعة. س: عدد مركبات غاز النتروجين. س: وضح بمعادلات رمزية اتحاد النتروجين بالأوكسجين، واتحاد النتروجين بالماغنسيوم.	1- ارسم الجهاز اللازم لتحضير غاز النتروجين. 2- علل: لا يمكن تحضير النتروجين من محلول مركز من مادة نيتريت الأمونيوم في الدرجة العادية. 3- قارن ما بين الخواص الفيزيائية والكيميائية لغاز النتروجين. 4- علل: لا يؤثر النتروجين على ورقتي عباد الشمس.
		<u>الوسائل:</u> الكتاب المدرسي - السبورة - جهاز تحضير النتروجين إن وجد في المعمل - لوحة مرسوم عليها الجهاز. الأساليب: أقوم باستخدام طريقة الحوار والمناقشة.	<u>الواجب:</u> س: قارن بين الخواص الفيزيائية والكيميائية للنتروجين. س: أرسم الجهاز اللازم لتحضير غاز النتروجين. س: علل: وجود النتروجين في الهواء الجوي بنسبة 5:4. س: أكتب معادلات رمزية لاتحاد النتروجين بالأوكسجين بالشرار الكهربائي.

نموذج لدرس في مادة العلوم

الصف: السادس	اليوم:
الموضوع: الجهاز التنفسي	التاريخ:
المادة: علوم	الحصة: الثالثة (45 دقيقة)

الأهداف السلوكية:

1- أن يعرف المتعلمين وظيفة الجهاز التنفسي.

2- أن يرسم المتعلمين الجهاز التنفسي رسماً صحيحاً على السبورة.

3- أن يشرح المتعلمين مكونات الجهاز التنفسي.

4- أن يتعود المتعلمين استنشاق الهواء من الأنف.

الأنشطة والأساليب والوسائل:

الأنشطة: التمهيد ز (عشرون دقيقة)

أقوم بإعطاء بعض الأسئلة عن الدرس السابق لربطه بالدرس الجديد.

س1: عرف كلاً مما يأتي: الهضم-المعدة-المريء؟

س2: أذكر ملحقات القناة الهضمية؟

س3: ما وظيفة كل من: البلعوم - البنكرياس؟

العرض: أقوم بالخطوات التالية:

1- مناقشة المتعلمين عن معنى التنفس.

2- تفسير كيفية عملية التنفس.

3- تعريف المتعلمين بالجهاز التنفسي ومكوناته.

4- شرح الجهاز التنفسي ومكوناته ووظيفة كل مكون.

5- كتابة ملخص الدرس على السبورة.

6- قراءة الدرس من قبل المتعلمين.

الوسائل:

الكتاب المدرسي + السبورة + لوحة مكبرة للجهاز التنفسي

الأساليب:

أقوم باستخدام طريقة الحوار والمناقشة

الزمن (30 دقيقة)

التقويم:

س1: ما وظيفة الجهاز التنفسي في الإنسان؟

س2: ما هي مكونات الجهاز التنفسي؟

س3: علل: يفضل التنفس من الأنف عن التنفس من الفم.

س4: علل: عدم دخول الطعام القصبة الهوائية؟

الواجب:

س1: عرف الجهاز التنفسي؟

س2: قارن بين عمليتي الشهيق والزفير؟

س3: ما فائدة كل من:

الحنجرة - الحويصلات الهوائية - والأنف؟

س4: أرسم الجهاز التنفسي في الإنسان موضحاً عليه أجزاءه الرئيسية؟

مثال لحظة موقف تعليمي في العلوم   الموضوع : مفهوم المول

الوقت	الأهداف التعليمية	الخبرات التعلمية	التقويم
10 دقائق	- أن يعد الطالب وزناً جرامياً ذرياً لكل من الزئبق والرصاص والكربون.	- قيام الطلاب بإعداد وزن ذري جرامي لكل من الزئبق والرصاص والكربون (باستخدام الجدول الادوري والميزان) كل على حده مع كتابة الوزن لكل منهما مع توجيه وإرشاد المعلم.	- الملاحظة.
10دقائق	-أن يكتشف الطالب الفرق في الوزن الذري الجرامي بين كل من الزئبق والرصاص والكربون.	- قيام الطالب بملاحظة الأوزان والحجوم للمواد الثلاث لتحديد الفرق بينها.	-الملاحظة
10 دقائق	- أن يسمي الطالب المصطلح العلمي المستخدم لتسمية تلك الكتل من العناصر.	- عرض من المعلم يتمثل في أن ما قام به الطلبة أعلاه يعرف ب" الكتلة المولارية للعناصر أو "المول".	سؤال شفهي : ما المصطلح العلمي الذي يطلق على النشاط الذي قمتم به؟
20دقيقة	- أن يتعرف الطالب أن الكتل التي تم تحضيرها تحتوي العدد نفسه من الذرات (عدد أفوجادرو)	- عرض شفهي من المعلم حول العناصر المشتركة المولارية (المول)باستخدام شفافية خاصة وجهاز العارض فوق الرأس مع توجيه وإرشاد المعلم .	- امتحان كتابي قصير: ما المقصود بعدد أفوجادر فيما يتعلق بالكتل المولارية للعناصر ؟

مثال لحظة موقف تعليمي في الأحياء الموضوع اختبار الأطعمة

الأهداف السلوكية	الأساليب والأنشطة والوسائل التعليمية /التعلمية	التقويم
أن تعدد الطالبة المجموعات الغذائية الأساسية المتوفرة في الأطعمة (الكاربوهايدرات)	مناقشة الطالبات من خلال خبر اتهن السابقة عما يحتويه الطعام الذي نتناوله من مجموعات غذائية أساسية	اذكري المجموعات الغذائية الأساسية التي يحتويها الطعام
أن تصف الطالبة تغير الألوان الذي طرأ على الأطعمة عند إضافة الكاشف عليها	تقوم المعلمة بتوزيع الطالبات لمجموعات، وتعطي كل مجموعة الأدوات اللازمة للتجربة (تجارب الكشف عن العناصر الغذائية في الأطعمة) الواردة في الكتاب صفحة 89، وورقة نشاط يتم تدوينها من قبل الطالبات حتى يتوصل إلي الحقائق بأنفسهن	فسري تغير لون شريحة البطاطس إلى الأزرق الداكن، وبياض إلى الأرجواني، ولون محلول الزبدة والايثانول إلى عكر
أن تعرض الطالبة نتائج التجربة على بقية المجموعات في الفصل	ترسم المعلمة جدول شبيه بذلك الذي احتوته ورقة النشاط على السبورة وتدون نتائج المجموعات عليه	لخصي الأفكار الرئيسية لموضوع الدرس بأسلوب الخاص شفهيا

مثال لحظة موقف تعليمي في العلوم

موضوع الدرس : الكثافة

الصف : السادس الابتدائي

الوقت	الأهداف التعليمية	الخبرات التعليمية	التقويم
7 دقائق	* يميز بين المواد التي تطفو والمواد التي لا تطفو.	* استخدام حوض من الماء لتحديد الأجسام التي تطفو والتي لا تطفو فوق الماء	* سؤال شفهي: هل المادة التي بين يديك تطفو في الماء أو لا ؟
15 دقائق	* أن يستنتج الطالب السبب في الطفو أو الانغماس	* قيام الطالب بملاحظة الحجوم والكتل للمواد المختلفة وإن سبب الطفو ليس كتلة المادة فقط.	* تجربة عملية
15 دقائق	* أن يتوصل الطالب إلي تعريف الكثافة أن يستنتج الطالب قوانين الكثافة	* قيام الطالب بملاحظة الفرق بين صندوقين من الكرات المختلفة في أحجامها وتركيزها (شفافيات) .	* واجب منزلي: حل مسائل على قانون الكثافة (تنقل من الشفافيات)
8 دقائق	* خاتمة الدرس		* تلخيص النقاط الرئيسية

مثال توضيحي لموقف تعليمي في العلوم الصف : الخامس الابتدائي موضوع الدرس : كيف نصنع مغناطيس؟

الزمن	الأهداف السلوكية	الأساليب والطرق والأنشطة والوسائل	التقويم
5دقائق	-أن تتذكر الطالبات ما تم مناقشة في الدرس السابق.	مناقشة الطالبات فيما أعطي لهم في الدرس السابق -كيف نصنع مغناطيسا؟	
13دقيقة	- أن تستنتج الطالبة ان الكهرباء تساعدنا في عمل المغناطيس الكهربائي يتمغنط عند مرور تيار في سلك الملف - ان تستنتج الطالبة أن مسمار الحديد أصبح مغناطيس. -أن تكتشف الطالبة أنم قوة المغناطيس تزداد بزيادة عدد اللفات . -أن تصل الطالبة إلي أن المغناطيس الكهربائي يفقد جذبه عند قطع الكهرباء عنه.	1- إتباع أسلوب المناقشة والحوار : -كتابة العنوان والتاريخ -كتابة أفكار الدرس على شكل (خريطة المفاهيم) 2-طرح بعض الأسئلة على الطالبات: -هل يمكننا جعل مسمار الحديد مغناطيسا بواسطة الكهرباء ؟ -كيف تزيد من قوة المغناطيس الكهربائي؟ -ماذا يحدث عند قطع الكهرباء؟ -إجراء بعض الأنشطة العملية: -نشاط عملي (1) : (الأدوات : سلك - مسمار -دبابيس-بطارية) -نشاط عملي (2) : (الأدوات : سلك طويل - مسامير -دبابيس- بطاريتان) -مناقشة النتائج: أ- أن الكهرباء تساعدنا في عمل مغناطيس. ب- أن مسمار الحديد أصبح مغناطيسا. ج-المغناطيس الكهربائي يفقد جذبه عند قطع الكهرباء عنه. د- تزداد قوة المغناطيس الكهربائي كلما زادت عدد لفات الملف. ه- تزداد قوة المغناطيس الكهربائي كلما زادت عدد البطاريات. و- تزداد قوة المغناطيس الكهربائي كلما زادت عدد لفات الملف وكلما زادت عدد البطاريات. 4- الوسائل المستخدمة: - توظيف السبورة. - استخدام الشفافيات.	أ- اشرحي كيف تساعدنا الكهرباء في عمل المغناطيس ب-السؤال الأول: أكملي الفراغ: 1. يتمغنط المغناطيس الكهربائي عند .... الكهرباء في الملف. 2. عند قطع الكهرباء عن المغناطيس الكهربائي ......خاصية الجذب. 3. تزداد قوة المغناطيس الكهربائي بزيادة ..... عدد اللفات في الملف 4. تقل قوة المغناطيس الكهربائي كلما ....البطاريات في الدائرة. ج- السؤال الثاني: أرسم دائرة كل نشاط عملي في دفتر الواجب مع كتابة الملاحظات. أكمل البيانات في كراسة العملي ص 23 .
5 دقائق	- أن تلخص الطالبة ما درسته في الحصة.	عمل ملخص سريع لمحتويات الدرس	نشاط منزلي : البحث عن استخدامات المغناطيس الكهربي مع كتابة الملاحظات

(Preparation)

خطة يومية لدرس باللغة الإنجليزية

						General Crimes	0. Finest for the students pronounce the words very well and help them remember it longer. - Nova that for treatment of pronunciation problems.
						Revision	1. I asked the students some question a bout the little of last lesson for knows comprehension of student to pronounce last new words.
						Steps	2. I write the new vocabulary on the board. -Students listens and repeats after me. -I let the student pronounce the words individually.
						Production	3. I read to them the dialogue, which was between two people, and pronounce these words. (Trouble - interesting - certainly- a solitaire).
						Consolidation	4. Go back to ask the student a bout this lesson.
						Home Work	5. Write the dialogue between patient and doctor?
						Aids	6. Book + Picture + B. B.

نموذج لخطة يومية في (التفسير)

التاريخ	الفصل	الحصة	المادة	
	الثاني الثانوي	الثالثة	تفسير	أهداف العامة: أن يفسر المتعلمين الآيات التي تشرح من السبورة في هذا المقطع. الأهداف السلوكية: أ) المعلومات 1- أن يتكلم المتعلمين عن شمول علم الـلـه تعالى وعظيم قدرته. ب) المهارات: أن يعيد المتعلمين شرح وتفسير الآيات. ج) الاتجاهات: أن يصل المتعلمين إلى الإيمان الكامل بشمول علم الـلـه وعظيم قدرته. التمهيد: من أعلم من في الوجود؟ والمتصرف في الوجود؟ العرض: قراءة الآيات من سورة الأنعام من الآية 60-62 وأخذ المفاهيم منها وشرح مفرداتها وتفسيرها إجمالاً وتفصيل معانيها على حسب أسم اللوحة للمقطع. الوسيلة: لوحة مكتوب عليها الآيات +الكتاب. التقويم: ما معنى الكلمات الآتية: أ) الحرج. ب) ينبئكم ج) حفظه. د) ثم ردوا إلى الـلـه. الواجب المنزلي: حفظ الآيات مع معاني الكلمات مع كتابتها. النشاط المصاحب: تلاوة الآيات التي بعد.

نموذج لخطة يومية في (التجويد)

التاريخ	الحصة	الفصل	المادة	
	الثالثة	ثاني إعدادي	تجويد	موضوع الدرس: الإظهار **الأهداف السلوكية:** 1- أن يتعرف المتعلمين على أحكام النون الساكنة والتنوين. 2- أن يتعرف المتعلمين فائة أحكام التجويد. 3- أن نحبب إلى المتعلمين أحكام التجويد. **التمهيد للدرس:** 1- كم أحكام النون الساكنة والتنوين؟ 2- لماذا نتعلم أحكام النون الساكنة والتنوين؟ 3- ما الهدف من تعلم علم التجويد؟ **العرض:** 1- قيام المدرس بشرح أنواع أحكام التجويد. 2- يوجد المدرس أسئلة للمتعلمين عن عدد أحكام التجويد. 3- ما هي أحكام النون الساكنة والتنوين؟ وما هو الحكم الأول من هذه الأحكام؟ إذاً نكون إلى الآن قد استنتجنا درس هذه الحصة. 4- يقوم المدرس بكتابة تعريف الإظهار لغةً واصطلاحاً. 5- كتابة أحرف الإظهار على السبورة من قبل المدرس. 6- قيام المتعلمين بكتابة التعريفات وأحرف الإظهار من السبورة إلى دفاترهم بعد شرحها وإعطاء أسئلة عليها الملخص السبوري التالي: الإظهار لغة: البيان. إصطلاحاً: إعطاء كل حرف حقه ومستحقه حروف

118

التاريخ	الحصة	الفصل	المادة	
				الإظهار، التالي: أ،ه،ع،ح،غ،خ. تجمع في قولك همزة فهاء ثم عين حاء ثم مهملتان ثم عين خاء. الأمثلة: أ-من آمن، ه- منهمر، ع- خبير عليم، ح- نارٌ حامية، غ_ من غل، خ- عليم خبير. التقويم: س1- كم أحكام النون الساكنة والتنوين؟ س2- عرف الإظهار لغة واصطلاحاً؟ س3- كم عدد حروف الإظهار أذكرها؟

نموذج لخطة يومية في اللغة العربية

التاريخ	الحصة	الفصل	المادة	موضوع الدرس وطريقة تدريسه
	الأولى	6/ب	نحو	الموضوع: كان وأخواتها الأهداف: 1) أن تعرف الطلاب التغير الذي يطرأ على الاسم إذا سبقته كان وأخواتها. 2) زيادة الثروة اللغوية لدى الطلاب. التمهيد: مراجعة الدرس السابق (أنواع الخبر). - إلى كم ينقسم الخبر مع التمثيل لكل قسم؟ العرض: كتابة الأمثلة على السبورة: السحاب منتشر- كان السحاب منتشراً. السحاب محتجبة- أصبحت الشمس محتجبة. كان وأخواتها من العوامل الناسخة وهي أفعال، خبر هذه الأفعال معاني: كان، أصبح، ظل،أمسى. الوسيلة: السبورة، طباشير ملونة. التقويم: أذكر أخوان كان وادخلها في مجلة؟ الواجب: حل أسئلة الكتاب ص221؟

الخطة اليومية (نحو)

الموضوع	المادة	الفصل	الحصة	التاريخ
الموضوع: نصب المضارع الصحيح الآخر: (أن- لن- كي- لام التعليل). الأهداف السلوكية: 1- أن يعدد المتعلمين أدوات نصب الفعل المضارع بعد الشرح. 2- أن يبين المتعلمين متى ينصب الفعل المضارع. 3- أن يضع المتعلم أمثلة للدرس. 4- أن يحل المتعلمين تدريبات الدرس تحت إشراف المعلم. إستراتيجية التدريس: الوسائل- الطباشير الملونة- لوحة مكتوب عليها القاعدة بخط جميل وملون. الطريقة: الحوار والمناقشة والشرح. خطوات سير الدرس: التمهيد: من (3،5). 1- إلى كم ينقسم الفعل؟ 2- متى يرفع الفعل المضارع؟ 3- ما علامة رفع المضارع؟ العرض: (25د/ تقريباً). أقوم بكتابة العنوان على السبورة. ثم كتابة الأمثلة الخاصة بالدرس ثم أقوم بالشرح بحيث يشارك المتعلمين في استخلاص القاعدة من خلال شرح الأمثلة. التقويم: (10د/تقريباً). 1- اذكر أدوات نصب الفعل المضارع. 2- متى ينصب الفعل المضارع. 3- ما علامة نصب الفعل المضارع الصحيح الآخر. 4- حل التدريبات الخاصة بالدرس. الواجب: حل التدريبات الخاصة بالدرس رقم 4،3،2،1- ص 66،67.	لغة عربية (نحو)	السادس	الأولى	

خطة يومية لتدريس النصوص الأدبية

اليوم:	النصوص الصف الشعبة:
التاريخ:	(عنوان النص) الحصة:

أهداف التدريس:

الأهداف العامة:

يختار منها المدرس ما يتجاوب مع موضوع الدرس -كتذوق الجمال وعمق الفكرة وخصب الخيال والمتعة النفسية وزيادة الثروة اللفظية....

الخاصة (التدريسية):

سلامة النطق ودقته، وضبط الحركات والسكنات، والقراءة التعبيرية المصورة للمعنى، وفهم المعنى-ألفاظه وتراكيبه ومعناه العام، والفوائد العملية منه، ونبذة عن حياة الكاتب، وتحفيظ القصيدة داخل الصف، أو إرشادهم إلى كيفية الحفظ خارجه.

وسائل الإيضاح:

الكتاب المقرر، أو النصوص المختارة المطبوعة أو المكتوبة على السبورة، صورة الكتاب-شاعراً أو ناثراً، وشيء من إنتاجه، كيفية تنظيم السبورة وكتابة الألفاظ الصعبة والتراكيب الغامضة ومعانيها عليها.

خطوات الدرس:

1- التمهيد المقدمة:

نبذة عن كاتب النص وحياته وإنتاجه وبيئته. ثم خلاصة موجزة عن فكرة النص، وعرض بعض الوسائل للإيضاح كصورته أو مؤلفاته. ثم تحديد موضوع الدرس والصفحة.

2- قراءة المدرس النموذجية:

التمهيد لها: ...

طبيعة القراءة الجيدة بموازينها الستة.

3- قراءة الطلاب الصامتة:

التمهيد لها:...

طبيعة القراءة الصامتة- ورقابة المدرس وهيمنته.

4- قراءة الطلاب الجهرية الأولى- للفوقة:

مقدار المقروء لكل طالب- قواعد تصحيح الأخطاء، وآدابها.

5- الشرح:

الألفاظ الصعبة والتراكيب المعقدة والمعاني البعيدة والمحسنات اللفظية- معنى كل

بيت- وسائل الشرح- الإفادة من دفاتر المعاني والمعاجم والسبورة في الشرح.

6- قراءة الطلاب الجهرية بالتتابع:

من غير شرح.

7- الخاتمة:

أ/ المعنى العام وخلاصة فكرة النص.

ب/ الأسئلة الاختيارية والتذوقية.

ج/ تحديد الفوائد العملية من الموضوع:

في حقل العقيدة أو الخلق أو الاجتماع، ..

د/ تحديد الجزء المحفوظ في للدرس القادم:

مع التوصيات في الإلقاء والمعنى. وإن تيسر الوقت للتحفيظ داخل الصف فلا بأس.

المصاعب المحتملة:

(كما يتوقعها، في حقل القراءة الجيدة وسلامة الفهم ودقة الضبط).

خطة تدريس القواعد (بالطريقة الاستقرائية)

اليوم:	الموضوع:	الصف والشعبة:
التاريخ:	الحصة:	

أهداف التدريس:

العامة- (أهداف اللغة العربية)

الخاصة- (فهم القاعدة بدقائقها: وسهولة تطبيقها)

وسائل الإيضاح:

الملخص السبوري وحسن تنظيم السبورة

بكتابة الأمثلة أو القطعة الأدبية في الجهة العليا اليمنى، فتخطيط القاعدة في مكان مناسب ويفضل عدم كتابة نص القاعدة، ثم تخطيط نماذج لحلول التمارين، بعد الفراغ من تدريس الموضوع ومحوه.

خطوات التدريس:

1- التمهيد والمقدمة:

(يكتب نصها).

2- عرض الموضوع:

(يكتب نص الأمثلة أو القطعة الأدبية).

3- الربط والموازنة:

(تكتب مراحلها).

4- التعميم واستقرار القاعدة:

(تكتب كيفية الوصول إليها، مع نصها كما يكتب نص تخطيطها).

5- التطبيق:

أ/ نماذج الأسئلة التلخيصية والاختيارية الشفوية.

التي تتناول جوانب القاعدة. (يكتب نصها).

123

ب/ تخطيط لحلول كل تمرين.

بما يتناسب وما يريده التمرين، مع ضرورة كتابة نموذج أو نموذجين من جمل التمرين. (والأفضل حلها جميعها).

تحديد الواجب المنزلي:

بمراجعة الموضوع وإتقان فهمه، وإكمال ما تبقى من الحلول في التمارين النحوية.

الملاحظات الخاصة:

(يسترجعها المدرس بعد الدرس خارج قاعة الفصل).

بصحة القاعدة وفائدتها، ويحسن الإفادة منها في الدروس القادمة أو في الحياة العملية في حقلي الكلام والكتابة.

1- تحديد الواجب المنزلي

خطة تدريس القواعد (بالطريقة الاستنتاجية)

اليوم:	الصف والشعبة:
التاريخ:	الموضوع:	الحصة:

أهداف التدريس:

على الطريقة الاستقرائية- مع التأكيد على فهم القواعد وتحليلها، والإكثار من ضرب الأمثلة عليها.

وسائل الإيضاح:

التأكيد على ضرورة تنظيم السبورة بدقة والعرض الممتع، كي لا تتداخل القواعد مع بعضها، ويحول هذا التداخل دون الفهم السريع السليم.

خطوات التدريس:

تكتب تفاصيل الدرس أمام كل من المراحل الآتية:

1- التمهيد والمقدمة.

2- عرض القاعدة (نصاً).

3- التعميم وتفصيل القاعدة.

4- التطبيق وحل التمارين: (مع التخطيط لكل تمرين وحل نموذج منه أو جميعه).

5- تحديد الواجب المنزلي.

نموذج لخطة يومية (تاريخ)

التاريخ	الحصة	الفصل	المادة	الموضوع: البدو
	الثانية	الثامن	تاريخ	"خصائص حياة البدو" الهدف العام: تعريف الطلاب بخصائص حياة البدو بشكل عام. <u>الأهداف التعليمية: (التدريسية)</u> أ- معلومات: أن يعدد الطلاب أهم خصائص البدو مثل النظام القبلي وما يتفرع عنه. - أن يتذكر الطلاب أسباب الحروب التي كانت نشب بين بعض القبائل. ب- مهارات: أن يلاحظ الطلاب كيف كانت علاقة الفرد بقبيلة وعشيرته. ج- اتجاهات: أن يعتز الطالب بصفات العرب الحميدة مثل الوفاء والكرم ونجدة الملهوف. <u>الوسائل:</u> الكتاب المدرسي-من بعض الصور مثل: 1- الصحراء والجمال. 2- الحروب بين القبائل. 3- الخيام والرجل البدوي والمرأة البدوية - المراعي والأغنام. <u>التمهيد:</u> طرح بعض الأسئلة ومناقشتها مع الطلاب مثل: 1- ما أسم الشخص المسئول عن القبيلة؟ وكيف كان هو الشخص يرأس القبيلة هل بالوراثة أم بالشورى؟ 2- ما هي صفات أشجع رجال القبيلة؟ 3- ما هي العادات السيئة بنظرك والتي كان يتصف بها معظم أفراد القبيلة؟ <u>العرض:</u> أقوم بكتابة العنوان والتاريخ. ثم كتابة أفكار الدرس في الجانب الأيمن من السبورة بعد أن أقسمها نصفين بطريقة مرتبة. بعد كتابة الطلاب لأفكار الدرس وإقفالهم للدفاتر نقوم أنا بطرح الأسئلة التمهيدية واشتراك الطلاب جميعاً بالإجابة عليها.

التاريخ	الحصة	الفصل	المادة	الموضوع: البدو
				أقوم بالشرح موضحه النقاط التالية: - معنى القبيلة وكيف نشأت. تعريف الطلاب كيف كانت علاقة الفرد بقبيلته وعلاقة القبيلة بالقبائل الأخرى العادات والتقاليد الحسنة والسيئة. بعد مناقشة الدرس- كتابة الملخص السبوري- والواجب المنزلي. <u>الأفكار:</u> 1- النظام القبلي. 2- علاقة الفرد بقبيلته. 3- علاقة القبائل مع بعضها. 4- العادات والتقاليد البدوية. <u>الملخص السبوري:</u> 1- كانت كل قبيلة وحدة متماسكة لا ترتبط بالأرض لأنها تعيش على التنقل يربط أفرادها مع بعضهم برابطة الدم ويرأس كل قبيلة شيخ نفوذه كبير وكلمة مطاعة. 2- الحكم داخل القبيلة وراثياً إذا توافرت فيه الصفات المطلوبة من شجاعة وكرم وعدل وحكمة. 3- أفراد القبيلة متساوين من حيث المبدأ ولكن من حيث المكانة فتخلف تبعاً لما يتحلون به من صفات. 4- تقوم العلاقات بين القبائل بعضها بعض على أساس صلات القربى أو انتمائها لسبب واحد أو على أساس الأخلاق. 5- تقوم الحروب بين القبائل لأسباب معيشية أو عصبية أو ثأرات. 6- من العادات والتقاليد البدوية الغزو حيث كانت تغير قبيلة على قبيلة أخرى بدافع عداوة أو كونها أضعف منها كما كان للمجتمع مساوئ منها شرب الخمر ولعب الميسر ووأد البنات والحمية. 7- من العادات الحميدة التي كان يتصف بها البدو العرب قبل الإسلام الكرم، الوفاء، نجدة المستغيث، الحفاظ على العرض على خير القبيلة ووحدتها.

التاريخ	الحصة	الفصل	المادة	الموضوع: البدو
				التقويم: 1- ما هما سباب عدم استقرار البدو في أرض واحدة؟ 2- كيف كان الحكم في القبيلة؟ وما هي صفات الحاكم؟ 3- كيف كانت العلاقات بين أفراد القبيلة الواحدة؟ 4- ما هي أسباب الحروب التي كانت تنشأ بين القبائل؟ 5- عدد بعض الصفات الحسنة والصفات السيئة للبدو العرب قبل الإسلام؟ الواجب: حل تمرينات الكتاب المدرسي ص30رقم 3،2،1 ملاحظة: 1- بعد شرح الدرس تناقش أسئلة التقويم مع الطلاب لمعرفة ما مدى فهمهم للدرس. 2- أسئلة الواجب تكون شاملة لأسئلة التقويم.

نموذج لدرس في مادة (الجغرافيا)

المادة: جغرافيا	الموضوع: الزراعة في الجمهورية اليمنية
الصف: الرابع	التاريخ: م-ه الحصة:

أهداف الدرس

الأهداف المعرفية (السلوكية):

1- أن يوضح المتعلمين أهمية الزراعة في بناء اقتصاد الوطن.

2- أن يسمي المتعلمين أنواع الزراعة في اليمن.

3- أن يعدد المتعلمين أهم المواسم الزراعية ومواسم سقوط الأمطار.

4- أن يميز المتعلمين بين أنواع الإنتاج الزراعي.

5- أن يحدد المتعلمين أهم المحاصيل الزراعية.

الأهداف الأدائية:

* أن يرسم المتعلمين بعض صور الآلات الزراعية التي يستخدمها الفلاح.

* أن يقوم المتعلمين بزراعة بعض المحاصيل في فناء المدرسة.

الأهداف الوجدانية:

1- أن يقدر المتعلمين الدور الذي يقوم به الفلاح اليمني.

2- أن يعتز المتعلمين بوطنهم الذي عرف الزراعة منذ آلاف السنين.

3- أن يقدر المتعلمين الدور الذي تقوم به الدولة في النهوض بالزراعة في اليمن.

الوسائل التعليمية:

* استخدام خريطة الجمهورية اليمنية لتوزيع المناطق الزراعية عليها، وكذلك أهم الغلات الزراعية ومناطق إنتاجها.

* خريطة توضح أهم الوديان في اليمن.

* صورة ورسوم توضح النشاط الزراعي.
* الصور الموجودة في الكتاب المدرسي المقرر.
* قيام المتعلمين بزيارة المناطق الزراعية المجاورة للمدرسة تحت إشراف مدرسهم.

طريقة السير في الدرس:

* أقوم بطرح بعض الأسئلة التمهيدية للدرس مثل:

1- أذكر أنواع المحاصيل الموجودة في قريتك؟

2- كيف يجمع الفلاح المحصول؟

3- ما أهمية الزراعة؟

* ومن مناقشتي مع المتعلمين نستنتج عنوان الدرس وهو الزراعة في الجمهورية اليمنية.

* ثم أقوم بعد ذلك بشرح للدرس موضحاً للمتعلمين أهم الغلات الزراعية ومواسم الزراعة والآلات المستخدمة في الزراعة ونظام الري عن طريق الاستعانة بما يأتي:

1- الرسوم والصور.

2- خريطة لليمن موضحاً عليها أهم الوديان ومناطق الزراعة.

* ثم أستنتج من مناقشتي للمتعلمين مدى كفاية المحصولات الزراعية لحاجات السكان.

* ثم أطلب من المتعلمين فتح الكتاب المقرر على موضوع الدرس لقراءته.

النشاط المقترح:

* جمع عينات من محاصيل اليمن الزراعية.
* جمع الصور والرسوم التي توضح طرق الزراعة وآلاتها.
* ممارسة بعض العمليات الزراعية المبسطة داخل المدرسة.

التلخيص السبوري:

* الزراعة من أهم الأعمال التي يشتغل بها السكان.
* أهم المحصولات الزراعية في اليمن: البن - الذرة - القطن - الخضراوات والفواكهة.
* تعتمد الزراعة على مياه الأمطار الصيفية.
* يفرح الفلاح بموسم الحصاد.
* قيام بعض الصناعات على المحاصيل الزراعية.

التقويم:

* ما واجب الفلاح المسلم بعد جمع محصول زراعته؟
* أذكر ما تعرفه عن جهود الدولة لزيادة الإنتاج الزراعي.
* تمدنا الزراعة بالمواد الخام اللازمة للصناعة مثل ....
* تسقط الأمطار في اليمن في فصل ....

نموذج لخطة تدريس يومية
البيانات الأساسية(الموضوع، الفصل، الحصة، زمن الحصة إلخ)
موضوع الدرس: دليل الرحلات

الزمن	الأهداف	المحتوى	الإجراءات والأنشطة	الوسائل	التقويم	الملاحظات
5 دقائق	أن يعرف الطالبة دليل الرحلات لخطوط الطيران.	دليل الرحلات دليل سنوي يصدر عن شركة ريد بريطانيا	أسأل الطالبات عن الكتيبات والنشرات الموجودة في مكاتب السفريات	الكتيبات ودليل الرحلات لخطوط الطيران	عرفي دليل الرحلات لخطوط الطيران؟	أخذ الطالبات إلى مصادر التعلم واستخدام الانترنت للدخول على موقع IATA.
10 دقائق	أن تستخدم الطالبة الدليل لحساب فارق التوقيت العالمي.	التوقيت العالمي: فارق الوقت بين جميع دول العالم وتوقيت GMT	أسأل الطالبات عما تعرفه عن التوقيت العالمي وتوقيت GMT. أكتب بعض الأمثلة على السبورة وأقوم بشرحها.	السبورة دليل الرحلات	-احسبي فارق التوقيت بين GMT والبهاما؟ - احسبي فارق التوقيت بين بلغاريا والبرازيل؟	
3 دقائق	أن تعدد الطالبة أنواع العضوية في IATA.	أعضاء IATA :فعالون في هيئة التجارة وتنسيق الأسعار أعضاء فعالون في هيئة التجارة فقط أعضاء مزاملون	أسأل الطالبات عن أنواع العضوية في الجمعيات التي ينتسبن إليها ومن خلال المناقشة يتم توضيح أنواع العضوية في IATA أسأل الطالبات عمن تستطيع أن تعدد أنواع العضوية.	لوحة كتب عليها أنواع الأعضاء ثم إعدادها من قبل أحد الطالبات	عددي أنواع الأعضاء في IATA؟	

الزمن	الأهداف	المحتوى	الإجراءات والأنشطة	الوسائل	التقويم	الملاحظات
دقيقتان	أن توضح الطالبة سبب تنوع العضوية في IATA.	الفعالون أعضاء دوليون ملتزمون بقوانين IATA والمزاملون أعضاء محليون يستفيدون من قوانين IATA	أسأل الطالبات عن سبب تنوع العضوية في IATA.	السبورة	وضحي سبب تنوع العضوية في IATA؟	
5 دقائق	أن تعين الطالبة عضوية بعض خطوط الطيران من خلال الدليل.	أعضاء المنظمة العالمية للنقل الجوي.	أسأل الطالبات باستخراج ثلاثة أمثلة لكل نوع من الأعضاء من الكتاب ثم قيام بعض الطالبات لكتابتها على السبورة	السبورة + الكتاب المدرسي.	عيني أسماء بعض خطوط الطيران ذات عضوية مزاملة وأخرى فعالة؟.	
5 دقائق	أن تستخدم الطالبة الدليل في تحديد عناوين بعض خطوط الطيران.	قائمة بأسماء خطوط الطيران وعناوين المكاتب الرئيسية وهواتفها ورموزها الثنائية والرمز الرقمي والعضوية.	أكتب بعض خطوط الطيران على السبورة وأسأل الطالبات أن تستخرج عناوينها باستخدام الكتاب المدرسي.	السبورة + الكتاب المدرسي	استخدمي الكتاب المدرسي في تحديد عناوين الشركات التالية: ABX Air Inc/ ADA Air	
5 دقائق	أن تستخرج الطالبة من الدليل أرقام هواتف خطوط الطيران الأمريكية.	قائمة تحتوي على أرقام هواتف خطوط الطيران في أمريكا وكندا والمكسيك.	أسأل الطالبات باستخراج أرقام هواتف بعض خطوط الطيران من الكتاب المدرسي ثم قيام بعض الطالبات وكتابتها على السبورة.	السبورة + الكتاب المدرسي	استخرجي أرقام هواتف الشركات التالية: AXES(VX)/ Air AFRIQUE(RK)؟	

الزمن	الأهداف	المحتوى	الإجراءات والأنشطة	الوسائل	التقويم	الملاحظات
5 دقائق	أن تحدد الطالبة الرمز الرقمي من خلال دليل الرحلات.	الرموز الرقمية هي أرقام ثلاثية تستخدم عند طباعة المستندات، التذاكر وغيرها.	أكتب على السبورة بعض الرموز الرقمية وأسأل الطالبات استخراج الشركات التابعة لهذه الرموز باستخدام الكتاب المدرسي ثم قيام بعض الطالبات لكتابتها على السبورة	السبورة+ الكتاب المدرسي	حددي أسماء شركات الطيران التي رموزها الرقمية التالية: 140/200؟	
5 دقائق	أن تميز الطالبة بين الرمز الرقمي والرمز الثنائي.	الرموز الرقمية ثلاثية والرموز الثنائية هي حرفان لشركات الطيران.	أكتب بعض الرموز الرقمية وبعض الرموز الثنائية وأسال الطالبات التمييز بينها.	السبورة+ الكتاب المدرسي	ميزي بين الرموز التالية: GB/001؟	
5 دقائق	أن تلخص إحدى الطالبات ما تم شرحه في الدرس.	دليل الرحلات/التوقيت العالمي/أنواع الأعضاء/أسباب تنوع العضوية/خطوط الطيران/الرموز الثنائية/الرموز الرقمية.	أسأل الطالبات مجموعة من الأسئلة المتنوعة ثم أكتب بعض الأسئلة على السبورة والطلب من الطالبات كتابتها في الدفتر وحل بعض تمارين الكراسة.	السبورة + الكراسة	من تستطيع أن تقدم لنا النقاط الأساسية في درس اليوم؟	

نموذج لخطة تدريس يومية

البيانات الأساسية (الموضوع، الفصل، الحصة، زمن الحصة إلخ)

موضوع الدرس: التوزيع المقرر: التسويق

الزمن	الأهداف السلوكية	الأساليب والأنشطة التعليمية المقترحة	التقويم
5 دقائق	☆ أن تعرف الطالبة المقصود بقناة التوزيع.	☆استخدام المناقشة مع الطالبات لاستنتاج التعريف، مع استخدام السبورة للتوضيح.	س: عرفي قناة التوزيع؟
10 دقيقة	☆ أن تقارن الطالبة بين الوسطاء التجار وغير التجار.	☆ يتم توضيح دور الوسطاء عن طريق عمل مقارنة فيما بينهم مع استخدام الأمثلة التوضيحية.	س: قارني بين الوسطاء التجار وغير التجار؟
20 دقيقة	☆أن توضح الطالبة قنوات توزيع السلع الاستهلاكية والصناعية.	☆يتم استعراض أنواع قنوات التوزيع على شكل مخطط يوضح الطريق التي تتبعه السلعة سواء استهلاكية أو صناعية.	س: ارسمي شكلاً تخطيطياً يوضح أنواع قنوات التوزيع للسلع الاستهلاكية؟
10 دقائق	☆أن تشرح الطالبة وظائف الوسيط.	☆توضيح الأنشطة التي يقوم بها الوسيط لتوصيل السلعة للمستهلك بسهولة ويسر.	س: عددي وظائف الوسيط؟
5 دقائق	☆أن تلخص الطالبة ما سبق شرحه.	☆من خلال طرح الأسئلة المختلفة المتعلقة بالدرس.	☆المتابعة والتعليق على إجابات الطالبات على الأسئلة.
		☆وظيفة منزلية.	س1: عرفي قناة التوزيع؟ س2: قارني بين الوسطاء التجار وغير التجار؟ س3: عددي وظائف الوسيط؟

لتحضير درس في الحاسب الآلي

الموضوع :- برنامج المستكشف Windows Explorer -1

البيانات الأساسية: - اليوم الحصة - الشعبة

الأهداف	الأساليب و الأنشطة و الوسائل	الزمن	التقويم
أن تناقش الطالبة أهمية برنامج المستكشف و فائدته.	تقسيم الطالبات إلى مجموعات للإجابة على الأسئلة التالية: * ما هو البرنامج الذي سيمكنك من عمل كل المهام التالية (التي يعملها My Computer) : معرفة محتوى قرصك المرن. تهيئة قرصك المرن. يمكنك من إرجاع ملفاتك التي تم حذفها من القرص الصلب. * ما هي المهام الأخرى التي يؤديها البرنامج؟ مناقشة الطالبات في الأسئلة السابقة مع الاستعانة بملف مصمم باستخدام برنامج Microsoft PowerPoint.	12	س: ما فائدة برنامج المستكشف؟ س: اخفي شريط المعلومات؟ س: اغلقي شريط Folder في النافذة اليسرى ثم أظهريه؟ س: اذكري محركات الأقراص الموجودة في جهاز الحاسوب؟ س: استعرضي محتوى القرص الصلب؟ س: ما الفرق بين الملف و المجلد؟ س: ما هو شكل رمز المجلد في هذا البرنامج؟ س: كيف نفرق بين ملفات التطبيقات المختلفة؟ س: اذكري أسم ملف تابع لمجلد My Documents؟ ما نوع هذا الملف؟
أن تستنتج الطالبة طريقة تشغيل برنامج المستكشف.	عن طريق التدريب تستنتج الطالبات طريقة تشغيل برنامج المستكشف.	3	
أن تتعرف الطالبة على الشاشة الرئيسية للمستكشف.	شرح أجزاء نافذة المستكشف . س: ما فائدة شريطي العنوان و المعلومات؟	10	
أن تكتسب الطالبة مهارة التحكم في نافذة المستكشف.	* تكليف الطالبات بإخفاء و إظهار شريط قياسي Standard Buttons، شريط المعلومات Status bar وشريط العنوان Address Bar .	10	
أن تميز الطالبة بين المجلد و الملف.	القيام بموقف تمثيلي لتوضيح معنى الملف و المجلد - (موضح في الخلف) - * كيف تتكون لدينا ملفات؟ اذكري أسماء بعض البرامج التي تنتج ملفات عند استخدامها؟	15	

الأهداف	الأساليب و الأنشطة و الوسائل	الزمن	التقويم
أن تكتسب الطالبة مهارة استعراض محتوى المجلدات و محركات الأقراص.	من خلال التدريب تكتسب الطالبات مهارة استعراض محتوى المجلدات و محركات الأقراص. كيف يمكنك معرفة ما بداخل قرصك المرن أو محتوى أحد المجلدات الموجودة في القرص الصلب؟ اذكري اسم مجلد و ملف تابعين لمجلد C:\Windows؟	10	س: كم عدد الملفات و المجلدات التي يحتويها مجلد My Documents ؟ س: كيف يمكنك رؤية المجلدات و الملفات التابعة للقرص الصلب و الغير ظاهرة على الشاشة في النافذة اليسرى؟ س: مالفرق بين طريقة عرض الرموز "تفاصيل" details و طرق العرض الأخرى؟ س: رتبي ملفات قرصك المرن ترتيباً تصاعدياً حسب الإسم؟ س: ماذا يفيدنا ترتيب الملفات؟ ملاحظة الطالبات و متابعة أعمالهن تصحيح الأخطاء بشكل فردي أو جماعي
أن تتوصل الطالبة إلى طريقة عرض الرموز في النافذة اليمنى لمجلد معين بطرق مختلفة.	إعطاء الطالبات طريقة واحدة لعرض الرموز في النافذة اليمنى لمجلد معين ثم ترك المجال أمام الطالبات للتوصل للطرق الأخرى . ما الفرق بين طرق العرض المختلفة Large icon , Small icon , List , Details ؟	10	
أن تكتشف الطالبة طرق ترتيب رموز مجلد معين في النافذة اليمنى.	عن طريق التدريب تكتشف الطالبات طرق ترتيب "فرز" الرموز لمجلد معين ب : الاسم، النوع، الحجم و التاريخ. تكليف الطالبات بفرز رموز مجلد معين تصاعدياً ثم تنازلياً	15	
أن تتعرف الطالبة على خصائص الأقراص	- تكليف الطالبات بالتعرف على خصائص الأقراص و تغيير أسمائها Labels . - ماذا يعني اللون الأزرق؟ و ماذا يعني اللون الأرجواني؟ - ما هي الرموز التي نتجنبها عند تسمية القرص؟	5	

الملاحظات:

تمرين عملي ختامي:

1- اخفي شريط قياسي standard button ثم اظهريه .

2- اخفي شريط العنوان address bar و شريط المعلومات Status bar ثم اظهريهما .

3- اذكري اسم مجلد folder تابع لمجلد C:\windows.

4- اذكري اسم ملف تابع لمجلد C:\windows.

5- اعرضي محتويات المسار C:\Mydocuments بالطرق التالية:

* رموز كبيرة Large icon *تفاصيلdetails .

6- رتبي مجلدات و ملفات القرص الصلب C:\ حسب

* الحجم size تنازلياً

*النوع type تصاعدياً .

موقف تمثيلي: تمثل طالبة دور بائع لأدوات القرطاسية و الحاسوبية، و تؤدي طالبة أخرى دور المشتري.

المشهد الأول: محل بيع أدوات القرطاسية والحاسوبية غير منظم و الأدوات كلها مخلوطة مع بعض، و البائع لا يتمكن من الحصول على أي أداة مطلوبة بسهولة، كما إنه لا يستطيع معرفة المخزون المتبقي منها.

المشهد الثاني: المحل منظم و توجد به عدد من الخزائن منها خزانتان واحدة لأدوات القرطاسية و الثانية للأدوات الحاسوبية وكلا الخزانتان تحتوي على أدراج وفي كل درج الأدوات . وعلى كل خزانة و درج ملصق يبين محتواها.

تطلب المعلمة من إحدى الطالبات شرح الموقف التمثيلي ثم تعقب المعلمة على الشرح و تعرف الطالبات بمعنى المجلد و الملف و الفرق بينهما، حيث أن المحل يمثل المجلد الرئيسي (للقرص الصلب مثلاً)، وكل خزانة تمثل مجلد فرعي من المحل وتمثل الأدراج مجلدات فرعية من الخزائن بينما تمثل الأدوات الملفات التي تحتوي عليها الأدراج.

نموذج لتحضير درس في الحاسب الآلي

الموضوع :- برنامج المستكشف 2- Windows Explorer

البيانات الأساسية: - اليوم الحصة - الشعبة

تهيئة:

* مراجعة ما تم تعلمه في الدرس السابق عن الملف و المجلد.

* عرض لمشكلة الطالبة منال و التي تشترك مع أخويها في جهاز حاسوب واحد و كل واحد منهم يستخدم تطبيقات حاسوبية منوعة .

- ماهي أفضل طريقة لتنظيم ملفاتهم جميعا في القرص الصلب ليحصل كل واحد منهم على ملفاته الخاصة به بسرعة و يسر و للمحافظة على الملفات من العمليات التالية الغير مقصودة : - الحذف - النقل - النسخ- تغيير الاسم.

- توضيح المشكلة السابقة بالمثال التالي: تمثل الأقلام ملفات**Word**، المبراة ملفات **PowerPoint** و المساطر ملفات الرسام التي قامت منال بإنشائها مع إخوتها. و يمكن أن نضع هذه الأدوات "الملفات" كلها في علبة واحدة (تمثل القرص الصلب) والأفضل وضعها في خزانة بثلاثة أدراج، لكل واحد منهم درج يضع فيه ملفاته إذ تمثل الخزانة القرص الصلب و الأدراج مجلدات فرعية منها .

الأهداف	الأساليب و الأنشطة و الوسائل	الزمن	التقويم
أن تكتسب الطالبة مهارة إنشاء المجلدات.	أداء موقف تمثيلي - موضح في الخلف- تتعرف من خلاله الطالبة على المجلدات و المجلدات الفرعية و أهمية استخدامها في الحياة العملية. تكليف الطالبات بإنشاء مجلدات و مجلدات فرعية بتوجيه و إرشاد من المعلمة.	20	س: كيف ننشئ مجلد فرعي لمجلد معين بطريقة أخرى؟ س: ما هي الرموز التي يجب تجنبها عند تسمية المجلد؟
أن تكتسب الطالبة مهارة تحديد المجلدات و الملفات.	تكليف الطالبات بتحديد * مجلد أو ملف واحد * عدة مجلدات أو ملفات : متجاورة أو غير متجاورة * جميع الملفات و المجلدات في النافذة اليمنى * إلغاء التحديد	10	س: بعد إنشاء مجلد فرعي لمجلد ما، ما هي العلامة التي تظهر أمام هذا المجلد؟
أن تستنتج الطالبة طريقة نسخ المجلدات أو الملفات.	باستخدام معرفتك السابقة لنسخ النصوص في برنامج Word قومي بنسخ الملفات و المجلدات. س: كيف يمكنك نسخ المجلدات و الملفات بطريقة أخرى؟	10	س: لماذا نقوم بتحديد الملف أو المجلد؟ س: مافائدة تحديد عدة ملفات أو مجلدات؟
أن تكتسب الطالبة مهارة نقل المجلدات أو الملفات.	تكليف الطالبة بنقل المجلدات أو الملفات.	5	س: غيري أسماء الملفات والمجلدات بطريقة أخرى؟
أن تكتسب الطالبة مهارة تغيير أسماء المجلدات والملفات.	يطلب من الطالبات تغيير أسماء الملفات و المجلدات بطرق مختلفة.	5	س: ما الفرق بين عمليتي نقل و نسخ الملفات و المجلدات؟
أن تستنتج الطالبة طريقة حذف المجلدات أو الملفات.	ترك المجال أمام الطالبة لاستنتاج طريقة حذف المجلدات أو الملفات بطرق مختلفة.	10	س: احذفي المجلدات والملفات بطريقة أخرى؟

الأهداف	الأساليب و الأنشطة و الوسائل	الزمن	التقويم
أن تكتسب الطالبة مهارة إعادة الملفات و المجلدات المحذوفة.	- إعطاء مثال على سلة المحذوفات (إذا كان لديك ورقة لا تريديها، فإنك ستلقيها في السلة، و لكن لو اكتشفت بعد فترة بأنك بأمس الحاجة لها فإنك بالتأكيد ستقومين بأخذها من السلة. و لكن إذا قمت بإفراغ محتوى السلة في سلة البلدية، فهل ستتمكنين من استرجاع أي ورقة أخرى تحتاجينها ؟). - تكليف الطالبات باستعادة الملفات و المجلدات المحذوفة من القرص الصلب باستخدام "سلة المحذوفات" Recycle Bin بتوجيه و إرشاد من المعلمة.	5	س: هل يمكن استعادة الملفات المحذوفة من القرص المرن؟ س: كيف يمكن إفراغ محتوى سلة المحذوفات Recycle Bin؟ ملاحظة الطالبات، متابعة أعمالهن و تصحيح الأخطاء.
الخاتمة: أن تطبق الطالبة المهارات السابقة.	أداء تمرين يضم جميع المهارات السابقة.	10	

ملاحظات: ....

....

....

تمرين عملي ختامي:

ملاحظة: يتم شرح جميع المهارات السابقة من خلال قيام الطالبات بأداء "تمرين في برنامج المستكشف **Windows Explorer** -2 " باستخدام طريقة التعلم بالاكتشاف، التعلم التعاوني، لعب الأدوار و برنامج **Net Support School** .

موقف تمثيلي: تقول الطالبة للمعلمة بأن درجتي في اختبار Word خاطئة .

<u>المشهد الأول:</u> ملفات الاختبار لجميع طالبات المقرر في برامج Word وPowerPoint كلها موضوعة معاً في مجلد واحد "اختبارات"، تقوم المعلمة بالبحث عن ملف الطالبة و لكن دوى جدوى بسبب كثرة الملفات.

<u>المشهد الثاني:</u> المجلدات منظمة و تحصل المعلمة على ملف الطالبة بسهولة. (كل شعبة لها مجلد و كل مجلد يحتوي على مجلدين فرعيين Word وPowerPoint وبداخل مجلد Word ملفات اختبار برنامج Word لطالبات الشعبة المعينة و مجلد PowerPoint يحوي أيضاً الاختبار في البرنامج للشعبة المعينة).

1- انشئي مجلد تابع للقرص الصلب C:\ و سميه باسم الصف (ثاني ...)

2- انشئي مجلد فرعي من المجلد السابق و سميه باسمك --- انظري الشكل---

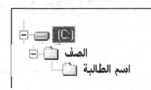

3- شغلي برنامج Microsoft Word .

اكتبي العبارة التالية : " إن الله غفور رحيم "

4- أحفظي الملف باسم "الرحمن" في مجلد الصف .

5- انقلي ملف " الترشيد الأمثل" التابع لقرصك المرن A:\ 3.5 Floppy إلى مجلد الصف.

6- انسخي ملف "الرحمن" لمجلد اسم الطالبة .

7- احذفي ملف "الرحمن" التابع لمجلد الصف .

8- غيري اسم ملف "الرحمن" التابع لمجلد اسم الطالبة إلى "الله"

نموذج لتحضير درس في الحاسب الآلي

الموضوع : دمج المراسلات

البيانات الأساسية: - اليوم الحصة - الشعبة

الأهداف التعليمية	المحتوى	الوسائل والأساليب والأنشطة	الزمن	التقويم
أن تميل الطالبة إلى استخدام دمج المراسلات		طرح المشكلة التالية: ترغب جامعة البحرين في إرسال رسالة تهنئة لكل طالب متفوق بحيث تحتوي الرسالة على اسم الطالب والكلية والتخصص والمعدل ودعوته لحفل تكريم المتفوقين. مع العلم بأن عدد المتفوقين كبير جداً في الجامعة. كيف ستنشأ هذا العدد الكبير من الرسائل في وقت قصير؟ بعد التفكير وطرح الحلول يتم التوصل إلى استخدام خاصية دمج المراسلات.	10 د	س: إذا كنت موظفة في جامعة البحرين، ما هي الطريقة التي ستستخدمينها لإرسال الرسالة؟
أن تستنتج الطالبة عناصر دمج المراسلات	عناصر دمج المراسلات: المستند الأساسي مصدر البيانات الملف الناتج من الدمج	من خلال المشكلة السابقة ماذا سنحتاج لدمج المراسلات؟ مع استخدام السبورة لرسم كل عنصر من عناصر دمج المراسلات	10 د	س: ما هي عناصر دمج المراسلات ؟
أن تنشئ الطالبة الرسائل النموذجية باستخدام دمج المراسلات	خطوات إنشاء الرسائل: 1. Tools ➔ Mail Merge 2. Create ➔ Form Letters 3. Open Data Source 4. Insert Fields ➔ Merge	استخدام برنامج Net Support لشرح طريقة استخدام دمج المراسلات لإنشاء الرسائل ومن ثم تطبق الطالبة ذلك على الجهاز تدريب (8-1) ص136	25 د	تمرين (8-1) ص141

الأهداف التعليمية	المحتوى	الوسائل والأساليب والأنشطة	الزمن	التقويم
أن تعاين الطالبة البيانات المدمجة أن تحرر الطالبة البيانات	معاينة البيانات المدمجة. تعديل البيانات. إضافة سجل جديد. حذف سجل موجود.	استخدام برنامج Net Support لتوضيح طريقة معاينة البيانات وتحريرها تدريب (8-2) ص143	10 د	تمرين (8-3) ص144
أن تطبع الطالبة على المغلفات باستخدام دمج المراسلات	خطوات إنشاء المغلفات: 1. Tools ➔ Mail Merge 2. Create ➔ Envelops 3. Open Data Source 4. Insert Fields ➔ Merge	استخدام برنامج Net Support لتوضيح طريقة الطباعة على المغلفات تدريب (8-4) ص145	15 د	تمرين (8-4) ص149
أن تتدرب الطالبة على استخدام دمج المراسلات		تمرين (1) ص150 تمرين (2) ص151	30 د	التصويب والتوجيه

نموذج لتحضير درس في التدبير المنزلي

التاريخ	الحصة	الفصل	المادة	موضوع الدرس وطريقة تدريسه
96/12/25	4	السادس	رياضيات	الموضوع: (النجار) أهداف الدرس: 1- أن يعرف المتعلمين على مهنة النجارة. 2- أن يعرف المتعلمين على الأدوات التي يستخدمها النجار في عمله. 3- أن يعرف المتعلمين فائدة الأخشاب وبعض استخداماتها. 4- أن نحبب المتعلمين في الأعمال الحرفية مثل النجارة. التمهيد للدرس: مناقشة المتعلمين فيما أعطي لهم من الدرس السابق. 1- ما الأدوات التي استخدمها الفلاح في زراعة أرضه؟ العرض: استخدام أسلوب طرح أسئلة يقوم المتعلمين بالإجابة عليها حتى نتوصل لمضمونه الدرس. 1- النقطة الأولى/ تطرح المعلمة مجموعة من الأسئلة. لاستشارات الطلاب ومعرفة ما لديهم من معلومات حتى يتوصلوا إلى معرفة طبيعة عمل النجار. 2- النقطة الثانية/ توضح المعلمة بعد وتعرف المتعلمين على النجار الأدوات التي يستخدمها في عمله ومدى أهمية هذه الحرفة. التقنيات: عرض نماذج لبعض الأدوات التي يستخدمها النجار مثل المنشار - المطرقة - المسامير - وقطعة من الخشب واستخدام بعض الأشياء المصنوعة من الخشب المتواجد في الصف. أسئلة تقويمية: س1: ما هي الأدوات التي استخدمها النجار في عمله؟ س2: ما واجبك نحو أثاث المنزل وأثاث المدرسة؟ الواجب المنزلي: أكتب خمسة أشياء مصنوعة من الخشب؟

أسئلة التقويم الذاتي

س1: أذكر أهمية الوظائف التي تؤديها الخطة السنوية لك كمعلم؟

س2: يشكو بعض المعلمين من عدم الانتهاء من المقرر أثناء العام الدراسي. ما الأسباب التي ترى أنها تؤدي لعدم الانتهاء من المقرر في الوقت المناسب؟

س3: الخطة الفصلية هي خطة بعيدة المدى. عدد أربعة عناصر من مكونات الخطة؟

س4: عدد ثلاثة فروق رئيسية بين الخطة اليومية والخطة اكتب نموذج لخطة سنوية ونموذج لخطة يومية في مجال تخصصك؟

س5: ضع علامة (√) أمام الإجابة الصحيحة لكل مما يأتي:

(1) بصفتك معلمة للفنون التربوية فإن إعدادك خطة لمقرر الموسيقى، يعد تخطيطاً:

(أ) متوسط المدى ( )

(ب) طويل المدى ( )

(ج) قصير المدى ( )

(د) كل من ب، ج ( )

(2) من خصائص خطة التدريس اليومية أنها:

(أ) أكثر عمومية من خطة التدريس للوحدة الدراسية ( )

(ب) أكثر عمومية من خطة التدريس للمقرر الدراسي ( )

(ج) تحتاج لتنفيذها لفترة تمتد من أسبوع لأسبوعين ( )

(د) ليس واحداً مما سبق ( )

(3) من خصائص مهارات التدريس:

(أ) الاتفاق في كيفية الأداء ( )

(ب) الخصوصية ( )

(ج) العمومية ( )

(د) كل من أ، ج ( )

(4) التخطيط لتدريس وحدة " جسم الإنسان" في مقرر العلوم، يعد تخطيطاً على المدى:

أ- الطويل ( )

ب- القصير ( )

ج – المتوسط ( )

د- كل من ب، ج ( )

س6/ أجب عما يأتي:

يحقق التخطيط الجيد لعملية التدريس لك كمعلمة العديد من الفوائد، وضح ذلك؟

طلبت منك زميلتك التي لم تدرس مقررات تربوية وتهوى العمل بالتدريس، أن تقدمي لها بعض النصائح التي يمكن أن تفيدها في تخطيط الدروس اليومية، فبماذا تنصحينها؟

من مبادئ التخطيط للتدريس أن تصمم الخطة في ضوء الإمكانيات المتاحة. وضح ذلك.

للتخطيط أهمية بالغة في التدريس. وضح أهمية التخطيط في التدريس.

وضح مع الشرح الموجز عناصر الخطة اليومية.

يقع بعض المعلمين في العديد من الأخطاء عند إعدادهم لخطة التدريس اليومية. وضح هذه الأخطاء.

<u>نشاط صفي (3)</u>

- كتابة خطة فصلة لمقرر من المقرارات

- كتابة خطة يومية لأحدي الدروس في مجـال التخصـص مسـتوفية عنـاصر
الخطة اليومية في التدريس

الفصل الرابع

مهارات تنفيـذ التدريـس

تمهيـــد

تناولنا في الفصل السابق مهارات التخطيط للتدريس، وهـذا عمـل يقوم بـه المـدرس خارج الفصل، ويتناول هذا الفصل مهارات التنفيذ، وهذا عمل يقوم به المدرس داخل الفصل، ولا يشترط لنجاح المعلم في درسه أن يكون خطط له جيدا فقـط، ولكن الشرط الأسـاسي هـو كيفية تنفيذه لما خطط لـه مسبقاً، فالنجاح في التخطيط لا يعنـي دائمـا ضمـان النجـاح في التنفيذ، لذا فهناك العديد من المهارات الخاصة بتنفيذ التدريس، والتي يجب على المعلم إتقانها، ومنها: مهارة تهيئة الطلاب وإثارة دافعيـتهم للتعلم، ومهارة عـرض الـدرس، ومهارة التفاعل داخل الصف، ومهارة الأسئلة الشفوية، ومهارة إدارة الصف والتعامل مـع المشكلات الصفية، ومهارة غلق الدرس... إلخ. وسنكتفي في هذا الفصل ببعض هذه المهارات.

أولاً: مهارة تهيئة الطلاب وإثارة انتباههم ودافعيتهم للتعلم

يحتاج تنفيذ الدرس إلى توافر قدر كبير من الدافعية لدى المتعلمين، ويستطيع المعلـم إثارة الانتباه والدافعية لدى المتعلمين من خلال وسائل وأسـاليب متنوعـة مثل: طرح بعـض الأسئلة عليهم، أو عرض يقوم به، أو ما يقرؤه المعلم في جريدة أو صحيفة يومية، أو استضافة أحد المتحدثين من المتخصصـين في الموضوع، أو طلـب القيام بأنشطة معينة، أو سرد قصـة طريفة ، أو طرح بعض الأحداث الجارية، على أن يكون ذلك في بداية الـدرس وخلاله، وكل ذلك يؤدي إلى الاستعداد والتركيز والاهتمام بالموضوع مجال الدراسة، ويكون المـتعلم حيئنذ أكثر قابلية للمشاركة في الموقف وأكثر حيوية ونشاط، ويكون بذلك المعلم قد هيأ المتعلمين للدرس وجعلهم أكثر استعداد للتعلم.

أهمية تهيئة الطلاب وإثارة انتباههم ودافعيتهم للتعلم

ترجع أهمية تهيئة الطلاب وإثارة انتباههم ودافعيتهم للتعلم إلى أنها:

1- تسهم في نقل الطلاب من حالتهم النفسية قبل الـدرس إلى حالـة نفسـية تـؤدي إلى اندماجهم ومتابعتهم للدرس، فحالة الطلاب النفسية في طابور الصباح، تختلـف عـن حالتهم في الفترات بين الحصص، وعلى المعلم أن يعمل على تغيـير حالتهم النفسية لتحقيق أهداف درسه.

2- تؤدي إلي إثارة وتنمية دافعية الطلاب للتعلم، حيث إن الدافعية تعد شرطاً أساسياً من شروط التعلم الفعـال. فهـي تجعل التعلم شيئا هاما للطلاب، وأكـثر نشـاطا وإنتاجا، ويتم ذلك من خلال استخدام المعلم الأسلوب أو الأساليب المناسبة لاستثارة دافعية الطلاب داخل الفصل، وسنتناول بعض هذه الأساليب فيما بعد.

3- تعمل على تركيـز انتبـاه الطلاب عـلى المـادة التعليميـة الجديـدة كوسـيلة لضـمان اندماجهم في الأنشطة الصفية.

4- تؤدي إلى إيجاد إطار مرجعي لتنظيم الأفكـار والمعلومـات التي سـوف يتضـمنها الدرس، ويتحقق ذلك من خلال إعطاء الطلاب فكرة عـن أهـداف الـدرس ومحتـواه الدرس، حيث يؤدي ذلك إلى مساعدتهم على فهم الدرس وتحقيق أهدافه.

5- تساعد على توفير الاستمرارية في العملية التعليمية التعلمية من خلال ربط موضوع الدرس بما سبق أن تعلمه الطالب.

6- تساعد في التعامل مع جميع الطلاب، بالرغم من الفـروق الفرديـة فيما بينهم مـن خلال الأساليب المتنوعة التي تلبي مثل هذه الفروق.

7- تساعد المعلم على أن ينوع الأنشطة التعليمية التي يستخدمها داخل وخـارج الفصل؛ كالانتقال من المحاضرة إلى المناقشة إلى العمل الجامعي مـع الطلاب إلى استخدام الصور والرسوم واستخدام أساليب التفاعل اللفظي وغير اللفظي

المتنوعة، ورسم الخرائط الجغرافية والتاريخية، وضرب الأمثلة، وعمل بعض العروض التوضيحية إلى غير ذلك من الأساليب المتنوعة بم لا يجعل المعلم يحس بالملل من تكرار نفسه كل يوم وكل حصة بنفس الأسلوب.

8- تسهم في إشباع حاجات معينة لدى بعض الطلاب، فعندما يستخدم المعلم مثلاً مراجعة المعلومات السابقة كأسلوب للتهيئة، قد يستفيد بعض الطلاب في تثبيت معلوماتهم، أو قد يصحح بعض الطلاب معلوماتهم، أو قد تزداد ثقة بعض الطلاب بأنفسهم، أو قد تؤدي إلى ربط الدروس ببعضها، مما يؤدي إلى تحقيق الأهداف المرجوة...إلخ.

مكونات مهارة تهيئة الطلاب وإثارة انتباههم ودافعيتهم للتعلم

تتكون مهارة تهيئة الطلاب وإثارة انتباههم ودافعيتهم للتعلم من العديد من العناصر، والتي يجب على المعلم أن يتقنها؛ إذا أراد النجاح في مهنة التدريس، ومن هذه العناصر ما يلي:

1- اختيار الأسلوب المناسب للتهيئة وإثارة الانتباه والدافعية لدى الطلاب، حيث توجد أساليب ووسائل عديدة لهذا الغرض، أشرنا إلى بعضها سابقا، وسنتناولها فيما بعد بكثير من الإيضاح، وما نود الإشارة إليه هنا هو أن المعلم عليه أن يأخذ في اعتباره العديد من العوامل عند اختياره لأسلوب التهيئة وإثارة الانتباه والدافعية لدى طلابه، ومن هذه العوامل:

- المرحلة التعليمية، فأساليب التهيئة وإثارة الانتباه والدافعية التي تصلح لطالب في المرحلة الابتدائية، قد لا تصلح لطالب في المرحلة الثانوية أو الجامعية.

- طبيعة المادة الدراسية، وجوانب التعلم المتضمنة فيها (حقائق - مفاهيم - مبادئ - تعميمات - نظريات)، فأساليب التهيئة وإثارة الانتباه والدافعية التي تصلح لمادة كاللغة العربية، قد لا تصلح لمادة كالرياضيات.

- موقع الدرس من الوحدة التعليمية التي ينتمي إليها، فأساليب التهيئة وإثارة الانتباه والدافعية التي تصلح لـدرس يعـد هـو أول درس في الوحـدة، قـد تختلف عنها لدرس يقع في منتصف أو نهاية الوحدة.

2- التنفيذ الجيد لأسلوب التهيئة وإثارة الانتباه والدافعية المختار، فلكل أسلوب قواعـد معينة على المعلم الالتزام بها، فأسلوب القصة له قواعده، وأسلوب الأحداث الجارية له قواعده، وأسلوب الأسئلة له قواعده، وأسلوب مراجعة المعلومات السابقة لـه قواعده،وهكذا.

3- مراعاة الزمن المناسب للتهيئة، ويجب أن نعلم أنه لا يوجد زمـن محـدد عـلى وجه الدقة للتهيئة، وهناك من يرى أن تستغرق هذه العملية حوالي خمس دقائق مـن زمـن الحصـة الـذي يـتراوح بـين 40-50 دقيقـة، وهنـاك مـن يـرى أنـه يـتراوح بـين 3-7 دقائق، ويفضل ألا يزيد عن هذا.

4- متابعة ردود فعل الطلاب، والانتقال الطبيعي من التهيئة إلى موضوع الدرس، وعـدم الفصل بين التهيئة وموضوع الدرس.

أساليب تهيئة الطلاب وإثارة انتباههم ودافعيتهم للتعلم

هناك العديد من أساليب تهيئة الطلاب وإثارة انتباههم ودافعيتهم للـتعلم، يمكـن للمعلم أن يختار من بينها ما يتناسب مع درسه وطلابه، وظروف وإمكانيات مدرسته، ومـن هذه الأساليب ما يلي:

1- تعريف الطلاب بالأهداف المتوقعة من الدرس: يؤدي ذلك إلى زيادة دافعيه الطلاب وحماسهم من أجل تحقيق الأهداف المرجوة، ليس هذا فحسب، بل يـؤدي ذلك إلى خلق جو من التنافس الذاتي، وخلق التعاون المثمـر بـين الطـلاب مـن أجـل تحقيـق أهداف الدرس، مما ينمي العلاقات الشخصية بـين الطلاب وهـو الهـدف الأسـمى لعمليات التربية بصفة عامة.

2- التفاعل الفظي وغير اللفظي بين المعلم والطلاب وبين الطلاب مع بعضـهم: ونقصـد بالتفاعل هنا حالة الاتصال بين المعلم والطلاب سواء لفظياً أو غير لفظياً حيث يؤدي ذلك إلى الاستجابة من الطلاب إلى لمعلم، والتواصل اللفظي معروف عنـدما يتحـدث المعلم لطلابه، أما غير اللفظي فهو يتمثـل في الإيمـاءات والتواصـل بـالعين وتعبـيرات الوجه.

3- الأشياء الواقعية: إن ملاحظة الأشياء والنـاس والأحـداث ملاحظـة مبـاشرة هـي أحـد مصادر التعلم من ناحية، بل وزيـادة دافعيـتهم للـتعلم مـن ناحيـة أخـرى، ولنـا أن نتخيل لو تم توفير أنواع من النباتات التـي يدرسـها في الجغرافيـا، أو بعـض الوثـائق والمتاحف التي يدرس عنها الطلاب في التاريخ، أو بعض المسئولين في المجالس المحلية (البلديـة)ليتحـدث عـن نظـام انتخـاب أعضـاء المجـالس، حيـث إن هـذه الأشـياء الحقيقية إذا استخدمها المعلم ستؤدي بالتأكيـد إلى زيـادة تحصـيل الطـلاب، وذلـك لتعلمهم بدافعية عالية مع أشياء حقيقية ذات صلة بموضوع الدرس.

4- التمثيل التصويري: إذا كانـت الأشـياء الواقعيـة صـعب الوصـول إليهـا أو مكلفـة أو خاضعة لإجراءات روتينية معينة، أو تحفها المخـاطر، يمكـن الاسـتفادة مـن صـورها، فالرسـومات والجـداول والرسـوم البيانيـة والخـرائط الجغرافيـة، هـي كلهـا تمثـيلات للواقع، ففي بعض الأحيان يكون الشيء الواقعي كبيراً جداً مثل: النظـام الشـمسي أو صعب الرصد إلا باستخدام أجهزة متقدمة مثل: منـاطق الضـغط الجـوي ، أو يكـون صعب الحصول عليه أو خطر التعرض المباشر له، هنا يمكن الاستفادة من الصور.

5- تعريف الطلاب بنتـائج اختبـاراتهم: حيـث تعـد التغذيـة الراجعـة مـن إحـدى أساليب إثارة الدافعية لدى المتعلمين داخل الفصل وخارجه، والمقصود بالتغذية الرجعية تعريف المتعلمين بنتائج اختباراتهم وتعـاد للطـلاب أوراق الاختبـارات

لكي يتعرفـوا عـلى الإجابـات الصحيحة والخاطئة، وكلـما كانـت المـدة الزمنيـة بـين الاختبار وإعادة الأوراق أقصر كلما كانت نتائج الطلاب في الاختبارات اللاحقة أفضل، كما أن إرجاع الأوراق أفضل من عدم إرجاعها حتى ولو بعد مدة من الزمن، كما أن تسجيل المعلم لبعض الملاحظات على ورقة الإجابة أثر كبير.

6- هناك العديد من الأساليب الأخرى للتهيئة وإثارة الدافعية لدى الطلاب أشـار إليهـا هرمان أوم في كتابه مائة طريقة وطريقة لإثارة دافعية الطلاب للتعلم منها: ضرورة تأكيد المعلم على قدرة طلابه على النجاح، ومحافظته على سياسة الباب المفتوح بينه وبين طلابه، وأن يكون قريبـاً مـن الطـلاب والآبـاء والـزملاء، وأن يـوفر بيئـة تربويـة مريحة ومشـوقة و إنسـانية، وعليه أن يفرد التعلم لمراعـاة الفروق الفرديـة بـين الطلاب، ويفرد المنافسة، والأداء، والتقدير، وأن يؤكد على التفوق، وأن يشرك الطلاب في تحديد الأهداف والتخطيط، وأن يناقش طلابه في طريقة تقييمه لهم، وأن يوضح لهم كيف يحصلون على درجات إضافية، وأن يكون قـدوة، وأن يخبر طلابه بأنـه يحـبهم، وأن يسـتخدم الثـواب والعقـاب بفاعليـة، وأن يضـع قواعـد للعمـل والمشاركة.....إلخ.

ثانياً: مهارة الإدارة الصفية

تعريفها:

الإدارة الصفية هي مجموعة من الأنشطة والعلاقات الإنسانية الجيـدة التـي تسـاعد على إيجاد جو تعليمي واجتماعي فعال. وتشتمل عـلى تـوفير المنـاخ العـاطفي والاجتماعـي، تنظيم بيئة التعليم والتعلم الفعالة، وتـوفير الخـبرات التعليميـة، وحفظ النظـام، وملاحظـة الطلاب ومتابعتهم وتقويمهم.

أهميتها:

تعد إدارة الصف من أكثر التحديات التي تواجه العديد مـن المعلمـين بصفة عامة، والمبتدئين منهم بصفة خاصة، حيث إن عدم مقدرتهم على إدارة الصف بكفاءة، يـؤدي إلى نتائج سلبية يمتد أثرها إلى الطلاب، وزملائهم، وإدارة المدرسة، حيـث إنه بـدون إدارة صفية سليمة لا يمكن أن يتحقق تعليم وتعلـم صـفي فعـال، فإدارة الصف شرط ضروري لإنجاح العملية التعليمية، وإهمالها أو التقليل من أهميتها لابد وأن ينعكس سـلباً عـلى المخرجـات التعليمية. فإدارة الصف إذن هي جزء من الأدوار التي تناط بعمل المـدرس، حيـث لا يمكننا فصل هذا الدور عن الأدوار الأخرى. فالمدرس الذي يخطط درسه بعناية ويوزع الوقت عـلى الأنشطة التعليمية المتنوعة، ويحول الصف إلى بيئة تعلم جيدة، ويهتم بدافعية الطلاب، لابد وأن ينعكس ذلك إيجابياً على ممارسات وسلوكيات الطلاب، وتحول دون حدوث عـدم ضـبط الصف وإدارته، بمعنى أخر هناك علاقة مباشرة بـين إدارة حجرة الدراسـة وعمليتـي التعليم والتعلم، فالمدرس الذي لديه أرصدة كافية من استراتيجيات التعليم والتعلم، لابد وأن يشكل بيئة تعليمية جيدة تضمن تعاون الطلاب، وتقلل من مشكلات الإدارة وضبط النظام داخـل حجرة الدراسة.

وسـنتناول فـيما يـلي أنمـاط الإدارة الصـفية، وسـمات كـل نمـط، وأثـره عـلى العمليـة التعليمية، والمشكلات الصفية من حيث: أسبابها وأنواعها وأساليب علاجها، حيـث تعـد هـذه المهارات لازمة للمعلم للنجاح في عمله.

أنماط الإدارة الصفية

هناك ثلاثة أنماط للإدارة الصفية هي: النمط القسري (التسلطي)، والنمط الفوضوي، وأخيراً النمط الديموقراطي. ويعد اختيار المعلم لنمط معين من هذه الأنماط لإدارة صفه وقيادته لطلابه من أهم العوامل المؤثرة في المناخ النفسي والاجتماعي والتعليمي الذي يسود غرفة الصف.

وفيما يلي نتناول كل نمط من هذه الأنماط من حيث: سماته، وأثره على التعلم.

أولاً: النمط التسلطي

إن أبرز سمات هذا النمط هو أن التفاعل الذي يتم بين المعلم وطلابه يتسم بالقسر والإرهاب، واستغلال سيئ للمركز الوظيفي، ويتميز هذا النمط بالعديد من الممارسات السلوكية للمعلم منها أنه يعمل على:

- الاستبداد بالرأي وعدم قبول الرأي الآخر من قبل طلابه
- الطاعة المطلقة والتنفيذ الفوري لأوامره من قبل طلابه.
- إقامة حاجزاً بينه وبين طلابه يحول دون تعرفه عليهم وعلى احتياجاتهم.
- تحديد أهداف الأنشطة في غرفة الصف دون تقبله لأي تعديل أو إضافة لها من قبل طلابه.
- تقويم عمل طلابه انطلاقا من اعتقاده بأنه أكثر خبرة منهم وأكثر حكمة.
- استخدام حكمه الشخصي في تقرير ما يعمله الطلاب ،ومتي يعملونه، ومن الـذي يقوم بالعمل.
- تقرير متي يعاقب ومتي يثيب، وتقليل الثناء، لاعتقاده بأن ذلك يفسد الطلاب.
- اعتماد الطلاب عليه شخصياً انطلاقاً من عدم تفته بقدراتهم وإمكاناتهم إذا ما تركوا لوحدهم.
- يقاوم محاولات أي عمل تجديدي يتعلق بالتعليم، على اعتبار أن أية محاولـة مـن هذا القبيل تشكل تحدياً لسلطاته.

أثر النمط التسلطي على العملية التعليمية

- عدم توافر الحوافز المناسبة التي تدفع الطالب إلى التفاعل، إضافة إلي عـدم تـوافر البيئة المشجعة لهذا التفاعل.

- عدم توافر الفرص للطالب كيف يضع أهـدافاً لذاتـه، أو كيـف يقـدر المسـؤولية، أو كيف يسهم بالعمل في الفعاليات والأنشطة المختلفة.
- اضطرار الطالب إلى كبت رغباته وميوله، مما قد يؤدي إلى نفـوره مـن الـتعلم، وإلى تعقيدات أخرى تنشأ عن ذلك قد تؤثر على صحته النفسية.
- قد تظهر بعض المظاهر السلبية على الطالب، كالشرود والاتكالية وعـدم الراغبـة في التعاون وعدم الاطمئنان لمعمله، أو إبداء الخضوع التام له، مما ستنعكس مثل تلـك الأمور سلباً على شخصيته وتحصيله الدراسي.

ثانياً: النمط الفوضوي

يتميز هذا النمط بعدم التخطيط، وأن الأنشطة التعليمية تكون غير موجهة من قبل المعلم، والطلاب لا يقومون بهذا الدور، ومن ابرز سمات هذا النمط هي ما يلي:

- ترك الحرية المطلقة للطلاب لاتخاذ القرارات المتعلقة بالأنشطة الفردية والجماعية.
- قيام المعلم بالحد الأدنى من المبادرات والاقتراحات.
- عدم القيام بأي جهد يذكر من قبل المعلم؛ لتقويم سلوك الطلاب أو عملهم كـأفراد أو كجماعة.
- إبداء الاستعداد لتقديم العون للطلاب؛ إذا طلب منه ذلك.

أثر النمط الفوضوي على العملية التعليمية

- ضعف إنتاجية الطلاب.
- إحساس الطلاب بالقلق؛ لإدراكهم بأنهم يمارسون أنشطة غير موجهـة مـن معلمهـم، مما يجعلهم غير واثقين من أنهـم يقومـون بالعمـل الصـحيح مـن جهـة، كـما أنهـم خائفين من النتائج المترتبة على عدم أدائهم لما ينتظر منهم من جهة أخرى.

- افتقار الطلاب إلى القدرة على وضع الخطط لعملهم؛ نظراً لعدم تبلـور حاجاتهم في صورة أهداف واضحة لديهم، فتركهم أحراراً في العمل دون توجيه من قبل معلمهـم لن يساعدهم على امتلاك مثل تلك القدرة.

- كره الطلاب للنظام الذي تترك فيه سـلطة الـتصرف للجماعـة دون أن يكون هنـاك شخص يتولى القيادة ويرسم لهم الطريـق الـذي سيسـيرون عليـه. فالوقت الطويـل الذي يضيعه الطلاب في التخطيط يمكن الاستفادة منه في العمل نفسه، فقد يحدث أن ينفق الطلاب وقتاً طـويلاً في بحـث مشروع معـين ثم يتبـين لهـم في النهايـة أن تنفيذه مستحيلاً، مما يخلق لهم شعوراً بعدم الارتياح نحو هذا الأسلوب من العمـل الجماعي.

ثالثاً: النمط الديموقراطي

سمة هذا النمط هو أن التفاعل الذي يتم بين المعلم وطلابه يتميز بتوفير المناخ التعليمي المريح وغير المثير للقلق والخوف، وتسود روح الصداقة والثقة والتفكير المشترك. ومن أهم سمات هذا النمط ما يلي:

- الجو المليئ بالمودة والطمأنينة، وإتاحة الفرصـة للطلاب للقيـام بـأعمالهم بفعاليـة ونشاط.

- إتاحة الفرص المتكافئة أمام الطلاب وتشجيع التعاون فيما بينهم.

- تشجيع الطلاب على الإقبال على التعلم، وتحقيق الأهـداف التعلميـة المرغوبـة مـن خلال استثارة حاجاتهم للإنجاز والنجاح.

- إتاحة الفرصة أمام الطلاب لتقييم عملهـم بأنفسـهم، مـع دور المعلـم التـوجيهي في ذلك.

- إشراك الطلاب في وضـع الأهـداف وصياغتها، وفي رسـم الخطط والأساليب واتخاذ القرارات.

- استثارة اهتمامات الطلاب وتوجيهها، واستخدام أساليب التعزيز المناسبة.

- إشراك الطلاب في المناقشة وإتاحة الفرصة أمامهم لتبادل وجهات النظر.

أثر النمط الديموقراطي على العملية التعليمية:

- حب الطلاب للعمل واستمتاعهم به، حيث إن العمل في جو مريح يتسم بالهدوء والطمأنينة، لابد وأن يدفعهم إلى التعاون المثمر مع معلمهم، وبذل جهد أكبر في العمل، وإن ذلك له المردود الإيجابي في تسهيل عملية تعلمهم وتكامل شخصياتهم.

- حب الطلاب لمعلمهم، وحبهم لبعضهم البعض؛ نظراً لعملهم في بيئة تعاونية ديموقراطية تتميز بالإخلاص والثقة والتفكير المشترك، مما يساعد على توطيد الصداقة وحب العمل.

- توافر فرص العمل التعاوني والتخطيط الجماعي الموجه لإنجاز العمل؛ مما يساعد الطلاب على تقديم المقترحات، ويعلمهم كيفية اتخاذ القرارات، وكيفية التعامل فيما بينهم بشكل مثمر وبناء.

- تحدد احتياجات الطلاب في صورة أهداف واضحة، يسهل عليهم تحقيقها.

- توافر برامج تعزيز مناسبة تؤدي إلى دفع الطلاب إلى التفاعل الإيجابي، وإلى استثارة اهتماماتهم وتوجيهها.

- اكتساب الطلاب للعديد من الاتجاهات الإيجابية، كضبط النفس، وتحمل المسؤولية، والاستماع إلى الآخرين، والاستفادة من أفكارهم، وإبداء النقد البناء .... الخ

المشكلات السلوكية الصفية

نتناول المشكلات السلوكية الصفية من حيث: أسبابها، مصادرها، أنواعها، استراتيجيات معالجتها.

أولاً: أسباب المشكلات الصفية

1- الملل والضجر

شعور الطالب بالرقابة والجمود في الأنشطة الصفية يجعلهم يقعون فريسة لمشاعر الملل والضجر لذلك فإن انشغال الطلاب بما يثير تفكيرهم ويتحداهم بمستوى مقبول يقلل من هذه المشاعر.

2- الإحباط والتوتر

هناك أسباب تدعو لشعور الطالب بالإحباط في التعليم الصفي لذلك تحوله من طالب منتظم إلى طالب مشاكس ومخل للنظام الصفي ومن هذه الأسباب:

- طلب المعلم من طلابه أن يسـلكوا بشـكل طبيعـي وهنا لم يحـدد للطـلاب معايير السلوك الطبيعي.

- زيادة التعلم الفردي الصعب أحيانا وتحل هذه المشكلة ببعض النشاطات التعليمية الجماعية.

- سرعة سير المعلم في إعطائه للمواد التعليمية دون إعطاء راحة بـين الفـترة والأخـرى للطلاب.

- رتابة النشـاطات التعليميـة وقلـه حيويتهـا وصعوبتها بإدخـال الألعاب والرحلات والمناقشات تقلل من صعوبة هذه النشاطات.

3- ميل الطلاب إلى جذب الانتباه

إن الطالب الذي يعجز في النجاح في التحصيل الدراسي يسعى نحو جذب انتباه المعلم والطلاب الآخرين عن طريق سلوكه السيئ والمزعج ويمكن أن تعالج هـذه المشكلة بتوزيـع الانتباه العادل بين الطلاب حتى يستطيع المعلم إرضاء طلابه.

ثانياً: مصادر المشكلات الصفية

يمكن استعراض عدد من المصادر المتسببة للمشكلات الصفية والتي تعيق النظام والتعلم الصفي وهي كالتالي:

1- مشكلات تنتج عن سلوك المعلم وهي:

- القيادة المتسلطة جداً
- القيادة غير الراشدة أو غير الحكيمة.
- انعدام التخطيط.
- حساسية المعلم الشخصية والفردية.
- ردود فعل المعلم الزائدة للمحافظة على كرامته.
- الاطراد في إعطاء الوعود والتهديدات.
- استعمال العقاب بشكل خاطئ وغير مجد.

2- مشكلات تنجم عن النشاطات التعليمية الصفية وهي:

- اقتصار النشاطات الصفية على الجوانب اللفظية
- تكرار النشاطات التعليمية ورتابتها.
- عدم ملائمة النشاطات التعليمية لمستوى الطالب.

3- مشكلات تنجم عن تركيب الجماعة الصفية وهي:

- العدوى السلوكية وتقليد الطلاب لزملائهم.
- الجو العقابي الذي يسود الصف.
- الجو التنافسي العدواني.
- الإحباط الدائم والمستمر.
- غياب الاستعدادات للأنشطة والممارسات الديمقراطية.
- شيوع جو الدكتاتورية في الصف.
- غياب الطمأنينة والأمان.

ثالثاً: أنواع المشكلات الصفية

تصنف المشكلات الصفية إلى الفئات التالية:

1- المشكلات التافهة

وهذا النوع لا يمثل مشكلات حقيقية للمعلم، نظراً لقصر مدته، وعدم تعارضه مع العملية التعليمية، ومن أمثلة هذه المشكلات: عدم الانتباه لفترة قصيرة، والتحدث عند الانتقال من نشاط لآخر، والغفلة لفترة قصيرة، والتوقف القصير أثناء العمل على مهمة معينة.

ومن الأفضل للمعلم أن يتجاهل مثل هذه الحالات، لأن التعامل معها يستهلك الكثير من الجهد، ويعطل الدرس، ويقلل من الجو الإيجابي داخل غرفة الصف.

2- المشكلات البسيطة

وهي تلك المشكلات التي تنتج عن السلوكيات التي تخالف القوانين والإجراءات الصفية التي اتفق عليها المعلم والطلاب منذ البداية، ومن أمثلة هذه السلوكيات: جهر الطلاب بالإجابة، أو مغادرتهم لأماكنهم بدون إذن، تناول بعض الحلوى، إلقاء النفايات داخل غرفة الصف.

إن مثل هذه السلوكيات تسبب الإثارة، إلا أنها بسيطة مادامت لا تستمر لفترات طويلة، وتقتصر على طالب واحد أو عدد محدود من الطلاب.

ومن الأفضل للمعلم أن يتجاهل مثل هذه السلوكيات، إذا كانت لا تستمر لفترات طويلة، وتقتصر على طالب واحد أو عدد محدود من الطلاب. أما إذا كانت تستمر لفترات طويلة، ولها جمهور كبير، فيجب على المعلم التعامل معها.

حتى يستطيع تحقيق الأهداف المرجوة، وذلك بالطرق التي سنتحدث عنها لاحقاً.

3- المشكلات الحادة التي تكون محدودة المدى والتأثير

وهي تلك المشكلات التي تنتج عن السلوكيات التي تعطل نشاطاً ما، أو تتعارض مع التعلم، ولكن حدوثها يقتصر على طالب واحد، أو عدد قليل من الطلاب، ولكنهم لا يتصرفون بشكل جماعي، ومن أمثلة هذه السلوكيات: قيام أحد الطلاب بعمل شيء غير الذي كلف به، عدم إنجاز أحد الطلاب مهامه بصفة مستمرة، عدم التزام أحد الطلاب بشكل مستمر بالقوانين والإجراءات المدرسية والصفية.

وعلى المعلم أن يتعامل مع مثل هذه المشكلات بالطرق التي سنتحدث عنها لاحقاً؛حتى يستطيع تحقيق الأهداف المرجوة.

4- المشكلات المتفاقمة أو المنتشرة

وتشمل هذه الفئة أية مشكلات بسيطة أو حادة أصبحت عامة، وتشكل تهديداً للعملية التعليمية، ومن أمثلتها: تجول العديد من الطلاب داخل غرفة الصف، واستمرار الجهر بالإجابة بدون إذن، ورفض التعاون، والرد على المعلم بطريقة غير لائقة.

وعلى المعلم أن يتعامل مع مثل هذه المشكلات بالطرق التي سنتحدث عنها لاحقاً؛حتى يستطيع تحقيق الأهداف المرجوة.

رابعاً: استراتيجيات معالجة المشكلات السلوكية الصفية

هناك العديد من الاستراتيجيات الكبرى التي يمكن استخدامها لمعالجة المشكلات الصفية، وتصنف هذه الاستراتيجيات إلى ما يلي:

1- استراتيجيات التدخلات البسيطة، ومن أمثلتها:

- التلميحات أو الإشارات غير اللفظية، كأن يضع المعلم أصبعه على فمه، أو يهز رأسه دلالة على الرفض، أو اللمس الخفيف لذراع الطالب أو كتفه.
- مواصلة النشاط التالي بسرعة، لأن بعض المشاكل الصفية تحدث عندما تكون هناك فترة طويلة بين النشاط والآخر.

- إعادة توجيه السلوك، وذلك من خلال توضيح ما يجب عـلى الطالـب أو الطلاب أن يفعلوه، كأن تقول مثلاً:

- يجب على كل طالب فيكم أن يكتب إجابات الأسئلة الثلاثة الأولى من أسئلة الفصـل الثالث في دفتره.

- يجب على كل طالب فيكم أن يجلس في مقعده بهدوء.

- تأكدوا من أن مجموعتكم تعمل على مناقشة خطة مشروعكم.

- إصدار الأمر بإيقاف السلوك غير المناسب، وإعادة توجيه السلوك المطلوب.

- إتاحة الفرصة للطالب للاختبار بين التوقف عن السلوك غير المرغوب، وبـين انتظـار تطبيق القوانين والإجراءات.

2- استراتيجيات التدخل المعتدل، ومن أمثلتها:

- التوقف عن منح الطلاب امتيازاً ما أو نشاطاً مرغوبا تكون قد اتفقت معهـم عليـه، كأن تكون قد سمحت للأصدقاء بالجلوس معاً، أو العمل مـع بعضهم في مهمـة مـا. فسحب هذا الامتياز يمكن أن يمارس الطلاب السلوك المطلوب، والكف عـن السـلوك غير المرغوب.

- إبعاد الطلاب أو نقلهم من أماكنهم

- استخدام الغرامة أو الجزاء، كأن تطلب من الطلاب المخالفين الجري مسافة إضافية في حصة التربية الرياضية، أو أن يحـل الطـلاب المخالفين تمارين إضافية في حصـة الرياضيات.

- توقيع جزاء الحجز في الصف في فترات الراحة.

- استخدام القوانين والإجراءات التي وضعتها المدرسة.

3- استراتيجيات التدخل الأوسع، ومن أمثلتها:

- استخدام العقد الفردي مع الطالب المخالف بعد مناقشته في المشكلة.

- الاجتماع بولي الأمر، وعرض المشكلة عليه، ومحاولة التعاون معاً لحلها.

- استخدام نظام وضع علامة x أمام الطالب الذي يقوم بسلوك غير مناسب وتوقيع الجزاء إذا تكرر منه السلوك.
- استخدام نموذج المعالجة الواقعية الذي وضعه وليام جلاسر، ويتم وضع نموذج جلاسر موضع التنفيذ من خلال الخطوات التالية:
- إقامة علاقات طيبة مع الطلاب، حتى يتبعوا توجيهاته.
- التركيز على السلوك غير المناسب، من خلال اجتماع يعقد مع الطالب.
- تقبل الطالب بمسئوليته عن هذا السلوك، وتورطه فيه.
- تقييم الطالب لهذا السلوك غير المناسب، وأثره عليه وعلى زملائه.
- وضع خطة مشتركة بين المعلم والطالب للعلاج.
- التزام الطالب بإتباع الخطة المتفق عليها.
- متابعة إنجاز الخطة من جانب المعلم.

4- استراتيجيات أخرى، ومن أمثلتها:

- الوقاية: من خلال وضع قواعد للنظام الصفي، وصياغة تعليمات صفية والاتفاق عليها، وجعل الطلاب مندمجين بأعمال مفيدة ، واستخدام تقنيات مختلفة،وإعطاء فترة راحة قصيرة تتخلل الأنشطة التعليمية، واختيار الأوقات المناسبة من اليوم الدراسي لإعطاء التعينيات الصعبة مثل أوقات الصباح حيث يكون الطلاب مستعدين لذلك.
- مدح السلوك المرغوب: حيث إن مدح الطلاب على السلوكيات المرغوبة مثل: مدح المعلم للطلاب الذين يجلسون في مقاعدهم أثناء الاستجابة لسؤال ما. و يجيبون عندما يؤذن لهم، قد يؤدي إلى إيقاف السلوك غير المرغوب.
- مدح الطلاب الآخرين: حيث يقوم المعلم بمدح طلاب الصف مجتمعين، ثم يقوم بمدح طالب ما لأدائه وممارسته عمل ما.
- الانضباط الذاتي: من قبل المعلم على أن يكون المعلم قدوة في كل تصرفاته

ثالثاُ: مهارة اختيار واستخدام وسائل وتكنولوجيا التعليم

من المهارات الأساسية الواجب توافرها في المعلم الناجح مهارة اختيار واستخدام وسائل وتكنولوجيا التعليم، ويحدد المعلم الوسيلة المناسبة لدرسه أساساً على طبيعة الدرس وأهدافه ومحتواه في مرحلة تخطيط الدرس وإعداده، من أجل مساعدة المتعلمين على بلوغ الأهداف المحددة للدرس. ويجب أن تكون الوسيلة مرتبطة بأهداف الدرس. وان تكون متكاملة مع طريقة التدريس، ومناسبة لمستويات المتعلمين، وأن يكون المعلم على معرفة سابقة بها، ويشارك في إعدادها المتعلمين وهناك العديد من الوسائل التعليمية التي يمكن للمعلم أن يستخدمها في تخطيطه للدرس وتنفيذه مثل النماذج والعينات، واللوحات، والسبورات، والصور، والرسوم، والخرائط، والأفلام، والشرائح، والتوضيحات التي يتضمنها الكتاب المدرسي والتسجيلات والإذاعة والتلفزيون بالإضافة إلى الوسائل التكنولوجية الخاصة باستخدام وعرض المواد التعليمية. وعليه أن يراعي الاعتبارات الواجب أخذها في الحسبان قبل وأثناء وبعد استخدام وسائل وتكنولوجيا التعليم المتنوعة.

رابعاً: مهارة استخدام الكتاب المدرسي

سيظل الكتاب المدرسي هو أحد المصادر الأساسية للتعليم، ولكنه ليس المصدر الوحيد؛ لأن الكتاب يستخدم كمرجع للمعلم والمتعلمين في إعداد الدروس. ويستطيع المعلم أن يوجه طلابه لاستخدام الكتاب المدرسي في تنمية مهاراتهم في القراءة والفهم والنقد والتفسير والتعبير عن أنفسهم وفقاً لضوابط يضعها المعلم.

أسئلة التقويم الذاتي

السؤال الأول: ضع علامة (√) أمام الإجابة الصحيحة لكل مما يأتي:

(1) الزمن المناسب للتهئية لحصة مدتها 40-50 دقيقة يجب أن يتراوح بين:

(أ) 2 – 4 دقائق ( )

(ب) 3-7 دقائق ( )

(ج) 3 – 5 دقائق ( )

(د) 4 – 8 دقائق ( )

(2) يُعـد التوقف عن منح الطلاب امتيازاً معيناً أو نشاطاً مرغوباً، كأحد استراتيجيات معالجـة المشكلات الصفيــة، تـدخـلاً من النوع:

أ- البسيط ( )

ب-المعتدل ( )

ج- الواسع ( )

د- الحـاد ( )

(3) تنتمي مشكلة تناول المتعلم لبعض قطع الحلوى إلى المشكلات:

(أ) التافهة. ( )

(ب)البسيطة. ( )

(ج)الحـادة. ( )

(د) المتفاقمة. ( )

(4) جميع الحلول الآتية تندرج تحت استراتيجيات التدخل الأوسع لمواجهة المشكلات الصفية ما عدا:

(أ)الاجتماع بولي أمر المتعلم. ( )

(ب) إيقاع الجزاء بعد تكرار السلوك. ( )

(ج) العـقد الفـردي مع المتعلم المخـالف بعد مناقشته في المشكلة.   (   )

(د) تخيير المتعلم بين التوقف عن السلوك أو انتظار تطبيق القوانيـن.   (   )

السؤال الثاني: " تُعد المشـكلات السـلوكية الصفية مـن أكـثر التحديات التي تواجـه العديد من المعلمين، وخاصة المبتدئين منهم، وإن عدم معرفة المعلم لأنواعها واسـتراتيجيات التعامل معها، تجعله لا يستطيع تأدية عمله بالكفاءة المطلوبة". في ضوء ذلك وضح مستعيناً بالأمثلة:

أ-   الأنواع الرئيسية لهذه المشكلات

ب- الأسـاليب المختلفة لاستراتيجية التدخلات البسيطة التي يمكنك استخدامها في معالجة المشكلات السلوكية الصفية.

السؤال الثالث: " تُعد مهارة تهيئة الطلاب وإثارة دافعيتهم مـن المهارات الرئيسـية التي ينبغي أن تتوافر في المعلم، حتى يسـتطيع تأديـة عملـه بكفـاءة ". في ضوء ذلك وضح أهمية مهارة التهيئة، والعوامـل التـي يجـب أن يختار في ضوئها المعلـم الأسلوب المناسب للتهيئة.

نشاط صفي (4)
- استعراض أحدث طرق التدريس الحديثة باستخدام الوسائل التكنولوجيا
- استخدام إحدى الطرق الحديثة في تنفيذ درس من الدروس
- استخدام طريقة التعليم الإلكتروني في وحدة من الوحدات

الفصل الخامس

طـرق التدريـس

معنى الطريقة في التدريس

الطريقة في المجال التربوي: هي الكيفية أو الأسلوب الذي يختاره المدرس ليساعد المتعلمين على تحقيق الأهداف التعليمية السلوكية، وهي مجموعة من الإجراءات والممارسات والأنشطة العلمية التي يقوم بها المعلم داخل الفصل بتدريس درس معين يهدف إلى توصيل معلومات وحقائق ومفاهيم للمتعلمين.

ويحتاج المعلم في هذا الشأن أن يكون قادراً على تقديم المادة وإثارة الاهتمامات والشرح والتمهيد والتوضيح والاستماع واختيار الاستجابات المناسبة من المتعلمين وتلخيصها وهي عمليات أساسية لابد أن يقوم بها المعلم، وتعتمد على خبرته وتجاربه وإعداده وتأهيله وإبداعه.

معايير اختيار الطريقة في التدريس

هناك العديد من العوامل والمتغيرات التي يمكن للمعلم أن يختار طريقة التدريس في ضوئها وهي:

1- الهدف التعليمي

إن لكل هدف من الأهداف طريقة خاصة بتدريسه، والأهداف التعليمية عامل أساسي يؤثر في قرارات المعلم المتصلة بالطريقة التي سوف يتبعها لتحقيق هذه الأهداف. فطريقة التدريس التي تستخدم في تدريس المعلومات أو الحقائق تختلف عن الطريقة التي تتبع في تدريس المفاهيم والاتجاهات والمهارات، فإذا كان المعلم يهدف إلى إكساب المتعلمين بعض المفاهيم أو تكوينها لديهم، فإذن يمكن أن يستخدم التعليم عن طريق الاكتشاف كمدخل في التدريس، وإذا كان يهدف إلى تحصيل المتعلمين مقداراً من الحقائق فيمكن أن يستخدم طريقة الإلقاء أو القراءات الخارجية.

2- طبيعة المتعلم

بمعنى أن تكون الطريقة المختارة مناسبة لمستوى المتعلمين وقادرة على جذب انتباه وتنشيط تفكيرهم ومتناسبة مع خبراتهم السابقة، وأن يراعي الفروق الفردية الموجودة بينهم - فالأفراد لا يختلفون عن بعضهم البعض فقط ولكنهم يختلفون -أيضاً- عن أنفسهم من وقت لأخر فما ينطبق على المتعلمين في هذا الموقف قد لا ينطبق عليهم في موقف آخر ووقت لاحق - فالطريقة التي تناسب مجموعة معينة من المتعلمين قد لا تتناسب مع مجموعة أخرى.

3- طبيعة المادة

يجب أن تتلاءم الطريقة مع محتوى المادة الدراسية إذ يجب التعرف على محتوى المادة الدراسية ومستوى صعوبتها ونوع العمليات التي يتطلبها فهم هذا المحتوى قبل التخطيط لطريقة تدريس معينة.

ولذلك تختلف المواد من حيث طبيعتها من مجال إلى آخر، فالتاريخ مثلاً تضمن حقائق وأهداف تنتمي إلى الماضي، ولا يمكن إثباتها تجريبياً في المعمل ولكن معرفتها تتم عن طريق التحقيق والدراسة والنقد والتحليل للوثائق التاريخية ولذلك تختلف طرق تدريس التاريخ عن طريق تدريس العلوم التي يمكن أن تتم في المعامل من خلال التجارب المعملية.

4- خبرة المعلم (نظرة المعلم إلى التعليم)

يختلف أداء المعلم لطريقة التدريس باختلاف كفاءته ومهاراته وبحسب شخصيته ولكل معلم أسلوبه الخاص في التدريس، وكذلك فإن الطريقة التي تناسب معلماً ما قد لا تكون مناسبة مع معلم آخر، وتتحدد طريقة التدريس التي يختارها بنظرته إلى عملية التعليم ونوع الفلسفة التربوية التي يستخدمها، فإذا كان يرى أن التعليم عملية ذاتية يقوم

بها المتعلم فإن طريقته في التدريس سوف تنسجم مع هذه الطريقة. ولذلك يجب التنوع في طرق التدريس وأساليبه حتى يؤدي ذلك إلى اهتمام المتعلمين ودافعيتهم.

مميزات الطريقة الجيدة في التدريس ما يلي:

1- تراعي المتعلم ومراحل نموه وميوله.

2- نستند على نظريات التعلم وقوانينه.

3- تراعي خصائص النمو للمتعلمين الجسمية والعقلية.

4- تراعي الأهداف التربوية التي نرجوها من المتعلم.

5- تراعي الفروق الفردية بين المتعلمين.

6- تراعي طبيعة المادة الدراسية وموضوعاتها.

وفي ضوء أهمية طرق التدريس، يتضح أن هناك طرقاً عديدة يمكن استخدامها لتسهيل عملية التعلم وهي طرق فردية وطرق جماعية مع الإشارة أنه لا توجد طريقة مثلى للتدريس وربما يقوم المدرس باختيار وتنويع الطريقة المناسبة وفقاً لأهداف الدرس ومستويات المتعلمين ونوعية المحتوى الذي يدرسه الإمكانات المادية والبشرية المتاحة.

طريقة الإلقاء (المحاضرة)

هي من أقدم طرق التدريس، وكانت مرتبطة بعدم وجود كتب تعليمية، والكبار هم الذين يقومون بالتعليم للصغار وهي لا تزال من أكثر الطرق شيوعاً حتى الآن.

طريقة المحاضر هي عبارة عن قيام المعلم بإلقاء المعلومات والمعارف على المتعلمين في كافة الجوانب وتقديم الحقائق والمعلومات التي قد يصعب الحصول عليها بطريقة أخرى.

خطوات الطريقة الإلقائية

حددها العالم (هر بارت) وطلابه فيما يلي:

1- **المقدمة أو التمهيد:** الغرض منها إعداد عقول المتعلمين للمعلومات الحديثة وتهيئتها للموضوع الجديد من خلال تذكيرهم بالدرس السابق.

2- **العرض:** ويتضمن موضوع الدرس كله من حقائق وتحارب وصولاً إلى استنباط القواعد العامة والحكم الصحيح، لذا فإنها تشمل على الجزء الأكبر من الزمن المخصص للدرس.

3- **الربط:** الغرض منه أن يبحث المعلم عن الصلة بين الجزئيات (المعلومات) ويوازن بين بعضها البعض حتى يكون المتعلمين على بينة من هذه الحقائق، وقد تدخل هذه الخطوة عادة مع المقدمة والعرض.

4- **الاستنباط:** وهي خطوة يمكن الوصول إليها بسهولة إذا سار المعلم في الخطوات السابقة بطريق طبيعي، إذ بعد أن يفهم المتعلمين الجزئيات يمكنهم الوصول إلى القوانين العامة والتعميمات واستنباط القضايا الكلية.

5- **التطبيق:** وفيها يستخدم المعلم ما وصل إليه من تعميمات وقوانين ويطبقها على جزئيات جديدة، حتى يتأكد من ثبوت المعلومات إلى أذهان المتعلمين، ويكون هذا التطبيق في صورة أسئلة.

وهذه الطريقة تقوم عموماً على الشرح والإلقاء من المعلم، والإنصات والاستماع من جانب المتعلمين والاستظهار استعداداً للامتحان.

من صور الطريقة الإلقائية

1- **المحاضرة:** وهي تناسب الكبار حيث لا تقوم فيها مناقشات ولا يثار أسئلة إلا في نهاية المحاضرة وبناء على ذلك لاتناسب التعليم الابتدائي أو الثانوي إلا في مرحلته الأخيرة وهي تصلح في بعض المواد دون الأخرى.

2- **الشرح:** المقصود به توضيح وتفسير ما غمض على المتعلمين فهمه، ويتوقف جودته على حسن اللغة والألفاظ والتعبيرات السهلة، وإظهار النقاط الرئيسية

في الموضوع. والانتقال من السهل إلى الصعب ومن المعلوم إلى المجهول ومن الكل إلى الجزء والتدرج من الجزئيات إلى الكليات ومن العملي إلى النظري. ومن المحسوس إلى المعقول..

3- **الوصف**: وهو من وسائل الشرح والإيضاح اللفظي في حالة تعذر وجود وسيلة تعليمية، ويتم ذلك في مختلف المواد، على أن تكون المادة واضحة في ذهن المعلم نفسه مع سهولة اللغة.

4- **القصص**: القصص في التدريس تساعد على جذب انتباه المتعلم وتشويقه وتساعد على نقل المعلومات والحقائق بطريقة شيقة، ويربي الأطفال خلقياً وتؤدي إلى الحيوية والنشاط في الدروس الجامدة، وهناك القصص التاريخية، والقصص الخيالية وعلى ألسنة الحيوان.

أثر الإلقاء في نتائج التعلم

يعتبر الإلقاء الجيد كوسيلة لنقل المعلومات أكثر فاعلية من قراءة هذه المعلومات في الكتب، وذلك لأن الإلقاء يتيح الفرصة للتعبير عن المعنى بالإشارة والصورة كما أنه يسهل معه حصر الانتباه، وتتوافر معه الفرصة أمام المتعلمين للاستفهام أمام الدرس لإزالة أي فهم خاطئ، ويتطلب طريقة الإلقاء مهارة كافية من القائم بتنفيذها واستخدامها مثل الطلاقة في الحديث واللباقة.

نقد طريقة الإلقاء

المميزات:

1- تمتاز الطريقة الإلقائية بصفة عامة: بسهولة التطبيق، وبموافقتها لمختلف مراحل التعليم باستثناء طريقة التحضر التي توافق خصيصاً طلاب الجامعة أو كبار السن بصفة عامة.

2- تمتاز طريقة المحاضر باتساع نطاق المعرفة، وبتقديم معلومات جديدة من هنا وهناك مما يساعد في إثراء معلومات الحاضرين.

3- تفيد طريقة الشرح في توضح النقاط الغامضة ويساعد الوصف كذلك في خدمة هذا الغرض، وثبوت الأفكار في الذهن.

4- تعتبر طريقة الوصف مناسبة لتطبيقها في مختلف ميادين المعرفة، وتمتاز طريقة القصص بأنها تشد انتباه المتعلمين وتزيد من تركيزهم واهتمامهم بموضوع الدرس.

العيوب:

1- تسبب هذه الطريقة إجهاد وإرهاق المعلم حيث أنه يلُقى عليه العبء طوال المحاضرة.

2- موقف المتعلم في هذه الطريقة موقف سلبي في عملية التعلم، وتنمي هذه الطريقة عند المتعلم صفة الاتكال والاعتماد على المعلم الذي يعتبر مع الكتاب المدرسي وملخصاته مصدراً للعلم والمعرفة.

3- تؤدي هذه الطريقة إلى شيوع روح الملل بين المتعلمين حيث أنها تميل للاستماع طوال المحاضرة وتحرم المتعلم من الاشتراك الفعلي في تحديد أهداف الدرس ورسم خطته وتنفيذها.

4- أن هذه الطريقة تغفل ميول المتعلمين ورغباتهم والفروق الفردية بينهم إذ يعتبر المتعلمين سواسية في عقولهم التي تستقبل الأفكار الجديدة.

5- تهتم هذه الطريقة بالمعلومات وحدها وتعتبرها غاية في ذاتها وبذلك تغفل شخصية المتعلم في جوانبها الجسمية والوجدانية والاجتماعية والانفعالية.

6- تنظر هذه الطريقة إلى المادة التعليمية على أنها مواد منفصلة لفظية، لا على أنها خبرات متصلة، ولا تؤدي إلى اكتساب المهارات والعادات والاتجاهات والقيم.

7- هذه الطريقة تجعل المعلم يسير على وتيرة واحدة وخطوات مرتبة ترتيباً منطقياً لا يحيد عنه، مما يؤدي في كثير من الأحيان إلى السأم والملل.

8- أنها طريقة وثيقة الصلة بمفهوم ديكتاتوري عن السلطة إذا أن المعلم في هذه الطريقة هو وحده المالك للمعرفة والمتعلم فيها مسلوب الإرادة عليه أن يسمع ويلتزم الطاعة.

الأساليب الفعالة في الإلقاء:

على الرغم من أن الاتجاه السائد هو اعتبار طريقة الإلقاء من أقدم الطرق التعليمية إلا أن ثمة إرشادات تجعل منها طريقة فعالة ومن هذه الإرشادات ما يلي:

1- أن يقوم المعلم بإثارة حب الاستطلاع لدى طلابه، وإعطاء المتعلمين فكرة عن عناصر الموضوع.

2- تكيف سرعة العرض حسب قدرة المتعلمين على المتابعة وتسجيل الملاحظات.

3- طرح أسئلة على المتعلمين بين فترة وأخرى للتأكد من مدى فهمهم ومتابعتهم للدرس.

4- أن يكون صوت المعلم طبيعياً وعادياً وأن يحاول النظر إلى جميع المتعلمين أثناء الإلقاء.

5- الاهتمام باستخدام الوسائل التعليمية المعينة على التوضيح وكسر الملل بين المتعلمين.

6- تثبيت العناصر الأساسية للدرس على السبورة لكي يستطيع المتعلمين متابعة ما يقال.

7- عدم الإكثار من الخروج عن الموضوع لأن ذلك يشتت انتباه المتعلمين.

8- عدم التأثر والانفعال في حالة انصراف المتعلمين وتشتت انتباههم لأن ذلك يبدو طبيعياً أحياناً.

9- محاولة عمل اختبارات قصيرة للمتعلمين في نهاية الحديث أو بداية الحصة الثانية لكي يكون ذلك محفزاً للمتعلمين لمتابعة ما يلقي عليهم بصورة جدية.

طريقة المناقشة

هي عبارة عن أسلوب يكون فيه المدرس والمتعلمين في موقف إيجابي حيث أنه يتم طرح القضية أو الموضوع ويتم بعده تبادل الآراء المختلفة لدى المتعلمين ثم يعقب المدرس على ذلك بما هو صائب وبما هو غير صائب ويبلور كل ذلك في نقاط حول الموضوع أو المشكلة.

وقد استخدمت أشكال مختلفة للعمل التعاوني تشجع المتعلمين على تحمل المسئولية في تعلمهم وكان أول هذه الأشكال (التسميع الجماعي) الذي يقتضي بأن يشترك المتعلمين جميعاً في مناقشة الموضوع وأن يرأس أحدهم المناقشة، وتأخذ هذه الطريقة في أساليبها أشكالاً متعددة كالندوات واللجان والجماعات الصغيرة، وتمثيل الأدوار والتمثيل التلقائي للمشكلات الاجتماعية، وتستخدم هذه الطريقة عادة لتنمية المهارات المعرفية والاتجاهات والمشاعر.. وهناك ثلاثة أنواع للمناقشة هي:

- المناقشة الحرة، والمناقشة المضبوطة جزئياً، والمناقشة المضبوطة كلياً.

خطوات تنفيذ المناقشة

1- الاهتمام بتحديد الميعاد والمكان التي سوف يتم فيه المناقشة.

2- تحديد موضوع المناقشة وتوضيح أهدافه.

3- تدريب المتعلمين على طريقة التفكير السليم والتعبير عن الرأي الخاص بهم.

4- اختيار أحسن المراجع المناسبة لجمع المادة العلمية الخاص بالموضوع وهو موضوع المناقشة.

5- تنظيم مادة المناقشة تنظيماً تربوياً سليماً.

6- الاهتمام بكتابة عناصر الموضوع على السبورة.

7- الالتزام الكلي بالحضور قبل بدء المناقشة.

8- عدم السخرية من المتعلمين الذين لا يوافقون في التعبير عن رأيهم تعبيراً صحيحاً.

9- حسن استخدام الضبط والربط داخل قاعة المناقشة.

نقد هذه الطريقة

أولاً: المزايا

1- إن هذه الطريقة تشجع المتعلمين على احترام بعضهم البعض وتنمي عند الفرد روح الجماعة.

2- خلق الدافعية عند المتعلمين بما يؤدي إلى نموهم العقلي والمعرفي من خلال القراءة استعداداً للمناقشة.

3- أنها تجعل المتعلم مركز العملية التعليمية بدلاً من المعلم وهذا ما يتفق والاتجاهات التربوية الحديثة.

4- أنها وسيلة مناسبة لتدريب المتعلمين على أسلوب الشورى والديمقراطية، ونمو الذات من خلال القدرة على التعبير عنها، والتدريب على الكلام والمحادثة.

5- تشجيع المتعلمين على العمل والمناقشة الحرة لإحساسهم بالهدف من الدرس والمسئولية التعاونية.

ثانياً: العيوب

1- احتكار عدد قليل من المتعلمين للعمل كله.

2- عدم الاقتصاد في الوقت، لأنه قد تجري المناقشة، بأسلوب غير فعال مما يؤدي إلى هدر في الوقت والجهد.

3- التدخل الزائد من المعلم في المناقشة، وطغيان فاعلية المعلم في المناقشة على فاعلية التدريس.

4- احتمال زوال أثر المعلم في هذه الطريقة كونه سيكون مراقباً ومرشداً فقط.

5- اهتمام المعلم والمتعلمين بالطريقة والأسلوب دون الهدف من الدرس، كما أن تلخيص الدرس وترابط المعلومات في هذه الطريقة يكون غير موجود.

دور المعلم ومسئوليته

للمعلم دور كبير وأساسي في المناقشة ويتأتى هذا الدور من خلال اضطلاعه المسئوليات الزمنية مثل:

1- مساعدة المتعلمين في عدم الخروج عن موضوع المناقشة.

2- معاونة المتعلمين على استخدام كل المادة المتصلة بالمناقشة.

3- المحافظة على سير المناقشة نحو الأهداف المتفق عليها.

طريقة الحوار (الطريقة السقراطية)

أول من استخدم هذه الطريقة (سقراط) وهي طريقة تقوم على مرحلتين: الأولى التهكم وبوساطتها يتمكن سقراط من أن يزعزع ما في نفس صاحبه من اليقين الذي يعتقده والذي لا أساس له، تم التوليد، توليد الأفكار الجديدة.

وتتكون الطريقة الحوارية من ثلاث مراحل:

1- **مرحلة اليقين:** الذي لا أساس له من الصحة وهي مرحلة يراد بها إظهار جهل الخصم وغروره وادعائه العلم.

2- **مرحلة الشك:** وهي مرحلة إثارة التساؤلات والإجابة عنها حتى تظهر للمتكلم جهله ويقع في حيرة وأن المعلومات السابقة لديه غير يقينية.

3- **مرحلة اليقين بعد الشك:** وهي مرحلة يقصد منها البحث من جديد في الموضوع ومعرفة الأمثلة التي توضح الحقيقة وتميزها من غيرها، وهي مرحلة تقوم على أساس الإدراك العقلي لا على أساس التصديق الساذج.

إمكانية تطبيق هذه الطريقة

إذا طبقنا هذه الطريقة في مدارسنا الحالية يتحول المدرس إلى محاور وينزل المدرس إلى مستوى المتعلمين تاركاً للمتعلم الحرية في إبداء أرائه وإظهار ما يجول بخاطره، وإن في هذه الطريقة من الحرية والتبسيط وعدم التكلف والسرور ما يجعلها موافقة لصغار الأطفال، على أن استعمالها مع الكبار له فائدة ففيها شيء من التغيير وتحتاج في تنفيذها إلى مهارة وصدق.

طريقة العرض العملي

وهذه الطريقة تعد من الطرق التقليدية التي تستخدم في حجرات الدرس، وتستخدم بصورة متفاوتة في معظم المدارس الفنية وأقسام التدريب الصناعي. وفيها يتم البدء من الكل إلى الجزء ومن العموميات إلى الخصوصيات، ومن القاعدة إلى التطبيق. ويتم الوصول إلى حل مشكلة التعلم من خلال قياس نتائج المتعلم على ضوء الموضوع المشاهد أمامه، وتقاس هذه النتيجة بمدى قرب أو بعد النتيجة التي توصل إليها المتعلم بمطابقتها على ما شاهده في الموقف التعليمي.

مراحل استخدام العرض العملي

تستخدم طريقة العرض العملي وفقاً لثلاث مراحل متتابعة هي:

أ- **المقدمة:** وفيها يحدد المعلم الهدف من موضوع التعلم.

ب- **مرحلة عرض الموضوع:** وفيها يقوم المعلم بعرض الموضوع ويشاهده المتعلمين، ويتم فيها الرد عن استفسارات وأسئلة المتعلمين، ويتخللها مجموعة من الأنشطة المدعمة لموقف المشاهدة.

ج- **مرحلة التثبيت والدمج:** وفيها يقوم المتعلم بتكرار الخطوات التي قام بها المعلم في المرحلة السابقة، وتُراجع وتُختبر وفقاً لما شاهده المتعلم أثناء عرض المعلم.

وهذه الطريقة تعد من الطرق المثلى في تدريب المتعلمين ذوي المستويات المتوسطة ودون المتوسطة، ومع المعلمين الذين لم يتلقوا تدريباً وليس لديهم خبرات في مجال التدريس. ويطلق على هذه الطريقة عدة مسميات مثل الطريقة القياسية، وطريقة عرض البيان في الدرس وغيرها.

طريقة القصة في التدريس

تعد طريقة التدريس القائمة على تقديم المعلومات والحقائق بشكل قصصي، من الطرق التقليدية التي تندرج تحت مجموعة العرض، وهذه الطريقة تعد من أقدم الطرق التي استخدمها الإنسان لنقل المعلومات والعبر إلى الأطفال، وهي من الطرق المثلى لتعليم المتعلمين خاصة الأطفال منهم، كونها تساعد على جذب انتباههم وتكسبهم الكثير من المعلومات والحقائق التاريخية، والخلفية، بصورة شيقة وجذابة.

شروط استخدام طريقة القصة في التدريس

لاستخدام الطريقة القصصية في التدريس هناك مجموعة من الشروط التي ينبغي على المعلم مراعاتها عند التدريس بهذه الطريق، هي:

أ- أن يكون هناك ارتباط بين القصة وبين موضوع الدرس.

ب- أن تكون القصة مناسبة لعمر المتعلمين ومستوى نضجهم العقلي.

ج- أن تدور القصة حول أفكار ومعلومات وحقائق يتم من خلالها تحقيق أهداف الدرس. مع تركيز المعلم على مجموعة المعلومات والحوادث التي تخدم تلك الأهداف، بحيث لا ينصرف ذهن المتعلم إلى التفصيلات غير الهامة ويبتعد عن تحقيق الغرض المحدد للقصة.

د- أن تكون الأفكار والحقائق والمعلومات المتضمنة في القصة قليلة حتى لا تؤدي كثرتها إلى التشتت وعدم التركيز.

هـ- أن تقدم القصة بأسلوب سهل وشيق يجذب انتباه المتعلمين ويدفعهم إلى الإنصات والاهتمام.

و- إلا يستخدم المعلم هذه الطريقة في المواقف التي لا تحتاج إلى القصة.

ز- أن تكون الحوادث المقدمة في إطار القصة متسلسلة ومتتابعة. وان تبتعد عن الحوادث والمعاني التي تصور المواقف تصويراً حسياً.

ح- أن يستخدم المعلم أسلوب تمثيل الموقف بقدر الإمكان، ويستعين بالوسائل التعليمية المختلفة التي تساعده على تحقيق مقاصده من هذه القصة.

وفي ضوء هذه الشروط يتبين أن إتباع الطريقة القصصية في التدريس يتطلب أن يكون المعلم مزوداً بقدر من القصص التي تتناسب مع مستوى تلاميذ المرحلة التي يعمل بها وترتبط بموضوعات المنهج المقرر.

كما يتضح أن هذه الطريقة يمكن أن تستخدم في المواد الاجتماعية وخاصة في دروس التاريخ، وفي بعض فروع اللغة العربية والتربية الإسلامية.

طريقة حل المشكلات

المشكلة بشكل عام معناها: هي حالة شك وحيرة وتردد تتطلب القيام بعمل بحث يرمي إلى التخلص منها وإلى الوصول إلى شعور بالارتياح، ويتم من خلال هذه الطريقة صياغة المقرر الدراسي كله في صورة مشكلات يتم دراستها بخطوات معينة.

والمشكلة: هي حالة يشعر فيها المتعلمين بأنهم أمام موقف قد يكون مجرد سؤال يجهلون الإجابة عنه أو غير واثقين من الإجابة الصحيحة، وتختلف المشكلة من حيث طولها ومستوى الصعوبة وأساليب معالجتها، ويطلق على طريق حل المشكلات

(الأسلوب العملي في التفكير) لذلك فإنها تقوم على إثارة تفكير المتعلمين وإشعارهم بالقلق إزاء وجود مشكلة لا يستطيعون حلها بسهولة ويتطلب إيجاد الحل المناسب لها قيام المتعلمين بالبحث لاستكشاف الحقائق التي توصل إلى الحل.

ويشترط أن تكون المشكلة المختارة للدراسة تتصف بما يلي:

1- أن تكون مناسبة لمستوى المتعلمين.

2- أن تكون ذات صلة قوية بموضوع الدرس.

3- أن تكون متصلة بحياة المتعلمين وخبراتهم السابقة

وعلى المدرس إرشاد وحث المتعلمين على المشكلة عن طريق: حث الطلاب على القراءة الحرة والإطلاع على مصادر المعرفة المختلفة من الكتب والمجلات وغير ذلك، وأن يعين المتعلمين على اختيار أو انتقاء المشكلة المناسبة وتحديدها وتوزيع المسئوليات بينهم كل حسب ميوله وقدراته. كما أنه يقوم بتشجيع المتعلمين على الاستمرار ويحفزهم على النشاط في حالة تهاونهم، وتهيئ لهم المواقف التعليمية التي تعينهم على التفكير إلى أقصى درجة ممكنة، ولابد أن يصاحب هذه الطريقة عملية تقويم مستمر من حيث مدى تحقق العرض والأهداف ومن حيث مدى تعديل سلوك المتعلمين وإكسابهم معلومات ومهارات واهتمامات واتجاهات وقيم جديدة مرغوبة فيها. (والمشكلات مثل: الانفجار السكاني، مشكلة الأمية، البطالة) وغيرها.

خطوات الطريقة

1- الإحساس بوجود مشكلة وتحديدها

ويكون دور المعلم في هذه الخطوة هو اختيار المشكلة التي تناسب مستوى نضج المتعلمين والمرتبطة بالمادة الدراسية.

2- **فرض الفروض**

وهي التصورات التي يضعها المتعلمين بإرشاد المعلم لحل المشكلة وهي الخطوة الفعالة في التفكير وخطة الدراسة، وتتم نتيجة الملاحظة والتجريب والإطلاع على المراجع والمناقشة والأسئلة وغيرها.

3- **جمع البيانات والمعلومات حول المشكلة موضوع الدراسة**

4- **اختبار صحة الفروض**

ومعناها تجريب الفروض واختيارها واحداً بعد الأخر، حتى يصل المتعلمين للحل، باختيار أقربها للمنطق والصحة أو الوصول إلى أحكام عامة مرتبطة بتلك المشكلة.

5- **الوصول إلى أحكام عامة (التطبيق)**

أي تحقيق الحلول والأحكام التي تم التوصل إليها للتأكد من صحتها.

مزايا وعيوب طريقة المشكلات

أولاً: المزايا

1- تنمية اتجاه التفكير العلمي ومهاراته عند المتعلمين.

2- تدريب المتعلمين على مواجهة المشكلات في الحياة الواقعية.

3- تنمية روح العمل الجماعي وإقامة علاقات اجتماعية بين المتعلمين.

4- أن طريقة حل المشكلات تثير اهتمام المتعلمين وتحفزهم لبذل الجهد الذي يؤدي إلى حل المشكلة.

ثانيا: العيوب

1- صعوبة تحقيقها.

2- قلة المعلومات أو المادة العلمية التي يمكن أن يفهمها الطلاب عند استخدام هذه الطريقة.

3- قد لا يوفق المعلم في اختيار المشكلة اختياراً حسناً، وقد لا يستطيع تحديدها بشكل يتلاءم ونضج المتعلمين.

4- تحتاج إلى الإمكانات وتتطلب معلماً مدرباً بكفاءة عالية.

طريقة المشروعات

تعريف المشروع: هو أي عمل ميداني يقوم به الفرد ويتسم بالناحية العلمية وتحت إشراف المعلم ويكون هادفاً ويخدم المادة العلمية، وأن يتم في البيئة الاجتماعية.

وقد عرفه المربي الأمريكي (وليام كلباترك) بأنه: الفعالية المقصودة التي تجري في وسط اجتماعي متصل بحياة الأفراد.

ويمكن القول أن تسمية هذه الطريقة بالمشروعات لأن المتعلمين يقومون فيها بتنفيذ بعض المشروعات التي يختارونها بأنفسهم ويشعرون برغبة صادقة في تنفيذها. لذلك فهي أسلوب من أساليب التدريس والتنفيذ للمناهج الموضوعة بدلاً من دراسة المنهج بصورة دروس يقوم المعلم بشرحها وعلى المتعلمين الإصغاء إليها ثم حفظها هنا يكلف المتعلم بالقيام بالعمل في صورة مشروع يضم عدداً من وجوه النشاط ويستخدم المتعلم الكتب وتحصيل المعلومات أو المعارف وسيلة نحو تحقيق أهداف محددة لها أهميتها من وجهة نظر المتعلم.

أنواع المشروعات

قسم (كلبا ترك) المشروعات إلى أربعة أنواع هي:

1- مشروعات بنائية (إنشائية)

وهي ذات صفة علمية، تتجه فيها المشروعات نحو العمل والإنتاج أو صنع الأشياء (صناعة الصابون، الجبن، تربية الدواجن، وإنشاء حديقة... الخ).

2- مشروعات استمتاعية

مثل الرحلات التعليمية، والزيارات الميدانية التي تخدم مجال الدراسة ويكون المتعلم عضواً في تلك الرحلة أو الزيارة كما يعود عليه بالشعور بالاستمتاع ويدفعه ذلك إلى المشاركة الفعلية.

3- مشروعات في صورة مشكلات

وتهدف لحل مشكلة فكرية معقدة، أو حل مشكلة من المشكلات التي يهتم بها المتعلمين أو محاولة الكشف عن أسبابها، مثل مشروع تربية الأسماك أو الدواجن أو مشروع لمحاربة الذباب والأمراض في المدرسة وغير ذلك.

4- مشروعات يقصد منه كسب مهارة

والهدف منها اكتساب بعض المهارات العلمية أو مهارات اجتماعية مثل مشروع إسعاف المصابين.

خطوات تطبيق المشروع

1- اختيار المشروع

وهي أهم مرحلة في مراحل المشروع إذ يتوقف عليها مدى جدية المشروع ولذلك: يجب أن يكون المشروع متفقاً مع ميول المتعلمين، وأن يعالج ناحية هامة في حياة المتعلمين، وأن يؤدي إلى خبرة وفيرة متعددة الجوانب، وأن يكون مناسب لمستوى المتعلمين، وأن تكون المشروعات المختارة متنوعة، وتراعي ظروف المدرسة والمتعلمين، وإمكانيات العمل.

2- التخطيط للمشروع

إذ يقوم المتعلمين بإشراف معلمهم بوضع الخطة ومناقشة تفاصيلها من أهداف وألوان النشاط والمعرفة ومصادرها والمهارات والصعوبات المحتملة، ويدون في الخطة وما

يحتاج إليه في التنفيذ، ويسجل دور كل متعلم في العمل، على أن يقسم المتعلمين إلى مجموعات، وتدون كل مجموعة عملها في تنفيذ الخطة، ويكون دور المعلم في رسم الخطة هو الإرشاد والتصحيح وإكمال النقص فقط.

3- التنفيذ

وهي المرحلة التي تنقل بها الخطة والمقترحات من عالم التفكير والتخيل إلى حيز الوجود، وهي مرحلة النشاط والحيوية، حيث يبدأ المتعلمين الحركة والعمل ويقوم كل متعلم بالمسئولية المكلف بها، ودور المعلم تهيئة الظروف وتذليل الصعوبات كما يقوم بعملية التوجيه التربوي ويسمح بالوقت المناسب للتنفيذ حسب قدرات كل منهم.

وبلا حظهم أثناء التنفيذ وتشجيعهم على العمل والاجتماع معهم إذا دعت الضرورة لمناقشة بعض الصعوبات ويقوم بالتعديل في سير المشروع.

4- التقويم

تقويم ما وصل إليه المتعلمين أثناء تنفيذ المشروع.

والتقويم عملية مستمرة مع سير المشروع منذ البداية وأثناء المراحل السابقة، إذ في نهاية المشروع يستعرض كل متعلم ما قام به من عمل، وبعض الفوائد التي عادت عليه من هذا المشروع، وأن يحكم المتعلمين على المشروع من خلال التساؤلات الآتية:

1- إلى أي مدى أتاح لنا المشروع الفرصة لنمو خبراتنا من خلال الاستعانة بالكتب والمراجع؟

2- إلى أي مدى أتاح لنا المشروع الفرصة للتدريب على التفكير الجماعي والفردي في المشكلات الهامة.

3- إلى أي مدى ساعد المشروع على توجيه ميولنا واكتساب ميول اتجاهات جديدة مناسبة.

ويمكن بعد عملية التقويم الجماعي أن تعاد خطوة من خطوات المشروع أو إعادة المشروع كله بصورة أفضل، بحيث يعملون على تلافي الأخطاء السابقة.

مميزات وعيوب طريقة المشروع

المميزات

1- الموقف التعليمي: في هذه الطريقة يستمد حيويته من ميول وحاجات المتعلمين وتوظيف المعلومات والمعارف التي يحصل عليها الطلاب داخل الفصل، حيث أنه لا يعترف بوجود مواد منفصلة.

2- يقوم المتعلمين بوضع الخطط ولذا يتدربون على التخطيط، كما يقومون بنشاطات متعددة تؤدي إلى إكسابهم خبرات جديدة متنوعة.

3- تنمي بعض العادات الجيدة عند المتعلمين: مثل تحمل المسئولية، التعاون، الإنتاج، التحمس للعمل، الاستعانة بالمصادر والكتب والمراجع المختلفة.

4- تتيح حرية التفكير وتنمي الثقة بالنفس، وتراعي الفروق الفردية بين المتعلمين حيث أنهم يختارون ما يناسبهم من المشروعات بحسب ميولهم وقدراتهم.

العيوب:

1- صعوبة تنفيذه في ظل السياسة التعليمية الحالية، لوجود الحصص الدراسية والمناهج المنفصلة، وكثرة المواد المقررة.

2- تحتاج المشروعات إلى إمكانات ضخمة: حيث الموارد المالية، وتلبية متطلبات المراجع والأدوات والأجهزة وغيرها.

3- افتقار الطريقة إلى التنظيم والتسلسل: فتكرر الدراسة في بعض المشروعات فكثير ما يتشعب المشروع في عدة اتجاهات مما يجعل الخبرات الممكن الحصول عليها سطحية غير منتظمة.

4- المبالغة في إعطاء الحرية للمتعلمين، وتركيز العملية التعليمية حول ميول المتعلمين وترك القيم الاجتماعية والاتجاهات الثقافية للصدفة وحدها.

طريقة التعيينات

وهي من الطرق التي توجه أهمية كبيرة للمادة التعليمية، وهي تعالج عيوب المنهج التقليدي وقد أنشأت هذه الطريقة (هيلين باركهرست 1920) وطبقتها في مدرسة بمدينة (دالتن) الأمريكية.

علاقة الطريقة بالجوانب العلمية التربوية

1- **المقرر الدراسي:** لا تتعرض هذه الطريقة للمقرر الدراسي الذي يستخدم في المدرسة، إذ تحتفظ المدرسة بمقرر الدراسة المألوف كما تحتفظ بنظام سنوات الدراسة، ويقسم المقرر الدراسي أقساماً بعدد شهور السنة كواجبات أو تعيينات شهرية لمختلف المواد الدراسية، وتحدد فيها الأنشطة المطلوب من المتعلم القيام بها من قراءة وإجابة على أسئلة، ورسم وغير ذلك.. وتوزع التعيينات في الشهر الأول من العام الدراسي على مختلف المتعلمين على أن يتعهد المتعلمين البدء في الدراسة وإنجازها في الوقت المحدد.

ويشمل كل تعيين على موضوع معين وضعت له مقدمة أو تمهيداً، ثم إرشادات يساعد المتعلمين على البدء في الدراسة، وتوجيهات بشأن السير في العمل، وأسئلة مشكلات يتطلب من المتعلمين حلها. وقد يُطلب من المتعلم استخلاص معلومات من مراجع، كما قد يتطلب منه إعداد رسوم بيانية أو تفسير لبعض الصور ورسم لبعض الخرائط، أو إجراء بعض التجارب أو تصميم بعض الأجهزة وكتابة بعض التقارير، ويتحمل المتعلم مسئولية تنظيم وقته في إنجاز التعيينات الشهرية في المواد المختلفة.

2- **الفرق الدراسية:** أبقت هذه الطريقة على نظام الفرق الدراسية، فكل مجموعة من المتعلمين، يتألف منهم فرقة دراسية، ويعتبر المعلم مسئولاً عنها كمجموعة، ويستطيع المعلم أن يجمع تلاميذ فرقة ما لبعض الأعمال أو المناقشة الذي قد يرى أن تدريسها بطريقة جماعية يؤدي إلى إنتاج أفضل لو درست بطريقة فردية.

3- **الفصول:** مع الإبقاء على نظام الفرق الدراسية فقد ألغت نظام الفصول بصورها المعهودة، وأحلت مكانها ما يسمى (المعامل) وزود كل معمل بالأجهزة والمراجع الأطالس والقواميس والمصورات والخرائط والنماذج وكافة ما يلزم لدراسة المادة في معملها.

4- **الجدول المدرسي:** لقد استغنت هذه الطريقة عن الجدول الدراسي بصورته المعهودة إذ يحضر المتعلمين في ساعة معينة في الصباح، ثم بعين كل متعلم للعمل الذي يفضل أن يبدأ به. فيذهب إليه ويبدأ دراسة التعيين الذي تعهد بدراسته مستغرقاً من الوقت ما يشاء وفق سرعته واستعداده.

5- **المعلم:** يقوم المعلم وفق هذه الطريقة بإعداد التعيينات ومراجعها وتعديلها وفق ما تتطلبه حاجات المتعلمين وحاجات العمل المتطورة. وعلى المعلم أن يعي في عمله المدة المحددة للعمل، ويقوم بعملية التوجيه والإرشاد وتقديم المساعدة للمتعلمين على أن هؤلاء المعلمين يجتمعون سوية لكي يتدارسوا صفات كل فرقة من الفرق، حتى يربطوا المواد والدراسات المختلفة بعضها ببعض. وعلى المدرس ملاحظة مدى تقدم كل متعلم ويقدم له ما يحتاج من إرشادات.

أما تقويم أعمال المتعلمين: فيتم متابعة ما قطعه كل متعلم من تعيينات مختلفة في كل وقت من الشهر ويعد تقويم المتعلمين جزء من هذه الطريقة، وتستخدم ثلاثة أنواع من البطاقات:

- بطاقة تحدد مدى تقدم كل متعلم في المادة من المواد.

- بطاقة تحديد مدى ما قطعه تلاميذ الفرقة الواحدة في كل معمل.

- بطاقة شاملة تبين مدى ما قطعه جميع تلاميذ الفرقة في جميع التعيينات.

وتفرق هذه الطريقة بين المواد الأساسية كالتاريخ واللغة، والعلوم مثلاً وبين المواد الإضافية كالموسيقى والفنون والتربية الرياضية. فطريقة التعيينات تطبق في دراسة المواد الأساسية فقط وتخصص لها الفترة الصباحية، أما الفترة المسائية فتخصص لدراسة المواد الإضافية بطريقة جماعية لا تتبع فيها التعيينات.

أهم الأسس التي قامت عليها طريقة التعيينات

1- **الحرية..** في اختيار التعيين للمادة العلمية، وإحلال المقاعد المتحركة بدلاً من المقاعد الثابتة، لذلك الحرية في التنقل بين المعامل، وحرية التعاون مع الزملاء في المادة والعمل وفق قدرات واستعدادات المتعلمين.

2- **التعاون:** ويظهر ذلك بين المتعلمين بعضهم ببعض وبين المتعلمين والمعلمين.

3- **تحمل المسئولية:** كل متعلم يتعهد مع المعمل بإنجاز التعيين المكلف من وقت معين.

4- **تكيف العمل المدرسي لحاجات المتعلمين،** اجتماعياً، وجسمياً، وفكرياً، وذلك بتهيئة الخبرات التي تحرر ميول ودوافع المتعلمين، ويؤدي لتعلمهم وتكوين القدرات التي تتطلبها الحياة.

5- **المدرسة معمل للمواد وليست فصولاً،** وبها كل الإمكانات المساعدة على تعلم المتعلمين للمادة.

6- **التغلب على سلبية المتعلم في التعلم،** حيث يكون عليه كل العبء في التخطيط والتنفيذ، ويشترك في التقويم.

نقد الطريقة

المميزات:

1- أنها تنتمي لدى المتعلمين القدرة على تحمل المسئولية وتدربهم على تنظيم عملهم، ووضع خطط دراستهم، وتعزيز الثقة بالنفس، واحترام العمل، والوفاء بالوعد، والعمل الجماعي التعاوني.

2- تراعى الفروق الفردية بين المتعلمين، وتمنح المتعلمين قدراً من الحرية في العمل، واستغلال إيجابيتهم، واستعمال وقت فراغهم بما يفيد وينفع.

3- تتيح هذه الطريقة فرصة الإطلاع والقراءة واستخدام الأجهزة والأدوات وتساعد على عدم الاضطراب في العمل، حيث يستطيع المتعلم استئناف العمل أو إذا انقطع عنه مدة لظروف خاصة.

4- التقويم مستمر في هذه الطريقة منذ البداية، ويقوم المعلم بالإرشاد والتوجيه طوال فترة العمل، إضافة إلى أعداده التعيينات بصورة محكمة.

العيوب:

1- إن الطريقة تركز على استظهار المواد الدراسية دون الاهتمام بتطبيقها في الحياة.

2- تنصب على الجانب المعرفي دون الجوانب الاجتماعية والوجدانية والجمالية والجسمية في المتعلم ويتحول المتعلم إلى أداة تكون وظيفته مجرد النقل من الكتب والمراجع دون فهم لما ينقله أحياناً.

3- تبالغ الطريقة في أهمية الامتحانات والاختبارات التي تلاحق المتعلم في كل شهر ويجعل الحاكم عليه وفقاً على نتائجها.

4- ضعف إشراف المعلمين على المتعلمين في بعض المدارس المزدحمة.

5- أنها يتطلب إمكانات من حيث نوع المباني والمعدات والكتب والأدوات.

إمكانية الاستفادة من هذه الطريقة في مدارسنا

يمكن الاستفادة من هذه الطريقة في مدارسنا عند تحديد الواجبات المنزلية للمتعلمين على أساسها وذلك بإتباع الآتي:

1- يوجه المتعلمين للمطالعة في المنزل والمكتبة.

2- إتباع طريقة المناقشة الجماعية أو الفردية في الحصص.

3- يعين المعلم لطلابه ما سيدرسونه في اليوم التالي، ويعطيهم أسئلة على الدروس لتحضيرها بعد قراءة الدرس وفهمه.

4- يناقش المعلم المتعلمين في إجاباتهم في اليوم التالي، مع مناقشة الدرس الجديد وشرحه وقد سبق للمتعلمين إعدادهم له.

مثال تطبيقي لطريقة التعيينات (دالتون)

المادة جغرافية: - الفصل 2/1

مدة التعيين 2005/11/29 - 2005/11/30.

1- **المقدمة:** تنتشر الدول العربية في كل من أسيا وأفريقيا، واليمن إحدى الدول العربية في أسيا.

2- **الموضوع:** في الأسبوع القادم سيدرس جغرافية اليمن وسكانها، ونشاطهم الاقتصادي واليمن كما تعرف دولة عربية تقع على البحر العربي والبحر الأحمر وتشارك الأمة العربية تاريخها ولغتها ووحدتها.

3- **المسائل:** بعد الإطلاع على المراجع في هذا التعيين، أجب عن الأسئلة التالية:

أ- اليمن دولة عربية تعتمد على المعادن في اقتصادها، ما هي أهم المعادن مع أهم الصناعات اليمنية القائمة على أساسه.

ب- رسم خريطة طبيعية لليمن مع بيان أهم المدن الرئيسية، والموانئ وخطوط المواصلات عليها.

ج- بماذا تشتهر المدن اليمنية التالية: ميناء عدن، الحديدة، حضرموت.

4- الأعمال التحريرية:

- اكتب مقالاً صغيراً لا يتعدى صفحة واحدة عن تاريخ اكتشاف البترول في اليمن. وأهم حقوله مبيناً عائدات اليمن منه في السنة الأخيرة.

- أكتب مقالاً يتكون من صفحتين على الأكثر حول أثر البترول في التطورات الحضارية للمجتمع اليمني.

- صف سطح اليمن ما لا يزيد عن عشر أسطر.

5- موضوع الاستذكار:

- أهم المدن اليمنية.

- أهم الصادرات التي يعتمد عليها اقتصاد اليمن.

- الدول المحيطة باليمن.

- نوع النظام السياسي في اليمن.

- عدد السكان وتركيبهم البشري.

6- اجتماع الفصل:

سيجتمع الفصل في الساعة العاشرة من صباح يوم السبت (مثلاً) كما هي العادة لمناقشة وتوضيح بعض المعلومات والحقائق الجغرافية الخاصة باليمن إذا كان لديك صوراً أو مجلات أو أي مصدر من المعلومات يتعلق باليمن يرجى إحضارها.

7- المراجع:

- كتاب جغرافية العالم العربي.

- كتاب جغرافية العالم الإسلامي.

- الأطلس العام.

- مجلة............ مجلة.......... مجموعة من الصور لعدد من المرافق في اليمن.

8- **الاستقطاعات**: راجع معلم مادة التاريخ، وأخبره عن إمكانية إعفائك من الواجب المشابه في مادة التاريخ اليمني. وكذلك راجع معلم اللغة العربية وخذ رأيه حول إمكانية احتساب أحد التعيينات الثلاثة الأولى من فقرة الأعمال التحريرية كموضوع إنشاء. إذا وافق معلم اللغة العربية على ذلك، فقم بكتابة الموضوع في دفتر التعبير الخاص والمرفق له للاطلاع عليه وتقيمه.

9- **التقييم**: إن إنجازك لهذا التعيين كاملاً يعطيك خمس درجات من مجموع العلامات المخصصة للمادة المقررة في الفصل الدراسي الأول.

طريقة التعلم باللعب

يُعرّف اللعب: بأنه نشاط موجه يقوم به الأطفال لتنمية سلوكهم وقدراتهم العقلية والجسمية والوجدانية،ويحقق في نفس الوقت المتعة والتسلية.

وأسلوب التعلم باللعب: هو استغلال أنشطة اللعب في اكتساب المعرفة وتقريب مبادئ العلم للأطفال وتوسيع آفاقهم المعرفية .

أهمية اللعب في التعلم

- إن اللعب أداة تربوية تساعد في إحداث تفاعل الفرد مع عناصر البيئة لغرض التعلم وإنماء الشخصية والسلوك
- يمثل اللعب وسيلة تعليمية تقرب المفاهيم وتساعد في إدراك معاني الأشياء .
- يعتبر أداة فعالة في تفر يد التعلم وتنظيمه لمواجهة الفروق الفردية وتعليم الأطفال وفقاً لإمكاناتهم وقدراتهم.
- يعتبر اللعب طريقة علاجية يلجأ إليها المربون لمساعدتهم في حل بعض المشكلات التي يعاني منها بعض الأطفال .

- يشكل اللعب أداة تعبير وتواصل بين الأطفال.
- تعمل الألعاب على تنشيط القدرات العقلية وتحسن الموهبة الإبداعية لدى الأطفال .

فوائد أسلوب التعلم باللعب

يجني الطفل عدة فوائد منها:

- يؤكد ذاته من خلال التفوق على الآخرين فردياً وفي نطاق الجماعة.
- يتعلم التعاون واحترام حقوق الآخرين.
- يتعلم احترام القوانين والقواعد ويلتزم بها.
- يعزز انتمائه للجماعة.
- يساعد في نمو الذاكرة والتفكير والإدراك والتخيل.
- يكتسب الثقة بالنفس والاعتماد عليها ويسهل اكتشاف قدراته واختبارها

أنواع الألعاب التربوية

- **الدمى:** مثل أدوات الصيد، السيارات والقطارات، العرايس، أشكال الحيوانات، الآلات، أدوات الزينة.. الخ
- **الألعاب الحركية:** ألعاب الرمي والقذف، التركيب، السباق، القفز، المصارعة، التوازن والتأرجح، الجري، ألعاب الكرة.
- **ألعاب الذكاء:** مثل الفوازير، حل المشكلات، الكلمات المتقاطعة..الخ.
- **الألعاب التمثيلية:** مثل التمثيل المسرحي، لعب الأدوار.
- **ألعاب الغناء والرقص:** الغناء التمثيلي، تقليد الأغاني، الأناشيد، الرقص الشعبي..الخ
- **ألعاب الحظ:** الدو مينو، الثعابين والسلالم، ألعاب التخمين.
- **القصص والألعاب الثقافية:** المسابقات الشعرية، بطاقات التعبير.

دور المعلم في أسلوب التعلم باللعب

- إجراء دراسة للألعاب والدمى المتوفرة في بيئة التلميذ.
- التخطيط السليم لاستغلال هذه الألعاب والنشاطات لخدمة أهداف تربوية تتناسب وقدرات واحتياجات الطفل.
- توضيح قواعد اللعبة للتلاميذ.
- ترتيب المجموعات وتحديد الأدوار لكل تلميذ.
- تقديم المساعدة والتدخل في الوقت المناسب.
- تقويم مدى فعالية اللعب في تحقيق الأهداف التي رسمها .
- شروط اللعبة
- اختيار ألعاب لها أهداف تربوية محددة وفي نفس الوقت مثيرة وممتعة.
- أن تكون قواعد اللعبة سهلة وواضحة وغير معقدة
- أن تكون اللعبة مناسبة لخبرات وقدرات وميول التلاميذ
- أن يكون دور التلميذ واضحا ومحددا في اللعبة
- أن تكون اللعبة من بيئة التلميذ
- أن يشعر التلميذ بالحرية والاستقلالية في اللعب

نموذج من الألعاب التربوية

لعبة الأعداد بالمكعبات على هيئة أحجار النرد

يلقيها التلميذ ويحاول التعرف على العدد الذي يظهر ويمكن استغلالها أيضاً في الجمع والطرح.

نموذج من الألعاب التربوية

لعبة قطع (الدومينو)

ويمكن استغلالها في مكونات الأعداد، بتقسيم التلاميذ إلى مجموعات ثم تعطى كل

مجموعة قطعاً من (الدومينو) ويطلب من كل مجموعة اختيار مكونات العدد وتفوز المجموعة الأسرع.

نموذج من الألعاب التربوية

لعبة (البحث عن الكلمة الضائعة)

وتنفذ من خلال لوحة بها مجموعة من الحروف، يحدد المعلم الكلمات ويقوم التلاميذ بالبحث عن الكلمة بين الحروف كلمات رأسية وأفقية

ر----	س----	و-----	م
ك----	ل-----	ع-----	ب
ت----	و-----	ج-----	د
ب----	ك-----	م-----	ك
ي----	ص----	و-----	م

نموذج من الألعاب التربوية

لعبة صيد الأسماك

عن طريق إعداد مجسم لحوض به أسماك تصنع من الورق المقوى ويوضع بها مشبك من حديد ويكتب عليها بعض الأرقام أو الحروف وتستخدم في التعرف على الأعداد أو الحروف الهجائية بأن يقوم التلاميذ بصيدها بواسطة سنارة مغناطيسية.

نموذج من الألعاب التربوية

لعبة (من أنـا)

وتستخدم لتمييز حرف من الحروف متصلاً ومنفصلاً نطقاً وكتابة حسب موقعه

- أنـا في
- المدرسة
- ريم
- حمد
- ترسم

طريقة الزيارات الميدانية

تعتبر طريقة التدريس بأسلوب الزيارات الميدانية من الطرق الفعالة في مجال المواد الاجتماعية، وذلك لكونها تنقل المتعلم من المحيط الضيق المتمثل في الورشة أو الفصل الدراسي إلى مواقع العمل والإنتاج، وتهدف هذه الطريقة إلى ربط المؤسسة التعليمية بالبيئة بمختلف جوانبها، والعمل على تطور البيئة وتحديد المشكلات التي تواجهها، وتنمية الحساسية الاجتماعية لدى المتعلمين، وترجمة المبادئ والنظريات إلى حلول علمية لمواجهة مشكلات البيئة.

وسواء كانت الزيارة الميدانية لها بصورة لأحد المصانع أو المزارع أو المتاحف، فإنه لكي تكون هذه الطريقة فعالة لابد من التخطيط لها بصورة دقيقة وتحديد الأهداف التربوية لها بوضوح، وأن ترتبط الزيارة ارتباطاً كبيراً بالبرنامج التعليمي حتى تؤدي الغرض منها، كطريقة تعليم بدلاً من كونها طريقة ترفيهية كما هو جاري حالياً.

- خطوات استخدام طريقة الزيارات الميدانية في التدريس

لاستخدام هذه الطريقة في التدريس فإن على المعلم أن يتبع الخطوات الآتية:

أ‌- تحديد أهداف الزيارة ومكانها.

ب‌- تقديم التقارير عن الزيارة وتحديد جوانب الاستفادة من هذه الزيارة.

ج‌- تحديد المشكلات التي تمت ملاحظتها أثناء الزيارة.

د‌- تقويم نتائج الزيارة من قبل المتعلمين والمعلم والعاملين في موقع الزيارة.

طريقة التعلم التعاوني

لماذا التعلم التعاوني؟

التعلم التعاوني لأن:

- التغيرات في القرن الحادي والعشرين توصف في كثير من الأحيان بأنها تغيرات

جذرية، ولا تقتصر على مجال من المجالات فهي تشمل: نظم الإنتاج والتوزيع، وتقنيات المعلومات، ونظم التفكير، وأسلوب حياة الأفراد.

- التربية كأحد أهم مجالات الحياة والمجتمع لا يمكن أن تقوم بدورها بمنأى عن هذه التغيرات، لذا فقد شهد عالم التربية العديد من التوجهات والتجديدات التربوية التي شملت كافة عناصر العملية التربوية بالمراحل التعليمية بمستوياتها المختلفة لمواكبة متطلبات هذا العصر.

- المدرسة تعد إحدى المؤسسات التعليمية التي يجب أن تشهد نقلة نوعية في جميع جوانبها لأنها معنية بإعداد طالب القرن الحادي والعشرين، الذي ينبغي أن يتصف بالعديد من السمات منها: امتلاكه قاعدة معارف ومهارات أساسية تشكل عنصراً مشتركاً بين التخصصات المختلفة، بالإضافة إلى معارف ومهارات تخصصية في مجال معين، القدرة على التفكير العلمي والتجريب والاكتشاف، الميل إلى تطوير الذات والثقة بالنفس، القدرة على حل المشكلات، امتلاك القيم الخلقية الرفيعة، تحمل المسئولية، وامتلاك عادات العمل المشترك في إطار جماعي.

- المدرسة لكي تقوم بوظيفتها في إعداد طلاب يتسمون بالسمات السابقة ينبغي على القائمين عليها إعادة النظر في المفاهيم الخاصة بعملية التعلم، وضرورة تبني المفهوم البنائي للتعلم، الذي يقوم على أساس أن المتعلم يبني معارفه ومهاراته بنفسه في سياق التفاعل الاجتماعي مع الآخرين، والذي يتم من خلاله بناء وإعادة بناء المعارف والمهارات والاتجاهات والقيم الرفيعة. ولقد استوجب التطبيق العملي للمفهوم البنائي للتعلم ضرورة استخدام استراتيجيات جديدة للتعلم تأخذ في الحسبان البعدين المعرفي والإنساني في عملية التعلم، ومن أكثر هذه الاستراتيجيات نفعاً " إستراتيجية التعلم التعاوني"، حيث تعد من أهم الاستراتيجيات التعليمية اللازمة لتكيف الطلاب مع متطلبات القرن الحادي والعشرين. - الدراسات تشير إلى أن أكثر من 85% من الممارسات التي تتم في

المدارس تقوم على أساس تنافسي وفردي بين الطلاب، وأن التعاون وبناء المهارات الاجتماعية لا يحظى بالاهتمام اللازم، وأن أهم عنصر في فشل الأفراد في أداء وظائفهم لا يرجع إلى نقص في قدراتهم ومهاراتهم العلمية، بل يرجع إلى النقص في مهاراتهم التعاونية والتواصلية والاجتماعية، لذا أصبح من الضروري التوسع في استخدام هذه الإستراتيجية كواحدة من أهم الاستراتيجيات التي تساعد المتعلمين على زيادة تعلمهم وتواصلهم واكتسابهم المهارات الاجتماعية اللازمة للنجاح.

مفهوم التعلم التعاوني

التعلم التعاوني بسيط في معناه بليغ في مؤداه فهو عبارة عن "إحدى استراتيجيات التدريس، ولها أساليب متنوعة، تقوم على أساس تقسيم الطلاب إلى مجموعات صغيرة تضم كل مجموعة طلاب من مستويات مختلفة، يتراوح عددهم عادة من 4-6 طلاب يمارسون فيما بينهم أنشطة تعليم وتعلم متنوعة لتحقيق هدف مشترك يعود عليهم كمجموعة وكأفراد بفوائد تعليمية واجتماعية تفوق مجموع أعمالهم الفردية".

والتعلم التعاوني ليس فكرة جديدة إنما هو قديم قدم البشرية، حيث يمثل العمل التعاوني القوة الدافعة التي تلعب دوراً هاماً في حياة الجنس البشري، فالعمل التعاوني هو الذي شيد الأهرامات وحدائق بابل المعلقة وغيرهما. وفي هذا يشير كل من ديفيد وروجر وإديث جونسون إلى أن "هناك تاريخ غني وطويل من الاستخدام العملي للتعلم التعاوني"، ففي أواخر القرن الثامن عشر قام كل من جوزيف لانكستر وأندروبل باستخدام المجموعات التعاونية في بريطانيا على نطاق واسع، وتم نقل الفكرة إلى أمريكا عندما افتتحت مدرسة تتبع هذا الأسلوب في نيويورك عان 1806م، وكان من رواده التعلم التعاوني بأمريكا باركر الذي استخدمه على نطاق واسع في المدارس التي كان يديرها (1875-1880م)، وتبعه جون ديوي ثم تلاهما دويتش 1949م، ثم طلابه من بعده.

أنواع التعلم التعاوني

يتم التعلم التعاوني بأشكال عديدة متنوعة تشترك جميعها في أن التعاون هو هدف العمل الجماعي، وتتميز كل منها بنوعية العمل وكيفية تقويم هذا العمل ومكافأة المجموعة، و نستعرض فيما يأتي أبرز هذه الأنواع:

التعلم الفريقي

طور هذه الطريقة سلافين من جامعة جونز هوبكنز بالولايات المتحدة الأمريكية، ويندرج ضمن التعلم الفريقي خمسة أنواع رئيسية: ثلاثة منها تستخدم في تعلم مختلف المواد الدراسية لجميع المراحل الدراسية (فرق التحصيل الطلابية، فرق الألعاب والمباريات، وجيكسوا المعدلة)، أما النوعان الآخران (فرق تعجيل التعلم، وبرنامج التكامل بين القراءة و التعبير) فيستخدمان في تعليم مواد دراسية معينة، و لمراحل دراسية محددة و تشترك جميع هذه الأنواع في أن تعلم جميع أعضاء الفريق هي مسؤولية جماعية، من أجل تحقيق الهدف و ذلك من خلال قيام كل فرد من الفريق بتحمل مسؤولية تعلمه وتعلم زملائه في الفريق، أي أنهم يتعلمون معاً و فيما يلي وصف لهذه الأنواع الخمسة:

فرق التحصيل الطلابية

يعتمد أسلوب العمل في هذا النوع من التعلم التعاوني على قيام المعلم بتنفيذ الخطوات التالية:

- تقسيم الطلاب إلى فرق غير متجانسة تضم كل فرقة من (4-6)أفراد.

- تقديم الدرس، ثم تعاون أفراد الفريق فيما بينهم لفهم موضوع الدرس.

- إجراء اختبارات فردية قصيرة حول الموضوع.

- مقارنة الدرجات التي أحرزها كل طالب بدرجاته السابقة، ثم منح نقاط لكل طالب أحرز تقدماً في الدرجات.

- جمع النقاط و احتسابها ضمن نقاط الفريق ككل عن طريق استخراج متوسط درجات الأفراد في كل فرقة.

و نلاحظ في هذا النموذج أنه يتم التركيز على التحصيل الدراسي بما يحققه إتقان التعلم من قبل كل فرد في الفرقة، و تتنافس الفرق فيما بينها بحيث تكون الفرقة الفائزة هي التي تحقق أعلى معدل من التحصيل و تكافأ بطريقة مناسبة، ومن أشكال المكافأة الممكنة وضع أسماء أعضاء الفرقة على لائحة الشرف في الصف، أو تقليدهم أوسمة الفوز، أو زيادة درجاتهم بواقع درجتين لكل فرد في المجموعة، أو إلى غير ذلك من أشكال التعزيز.

فرق الألعاب و المباريات

طور هذا الأسلوب رائدا التعلم في جامعة جون هوبكنز ديفيد و كيت، و هما أول من أستخدم التعلم التعاوني الذي لا يختلف عن أسلوب فرق التحصيل الطلابية سوى في تحديد الفرقة الفائزة، إذ بدلاً من أن تحدد الفرق بأخذ مجموع النقاط التي أحرزتها الفرقة في الاختبار التحصيلي يتم هنا إجراء المباريات و الألعاب الأسبوعية مع نظراء فرق أخرى من نفس المستوى التحصيلي، حيث تعقد مباريات بينهم، وذلك عن طريق الإجابة عن مجموعة من الأسئلة حول مادة التعلم. والطالب الذي يفوز في المباراة يكسب الجولة إلى الفرقة التي ينتمي إليها و بذلك يحصل جميع أعضاء الفريق على نفس الجائزة.و تكون هذه المكافأة إما بزيادة درجاتهم أو بوضع أسمائهم على لوحة الشرف أو تقليدهم أوسمة الفوز أو غير ذلك من أشكال التعزيز المادية أو المعنوية، و ذلك تقديراً لجهودهم في مساعدة زميلهم أثناء فترة العمل الجماعي.

جيكسوا المعدلة

يعتمد أسلوب العمل في هذا النوع من التعلم التعاوني الذي طوره ارنسونز على:

- تقسيم الطلبة إلى فرق غير متجانسة، يتكون كل منها من (4-6) أعضاء كما سبق الإشارة إليه في طريقة فرق التحصيل الطلابية، وفرق الألعاب و المباريات.

- تقسيم المادة الدراسية.

- توزيع أجزاء المادة الدراسية على الطلاب، حيث تقوم كل مجموعة بدراسة القسم الخاص بها.

- اختيار أحد الطلاب ليكون خبيراً للمجموعة.

- يلتقي خبراء الفرق المختلفة بعد الانتهاء من دراسة الموضوع ليقدم كل خبير ما تمت دراسته، و مناقشته مع فريقه.

- يعود كل خبير إلى فريقه، و ينقل لهم ما تمت دراسته، و مناقشته، و تعلمه.

- جمع الدرجات و احتسابها ضمن درجات الفريق ككل.

- تكافأ الفرق التي أحرزت أعلى الدرجات.

فرق تعجيل التعلم

صممت هذه الطريقة لتدريس مادة الرياضيات في المرحلة العليا من التعليم الابتدائي، نظراً لطبيعة مادة الرياضيات التي تعتمد على مفاهيم أساسية و مترابطة لا بد للمتعلم من إتقانها، ليتمكن من استيعاب المادة التعليمية اللاحقة (سلافين و آخرون). ويجري العمل في هذا الأسلوب تبعاً للخطوات التالية:

- عقد اختبار تشخيصي لتحديد مستوى الطلاب، ثم وضعهم في المستويات المناسبة لقدراتهم، و استعداداتهم.

- توزيع المادة التعليمية على الطلاب تبعاً لمستوياتهم المختلفة.

- يتعاون أعضاء الفريق فيما بينهم لفهم المادة التعليمية، حتى يتمكنوا من الإجابة على أوراق العمل المعطاة لهم.

- يتبادل أعضاء الفريق أوراق الإجابة، ويصحح كل منهم للآخر.

● يجرى امتحان تحصيلي لكل طالب بعد الانتهاء من تعلم الوحدة، وذلك اعتمادا على قدرته الخاصة دون تلقي أي مساعدة من أعضاء الفريق.

التكامل بين القراءة و التعبير (كتعلم تعاوني)

وهو برنامج شامل لتعليم القراءة والكتابة في الصفوف العليا من المرحلة الإعدادية، ويجرى العمل في هذا الأسلوب وفق الخطوات التالية:

● يوزع الطلاب إلى فرق تعاونية، بحيث تضم كل فرقة أزواجاً من الطلاب من ذوي المستويات التعليمية المختلفة.

● يقوم الطلاب بتنفيذ الأنشطة العقلية في صورة أزواج من الطلاب، بحيث ينفذ أعضاء الفريق الأنشطة العقلية الواردة في المادة التعليمية على هيئة أزواج من الطلاب، بحيث يقوم كل زوج بالقراءة- التلخيص- التنبؤ بالحلول- والتدريب على الكتابة، و ما شابه ذلك من أنشطة مختلفة مع ملاحظة تبادل الأدوار فيما بينهم.

● يتقيد كل زوج بتنفيذ الإرشادات و التعليمات الإضافية التي يطلبها المعلم منهم، والمتعلقة بالمادة التعليمية.

● يؤدي الطلبة الاختبار التحصيلي المتعلق بالمادة التعليمية، بعد تأكدهم من إتقانها.

● تحسب الدرجات التي حصل عليها الفريق، و ذلك عن طريق أخذ متوسط مجموع الدرجات التي أحرزها أفراده.

● تكافأ الفرق إلى أحرزت أعلى الدرجات.

الاستقصاء الجماعي (كتعلم تعاوني)

يعتمد أسلوب العمل في الاستقصاء الجماعي الذي قام بتطويره شاران، وشاران على مبدأ الاستقصاء التعاوني، والمنافسة الجماعية، والتخطيط للمشاريع التعاونية، حيث

يقسم طلاب الصف إلى مجموعات يتراوح عدد أفرادها ما بين (2-6)، يتعاونون فيما بينهم في البحث و التقصي عن الموضوعات التي تم اختيارها، من ضمن الوحدات الدراسية، التي تم تقسيمها إلى موضوعات فرعية، تناط مسؤولية إنجازها إلى أفراد المجموعة ككل، بحيث يقوم كل فرد بالخطوات التالية:

(الملاحظة، فرض الفروض، التجريب، الاستنتاج) ثم تقدم كل مجموعة تقريراً شاملاً لطلاب الصف حتى يتم مناقشته.

التعلم الجماعي

يعتمد أسلوب العمل في التعلم الجماعي الذي طوره جونسون، على مبدأ تقسيم الطلاب إلى فرق، يتعاون أفراد المجموعة في ما بينها لتحقيق الهدف الرئيسي المتمثل في تعلم جميع أفراد الفريق، والتي يتراوح عدد أفرادها ما بين (4-6) تختار منسقًا لها تكون مسئوليته ما يلي:

- تعلمه وتعلم أعضاء الفريق.
- تقديم يد العون والمساعدة لأعضاء الفريق.
- اتخاذ القرارات.
- حل المشكلات التي تعترض الفريق.

أما بالنسبة لمهام ومسئوليات أفراد الفريق، فتتمثل في تقبل الأفكار، واحترام آراء الآخرين وتقديم يد العون والمساعدة لبعضهم البعض.

التعلم معـًا

يعتمد أسلوب التعلم معًا الذي قام بتطويره جونسون على مبدأ تقسيم الطلاب إلى فرق، يتراوح عدد أفراد كل منها بين (4-6) يتعاونون في ما بينهم لإنجاز الواجبات والقيام بالمهمات وحل التمارين وفهم المادة، خارج الصف وداخله. ومن المفيد تشجيعهم على الاتصال معًا هاتفيًا بعد الدوام الرسمي لمساعده بعضهم بعضًا في حلول

مشكلات التعلم التي يعاني منها أي فرد في الفرقة الواحدة. وإذا كان النشاط يتطلب تقديم تقرير عن العمل، يقدم التقرير باسم الفرقة. وتتنافس الفرق في ما بينها بما تقدمه من مساعده لأفرادها. ويتحدد ذلك بنتائج الاختبارات التحصيلية وبنوعيه التقارير المقدمة. وتكافأ الفرقة بطريقه مناسبة تبعًا للإنجاز الذي أحرزته.

خطوات التعلم التعاوني

1- الخطوات التخطيطية

- مراجعة الأهداف والأغراض التعليمية التربوية المنشودة وتوضيحها ومناقشتها.
- تقرير حجم مجموعة التعلم التعاوني، وتنويع تركيبتها الأكاديمية دورياً.
- توزيع الأفراد على المجموعات التعاونية.
- ترتيب مكان أو أمكنة للعمل.
- تصميم إستراتاجيات العمل و تقنياته ولوازمه العامة؛ وتطويرها لتعزيز الاعتماد الإيجابي المتبادل.
- تحديد الأدوار، بما يكفل تحقيق الأهداف.

2- الخطوات التنفيذية

- تحديد المهمة أو المهام الأكاديمية أو غير الأكاديمية؛ وربطها بالأهداف.
- اعتماد محكات (أي معايير) الإتقان أو التفوق؛ بالنسبة إلى محكات إنمائية لمحتوى المادة التعليمية أو السلوك؛ (وليس بالمقارنة مع أداء الآخرين).
- بناء التآزر والتنسيق الإيجابيين الموجهين نحو إنجاز العمل، ونحو التمتع بإنجازه.
- بناء المسؤولية الفردية في إطار المسؤولية الجماعية.
- التأكد من اقتناع الطلبة بحاجتهم الماسة إلى المهارات الاجتماعية التعاونية.
- التيقن من فهم المتعلمين لطبيعة المهارات الاجتماعية ومواضع استخدامها.
- تنظيم وتدوير مواقف وتمارين لتدريب المتعلمين على المهارات الاجتماعية.

- تقويم المتعلمين لغزارة وجود استخدامهم المهارات الاجتماعية في مواضعها، دورياً؛ على أساس مراجعات ومناقشات مستفيضة.

- التيقن من أن المتعلمين يثابرون في التدرب على المهارات الاجتماعية، وتوظيفها لتحقيق الأهداف.

- بناء علاقات التعاون بين المجموعات.

- التشديد على أنواع التفكير والفعل والسلوك المرغوب فيها.

- التيقن من انتظام عمليات الإمداد والتزويد للمجموعات في مواقيتها اللازمة؛ فضلاً عن استمرارها.

- إيقاف دورة العمل.

3- الخطوات الإسنادية

- ملاحظة تفاعل أعضاء المجموعات من قبل المعلم.

- التيقن من أن المتعلمين يتقدمون في دورة عمله، دون إعاقة أو إبطاء غير مبررين.

- تقديم التوجيه أو المساعدة للمجموعات وذلك حسب طلبهم، وبمقدار حاجتهم إليها.

- إمكانية تدخل المعلم لتعليم المهارات الاجتماعية وسواها، والمشاركة في حل النزاعات وسائر المشكلات الطارئة المعيقة لسير العمل.

- الصبر على مرور المتعلمين في مراحل التردد و التعثر واستخدام المهارات الاجتماعية استخداماً شكلياً؛ حتى يصلوا بجهدهم وبمساعدة المربي، إلى اكتساب المرونة في تصرفاته، ويستنبطوا تلك المهارات.

4- الخطوات التقويمية

- تقويم جودة قيام كل مجموعة بوظائفها؛ لاسيما اضطلاعها بالوظائف الاجتماعية والتعاونية؛ لأنها مرتكز الاكتساب و النمو الاجتماعي.

- تقويم جودة مجمل المجموعات بوظائفها؛ لاسيما اضطلاعها بالوظائف الاجتماعية و التعاونية.
- تقويم ما تعلمه أعضاء المجموعات من حيث النوعية والكمية، تقوماً تكوينياً مستمراً خلال العمل، ثم تقوماً تجميعياً مبنياً على التقويم التكويني. وذلك فضلاً عن تصحيح الأخطاء وتعلم الأجوبة الصحيحة بعد كل امتحان في إطار مفتوح على أكثر من جواب واحد صحيح، ما أمكن ذلك.
- بناء توجيهات وخطط للمرات القادمة، من أجل الاستمرار في الارتقاء بالأداء و الإتقان أو التفوق.

ما الفرق بين مجموعاته ومجموعات التعليم التقليدي؟

يوضح الجدول التالي الفرق بين المجموعات التعاونية والمجموعات التقليدية

المجموعات التعاونية	المجموعات التقليدية
المجموعة غير متجانسة في تركيبتها الطلابية	المجموعة متجانسة إلى حد ما
المجموعة منفتحة مع بعضها دون حدوث أي تهديد	تعمل المجموعة بكل حذر من الجميع
هناك نشاطا قوي وتفاعل بين أعضاء المجموعة وجها لوجه	يقل التفاعل من ذلك النوع
الاعتماد الإيجابي المتبادل ووجود جو التكافل بين الأعضاء	الافتقار إلى الاعتماد الإيجابي المتبادل بين الأعضاء
تعلم المهارات الاجتماعية ومبدأ التعاون	تجاهل المهارات الاجتماعية والتعاون
وجود قيادة مشتركة بين أعضاء المجموعة	قائد واحد لهذا النوع من المجموعات

المجموعات التعاونية	المجموعات التقليدية
ملاحظة المعلم ما تقوم به المجموعة والتدخل عندما يطلب منه ذلك	لا يهتم المعلم بالتفاعل بين المتعلمين وقد يملي عليهم بعض الأوامر
المشاركة في العمل بكل رغبة وحماس	غالباً قد لا تحضّر المجموعة ما تحتاج إليه ويأنف البعض من تخضير ما يطلب منه
العضو الواحد في المجموعة مسئول عن عمل المجموعة بأكملها	عدم تحمل المسئولية الجماعية
استقلالية المجموعة بشكل مناسب	تجاهل استقلال المجموعة
يقوم أعضاء المجموعة بتقويم العمل التعاوني	نادراً ما يستخدم التقويم الذاتي
الشعار التعاوني لهذه المجموعة آخذ بيدك ...نحيا معاً	الشعار التقليدي لهذه المجموعة "أنا اسبح وأنت تغرق"

أدوار المعلم في التعلم التعاوني؟

بيني المعلم المواقف التعليمية بشكل تعاوني من خلال قيامه بالعديد من الأمور هي:

(أ) اتخاذ القرارات المتعلقة بما يلي:

- حجم المجموعة
- وتعيين طلاب كل مجموعة وأدوار كل منهم
- وترتيب حجرة الصف
- والتخطيط للمواد.

(ب) وضع المهمة و الاعتماد المتبادل الإيجابي من خلال:

- شرح المهمة و توضيحها.
- بناء اعتماد متبادل إيجابي لتحقيق الهدف.
- بناء المسؤولية الفردية.

- بناء التعاون بين أفراد المجموعة.
- تحديد السلوكيات المرغوبة.

(جـ) التفقد و التدخل:

- تقديم المساعدة في أداء المهمة.
- تفقد سلوك الطالب.
- التدخل.
- غلق الدرس.

(د) التقييم و المعالجة من خلال:

- تقييم كمية تعلم الطلاب.
- تقييم عمل المجموعة.

العناصر الأساسية للتعلم التعاوني؟

تتمثل العناصر الأساسية للتعلم التعاوني فيما يلي:

- الاعتماد الإيجابي المتبادل Interdependence positive

يعد الاعتماد المتبادل الإيجابي من أهم مكونات التعلم التعاوني، ويتحقق حينما يدرك كل عضو من أعضاء المجموعة الارتباط الوثيق بين الأعضاء؛ بحيث لن يتحقق نجاح أي فرد إلا بنجاح الآخرين والعكس صحيح؛ ومن ثم فإن أي عمل فردى يؤدى يعتبر في صالح الجماعة. ويبدأ التعلم التعاوني بادراك حقيقة أن غرق المجموعة أو نجاتها يعد نجاة أو غرقا للكل. ولعل هذا أدعى إلى ضرورة تآزر الكل وتنسيق الجهود لإحداث التعلم الفعال.ويتحقق الاعتماد المتبادل الإيجابي في التعلم التعاوني إجرائياً عن طريق ما يلي: أ- المشاركة في المكافأة ب- المشاركة في المهام جـ- المشاركة في المصادر أو الموارد المتاحة د- وحدة الهدف. وللمعلم أن يستخدم كل أو بعض هذه الطرق حسب طبيعة الموقف التعليمي.

2- المسئولية الفردية الجماعية Individual Accountability

وتعنى أن كل عضو يكون مسؤولاً عن تعلمه وتعلم الأعضاء الآخرين في نفس المجموعة. بمعنى أن كل عضو مسئول عن تعلم الجزء الخاص به، والأجزاء الخاصة بزملائه في الجماعة. فليس معنى أن الهدف مشترك وان إسهام كل فرد يعد إسهاما للمجموعة أن يتكاسل بعض أفراد المجموعة. فلا بد من أن يقتنع كل طالب في المجموعة أن إسهامه الإيجابي وجهده الفردي أمران ضروريان لنجاح المجموعة.   وليس معنى هذا أن من حق الأعضاء التطفل على طبيعة عمل الآخرين من أفراد المجموعة. ومعنى هذا، أن تقدير العمل النهائي للمجموعة يتم بناء على مدى جودة وإتقان أداء كل فرد فى المجموعة لما كلف به من عمل على حده.

ولضمان تحقيق ذلك يمكن إجراء ما يلي:

أ-   اشتراك أفراد المجموعة في منتج واحد.

ب- تخصيص عمل معين لكل فرد من أفراد المجموعة، ولكن لا يقبل المعلم عمل أي أحد منهم إلا بعد أن ينتهي كل فرد من عمله.

ج- يوزع المعلم أوراق الامتحان على أفراد المجموعة، بحيث يجيب كل طالب عن سؤال مختلف، وتدور الأوراق بحيث يجيب كل طالب على كل الأسئلة، ولكن في أوراق امتحان مختلفة، ويضع المتعلم اسمه على الورقة التي يجيب فيها عن آخر سؤال من أسئلة الامتحان، وعند تصحيح الأوراق يحظى كل طالب بدرجة الورقة التي عليها اسمه.

د- يصمم المعلم بطاقة لمتابعة إنجاز المجموعة ككل ومدى تقدمهم.

هـ- احتساب درجة كل فرد بناء على متوسط درجات أفراد المجموعة.

و- حصول كل فرد في المجموعة على أقل درجة حصل عليها أحدهم.

ز- كتابة كل فرد في المجموعة تقريرا، أو موضوعا المعلم، الإجابة عن أسئلة الامتحان، و تصحيح المعلم ورقة واحدة تختار عشوائيا.

3- التفاعل وجهاً لوجه Face to Face Interaction

ويتمثل ذلك في التفاعل وجها لوجه أثناء قيام الأعضاء بأداء المهمة، ولا شك أن التفاعل وجها لوجه يضمن المساعدة والتشجيع والتعزيز لكل فرد من أفراد المجموعة لتحقيق الإنجاز.

كما أن التفاعل المباشر وجها لوجه من شأنه توفير الأنماط والتأثيرات الاجتماعية للتفاعل؛ ومن ثم التأثير في تفكير بعضهم البعض، مما يؤدى إلى حفز ذوى الهمم المتدنية على أن يكونوا في مستوى التوقعات من الآخرين؛ ومن ثم يبذلون المزيد من الجهد للتعلم. وينشأ التفاعل وجها لوجه نتيجة للاعتماد المتبادل الإيجابي بين المجموعة؛ ويتمثل في تبادل الآراء، وإثارة الأسئلة والإجابة عنها، ولا شك أن هذا الحوار وهذه المناقشة تكسب الطلاب اتجاهات إيجابية للعمل معا، كما يؤثر في تحصيل الطلاب ومهاراتهم، ويتطلب هذا من المدرس متابعة الطلاب وتوفير التغذية الراجعة لهم.

4- المهارات الشخصية والاجتماعية Inter personal and Social skills

وتتمثل في توظيف المهارات الشخصية والاجتماعية داخل المجموعة مهما كان حجم هذه المهارات صغيرا؛ حيث إن هناك عددا كبيرا من الطلاب لم يسبق لهم أن تعاونوا في موقف تعليمية سابقة؛ لذا فإنهم يعانون من نقص في المهارات الاجتماعية التي تمكنهم من القيادة والتعاون بنجاح، وتشمل هذه المهارات: القيادة، واتخاذ القرار، وبناء الثقة والاتصال وإدارة الصراع أو النزاع؛ ومن ثم بات من المهم تدريس هذه المهارات بشكل دقيق كمهارات أكاديمية.

5- معالجة عمل المجموعة Group processing

وتعنى الإفادة القصوى من إمكانات ومهارات كل فرد في المجموعة، ومختلف المجموعات؛ ولكي يتحقق ذلك فإن تنظيم المجموعة في الدرس التعاوني أو ما يطلق عليه

برمجتها أو تشغيلها يعتبر السبيل لتحقيق ذلك، ويتم هذا عن طريق مناقشة المجموعة لكيفية أدائهم وتحقيقهم لأهدافهم بفاعلية؛ لذا يمكن لمجموعات التعلم التعاوني التساند في الحفاظ على استمرارية الجماعة، وكذا تيسير تعلم المهارات المشتركة ذات الصبغة التعاونية، بالإضافة إلى أن ذلك يتيح لعضو المجموعة الوقوف على نتيجة مشاركته، وإسهامات الآخرين، أي تمثل نوعا من التغذية المباشرة للأفراد، أو التقويم الذاتي لمدى تقدمهم في إنجاز المهمة المطلوبة.

كما أن أعضاء الجماعة في حاجة ماسة إلى توظيف جميع الأفعال والتصرفات المساعدة أو المعوقة إضافة إلى ضرورة اتخاذ قرارات بخصوص السلوكيات التي يمكن الاستمرار فيها، وتلك التي يجب تغييرها.

أنواع المجموعات في التعلم التعاوني

هناك أربع أنواع أساسية من المجموعات التعاونية هي:

1- المجموعات التعاونية الرسمية formal cooperative learning

وهي مجموعات تدوم من حصة صفية واحدة إلى عدة أسابيع. ويعمل الطلاب فيها معا للتأكد من أنهم و زملائهم في المجموعة الواحدة قد أتموا المهمة بنجاح.

2- المجموعات التعاونية غير الرسمية Informal Cooperative Learning

وهي مجموعات ذات غرض خاص قد تدوم من بضع دقائق إلى حصة صفية واحدة. ويستخدم هذا النوع في التعليم المباشر الذي يشمل على أنشطة مثل: تقديم عرض، أو شريط فيديو بهدف توجيه انتباه الطلاب إلى المادة التي سيتم تعلمها، ويمكن استخدامها للتأكد من مشاركة الطلاب بشكل إيجابي في الأنشطة المتصلة بتنظيم المادة الدراسية وشرحها وتلخيصها.

3- المجوعات التعاونية الأساسية Cooperative BASE GROUPS

وهي مجموعات طويلة الأجل، وغير متجانسة، وذات عضوية ثابتة، والغرض منها أن يقدم أعضائها الدعم و المساندة والتشجيع لإحراز النجاح الأكاديمي، وتدوم هذه المجموعات سنة علي الأقل أو ربما تدوم حتى يتخرج أعضاء المجموعة.

ويجتمع أعضائها لتقديم المساعدة لبعضهم البعض، والتأكد من إنجاز كل عضو لمهمته و تقدمه في مواده.

الأدوار في المجموعات التعاونية

هناك العديد من الأدوار يمكن لأعضاء مجموعة التعلم التعاوني القيام بها ومن هذه الأدوار ما يلي:

- **القائد** (**Leader**) **أو الباحث الرئيسي**: ودوره شرح المهمة وقيادة الحوار والتأكد من مشاركة الجميع. يتولى مسؤولية إدارة المجموعة. ووظيفته التأكد من المهمة التعليمية، وطرح أي أسئلة توضيحية على المعلم، وكذلك توزيع المهام على أفراد المجموعة، بالإضافة إلى مسئوليته المتعلقة بإجراءات الأمن والسلامة أثناء العمل.
- **المسجل أو المقرر**(**Recorder**) : ويقوم بتسجيل الملاحظات وتدوين كل ما تتوصل إليه المجموعة من نتائج ونسخ التقرير النهائي. يتولى مسؤولية تسجيل النتائج إما بشكل شفهي أو كتابي وإيصالها للمعلم أو للصف بأكمله (يقدم عمل مجموعته وما توصلت إليه من نتائج لبقية المجموعات
- **الباحث**:(Researcher) : ويتلخص دوره في تجهيز كل المصادر والمواد التي تحتاج إليها المجموعة.
- **مسؤول المواد**: ويتولى مسؤولية إحضار جميع تجهيزات ومواد النشاط من مكانها إلى مكان عمل المجموعة. وهو الطالب الوحيد المسموح له بالتجوال داخل غرفة الصف.

- **مسؤول الصيانة:** يتولى مسؤولية تنظيف المكان بعد إنهاء التجربة وإعادة المواد والأجهزة إلى أماكنها المحددة.

- **المعزز أو المشجع:** يتأكد من مشاركة الجميع ويشجعهم على العمل بعبارات تشجيع وتعزيز ويحثهم على إنجاز المهمة قبل انتهاء المجموعات الأخرى ويحترم الجميع ويجنب إحراجهم.

- **الميقاتي:** ويتولى ضبط وقت تنفيذ النشاط.

- **الملخص:** و هو الذي يعيد سرد الإجابات أو الاستنتاجات الرئيسية للمجموعة.

- **المتأكد من الفهم:** وهو الذي يتأكد من أن جميع أعضاء مجموعته يستطيعون شرح كيفية التوصل إلي إجابة ما بوضوح.

- **المصحح:** وهو الذي يصحح أية أخطاء ترد في تلخيص أو شرح عضو آخر.

- **المشجع:** وهو الذي يعزز مساهمات الأعضاء.

- **الملاحظ:** وهو الذي يتابع تقدم أعضاء المجموعة في تعاونهم.

ويمكن أن يقوم طالب واحد بأكثر من دور، ويجب على المعلم أن يغير أدوار الطلبة عند العمل في مجموعات التعلم التعاوني.

فوائد التعلم التعاوني

هناك العديد من الفوائد التي تبث تجريبيا تحققها عند استخدام التعلم التعاوني، وهذه الفوائد هي:

- ارتفاع معدلات تحصيل الطلاب.

- تحسن قدرات التفكير عند الطلاب.

- نمو علاقات إيجابية بين الطلاب.

- تحسن اتجاهات الطلاب نحو المنهج، التعلم، والمدرسة.

- انخفاض المشكلات السلوكية بين الطلاب.
- جعل الطالب محور العملية التعليمية التعلمية.
- تنمية المسؤولية الفردية والمسؤولية والجماعية لدى الطلاب
- تنمية روح التعاون والعمل الجماعي بين الطلاب.
- إعطاء المعلم فرصة لمتابعة وتعرف حاجات الطلاب.
- تبادل الأفكار بين الطلاب.
- احترام آراء الآخرين وتقبل وجهات نظرهم.
- تنمية أسلوب التعلم الذاتي لدى الطلاب.
- تدريب الطلاب على حل المشكلة أو الإسهام في حلها.
- زيادة مقدرة الطالب على اتخاذ القرار.
- تنمية مهارة التعبير عن المشاعر ووجهات النظر.
- تنمية الثقة بالنفس والشعور بالذات.
- تدريب الطلاب على الالتزام بآداب الاستماع والتحدث.
- تنمية مهارتي الاستماع والتحدث لدى الطلاب.
- تدريب الطلاب على إبداء الرأي والحصول على تغذية راجعة.
- تلبية حاجة كل طالب بتقديم أنشطة تعليمية مناسبة ضمن مجموعة متجانسة.
- إكساب الطلاب مهارات القيادة والاتصال والتواصل مع الآخرين.
- يؤدي إلى كسر الروتين وخلق الحيوية والنشاط في غرفة الصف
- تقوية روابط الصداقة وتطور العلاقات الشخصية بين الطلاب ويؤدي لنمو الود والاحترام بين أفراد المجموعة.
- يربط بطيئي التعلم والذين يعانون من صعوبات التعلم بأعضاء المجموعة ويطور انتباههم

العوامل التي تعيق أداء المجموعة في التعلم التعاوني

تتمثل العوامل المعيقة لفاعلية المجموعة بما يلي:

- الافتقار إلي نضج أعضاء المجموعة.
- تقديم الفرد لإجابة سائدة غير خاضعة للتحليل.
- مصادرة جهود الآخرين.
- فقدان الدافعية بسبب الشعور بعدم الأنصاف كأن يشعر بعض الأعضاء بأنهم يعملون و غيرهم يستفيد من عملهم من غير بذل أي مجهود.
- التشبث بالرأي، كأن يكون لدى بعض الأعضاء ثقة زائدة في قدراتهم وتقاوم أي رأي آخر.
- الافتقار إلي قدر كافي من عدم التجانس
- الافتقار إلي مهارات العمل الجماعي
- العدد غير المناسب لأعضاء المجموعة

سلوكيات ينبغي أن تنمى عند الطلبة لنجاح العمل في مجموعات التعلم التعاوني

- التواصل الجيد بين أعضاء المجموعة الواحدة.
- احترام آراء الآخرين.
- العمل بهدوء وعدم إزعاج الآخرين.
- حرية التعبير وعدم مقاطعة الآخرين.
- الإنصات وعدم الانصراف عن سماع الآخرين.
- الالتزام مع المجموعة حتى الانتهاء من العمل.
- نقد الأفكار لا نقد أصحابها.
- تقبل نقد الآخرين للأفكار.
- تقديم المعونة لمن يطلبها وطلبها عند الضرورة دون حرج.

- توخي العدل في تقسيم الأدوار والابتعاد عن الأنانية.
- الشعور بالمسؤولية في العمل.
- حسن الانتماء للمجموعة فالصف فالمدرسة.
- المرونة في الاتفاق على أفكار مشتركة حين لا يكون اتفاق تام.

مؤشرات نجاح إدارة أسلوب العمل التعاوني في مجموعات للحكم على مدى نجاح أسلوب العمل التعاوني في مجموعات، والعمل ضمن فريق واحد. إليك المعايير والمؤشرات الآتية لتساعدك في ذلك وهي:

- الوقوف على حال أفراد المجموعة الكلية (معرفة مستويات جميع أفراد الصف).
- التمهيد المناسب – المحدد – لموضوع الدرس.
- تحديد حجم كل مجموعة.
- تشكيل المجموعات بسهولة ويسر وسرعة.
- تحديد نشاط كل مجموعة.
- تحديد زمن تنفيذ النشاط المراد تنفيذه.
- اختيار مقرر لكل مجموعة بحيث يتم تبادل هذا الدور من نشاط لآخر
- توضيح المطلوب من النشاط بدقة قبل البدء بالعمل (قبل التنفيذ).
- إثارة دافعية أفراد المجموعات للمشاركة الفاعلة أثناء تنفيذ النشاط.
- التجوال بين المجموعات والجلوس معهم أثناء تنفيذ النشاط؛ للتأكد من صحة سير العمل، وتوجيه الطلاب إلى الحل الصحيح وذلك من خلال طرح الأسئلة المناسبة.
- الانتهاء من النشاط في الزمن المحدد.
- مناقشة أعمال المجموعات أمام الجميع والتوصل إلى فهم مشترك.
- تعزيز الإجابات المتميزة وإبرازها أمام الجميع للاستفادة منها.

- عرض الإجابات الصحيحة أمام الطلاب بهدف تصويب الأخطاء وتقديم التغذية الراجعة اللازمة.

بعض النصائح لزيادة فاعلية التعلم التعاوني

قدم روبرت جونز (**Robert Jones**) وهو أحد رواد التعلم التعاوني، النصائح التالية لزيادة فاعلية التعلم التعاوني:

- أطلب إلى كل مجموعة اختيار أسم خاص بها. إنه نشاط اجتماعي جيد، ذلك لأن الأسماء المختلفة للمجموعات تساعدك في تمييز المجموعات عن بعضها.
- أجرِ تغييراً في أفراد المجموعة في كل مرة، وأختر أفراد غير متجانسين في كل مجموعة، سواء في التحصيل الأكاديمي أو في أي مستويات اجتماعية واقتصادية وعرقية أخرى.
- لا تتحدث سوى مع الباحث الرئيسي عن النشاط، الذي بدوره سينقل المعلومات للطلبة، إضافة إلى أن ذلك يؤدي إلى عدم تكرار الأسئلة كذلك فإن الطلبة هم الذين يناقشون خطوات العمل بعضهم مع بعض. وإذا دعت الحاجة لتوضيح بعض النقاط فبإمكانك مناقشتها مع الباحث الرئيسي.
- استغل الأنشطة التي تحدث داخل الغرفة الصفية أو خارجها. يمكن استخدام أجهزة اتصال بسيطة إذا النشاط ينفذ خارج غرفة الصف.
- كون كل مجموعة من ثلاثة طلاب إذا نُفذ النشاط خارج غرفة الصف أو أثناء رحلة علمية، لأن ذلك أضمن لاحتياطات الأمن والسلامة.
- طوِّر نظاماً لتوزيع الأدوار.
- حدد المسؤوليات من أجل الإسهام في إدارة الصف وحفظ النظام. وإذا طرأت بعض الإشكاليات، فاطلب إلى الشخص المسؤول مباشرة حل هذا الإشكال.

- طور نموذجا لجمع المعلومات وتسجيلها، كذلك طور بعض الأدوات الخاصة بكل نشاط.

- شارك الطلبة واستمتع بتدريسهم.

طريقة العصف الذهني

إن تجاوز كل ما هو تقليدي في التعليم إلى ما هو أفضل، هدف للمؤسسات التربوية والتعليمية، تخطيطية كانت أو تنفيذية. ولعل من الأسباب والطرق التعليمية المجدية اليوم، تلك التي تفسح المجال أمام المتعلمين للمزيد من المشاركة الفعالة في إنجاز الدرس، واستخلاص نتائجه، وتحقيق أهدافه، وذلك بإثارة استعدادا تهم، وحفز مواهبهم، وتعزيز قدراتهم على التصور والابتكار بهدف المزيد من الديناميكية والنمو. ويعد العَصْف الذهني من الجهود البحثية في هذا المجال: مجال البحث عن أفضل الأساليب والطرق لإثارة المتعلمين، وحفز قدراتهم.

تعريف (العصف الذهني) Brain Storming

ويقصد به توليد وإنتاج أفكار وآراء إبداعية من الأفراد والمجموعات لحل مشكلة معينة، وتكون هذه الأفكار والآراء جيدة ومفيدة. أي وضع الذهن في حالة من الإثارة والجاهز ية للتفكير في كل الاتجاهات لتوليد أكبر قدر من الأفكار حول المشكلة أو الموضوع المطروح، بحيث يتاح للفرد جو من الحرية يسمح بظهور كل الآراء والأفكار.

أما عن أصل كلمة عصف ذهني (حفز أو إثارة أو إمطار للعقل) فإنها تقوم على تصور "حل المشكلة" على أنه موقف به طرفان يتحدى أحدهما الأخر، العقل البشري(المخ) من جانب والمشكلة التي تتطلب الحل من جانب آخر. ولابد للعقل من الالتفاف حول المشكلة والنظر إليها من أكثر من جانب، ومحاولة تطويقها واقتحامها بكل الحيل الممكنة. أما هذه الحيل فتتمثل في الأفكار التي تتولد بنشاط وسرعة تشبه العاصفة

224

(أوسبورن Osborn 1963 عن: على سليمان 1999) وهناك أربع قواعد أساسية للتفاكر ذكرها

(أوسبورن Osborn 1963 عن: عبد الله الصافي 1997) هي:

1- **النقد المؤجل**: وهذا يعني أن الحكم المضاد للأفكار يجب أن يؤجل حتى وقت لاحق حتى لا نكبت أفكار الآخرين وندعهم يعبرون عنها ويشعرون بالحرية لكي يعبروا عن أحاسيسهم وأفكارهم بدون تقييم.

2- **الترحيب بالانطلاق الحر**: فكلما كانت الأفكار أشمل وأوسع كان هذا أفضل.

3- **الكم مطلوب**: كلما ازداد عدد الأفكار ارتفع رصيد الأفكار المفيدة.

4- **التركيب والتطوير عاملان يكون السعي لإحرازهما**: فالمشتركون بالإضافة إلى مساهمتهم في أفكار خاصة بهم يخمنون الطرق التي يمكنهم بها تحويل أفكار الآخرين إلى أفكار أكثر جودة أو كيفية إدماج فكرتين أو أكثر في فكرة أخرى أفضل.

ويرى (ديفيز Davis 1986) أن عملية (العصف الذهني) هامة لتنمية التفكير الإبداعي وحل المشكلات لدى الطلاب لأنها:

1- **لها جاذبية بدهية (حدسية)**: حيث إن الحكم المؤجل للتفاكر ينتج المناخ الإبداعي الأساسي عندما لا يوجد نقد أو تدخل مما يخلق مناخاً حراً للجاذبية البدهية بدرجة كبيرة.

2- **عملية بسيطة**: لأنه لا توجد قواعد خاصة تقيد إنتاج الفكرة ولا يوجد أي نوع من النقد أو التقييم.

3- **عملية مسلية**: فعلى كل فرد أن يشارك في مناقشة الجماعة أو حل المشكلة جماعياً والفكرة هنا هي الاشتراك في الرأي أو المزج بين الأفكار الغريبة وتركيبها.

4- **عملية علاجية**: كل فرد من الأفراد المشاركين في المناقشة تكون له حرية الكلام دون أن يقوم أي فرد برفض رأيه أو فكرته أو حله للمشكلة.

5- **عملية تدريبية:** فهي طريقة هامة لاستثارة الخيال والمرونة والتدريب على التفكير الإبداعي.

ويرى (محمد المفتي 2000) أنه من المستحيل الآن أن تظل عملية التفكير وحل المشكلات واستشراق المستقبل عملية يقوم بها مفكر بمفرده مهما كانت قدرته أو شموليته في العلم، وأصبح من المحتم أن تقوم بهذه العملية مجموعة من المفكرين في تخصصات متنوعة تعمل عقلها الجماعي في"إنتاج الأفكار" و"إنتاج حلول متنوعة للمشكلة الواحدة"و"إنتاج البدائل لمواجهة التحديات المستقبلية"، وهذه المجموعات من المفكرين يمكن أن نطلق عليها "فرق التفكير"، ويمكن أن نطلق على التفكير الذي يمارس داخل هذه المجموعات:بالتفكير التعاوني" والذي أقترح له التعريف التالي: "إعمال العقل متظافراً مع غيره من العقول بأسلوب منهجي يتسم بالعلمية والموضوعية لإيجاد حلول متنوعة لمشكلات نتجت عن ظواهر طبيعية أو مجتمعية، أو لاستشراق المستقبل ووضع بدائل لمواجهة تحدياته واحتمالاته ".

ويقترح(محمد المفتي 2000) أنه لكي ننمي التفكير التعاوني(الجماعي)لدي المتعلم بعد أن تعود عقله ولسنوات طويلة في إطار نظام تعليمي وممارسات مقصودة داخل حجرات الدراسة على التفكير الفردي(أو المنفرد). يجب الاتجاه إلي استخدام إستراتيجية التعلم التعاوني،وإستراتيجية التعلم في مجموعات صغيرة، وحل المشكلات عن طريق إشراك مجموعات من الطلاب في التفكير،ووضع بدائل الحلول وتنفيذها،وتقويم النتائج.

ويلاحظ أن ما أقترحه (محمد المفتي) يدخل تحت نطاق العصف الذهني. والذي يتطلب بدوره معلماً قادراً على إدارة عملية التفكير في مواقف العصف الذهني الأمر الذي يستلزم تدريب المعلمين أثناء الخدمة علي كيفية استخدام إستراتيجية العصف الذهني، وكذلك إعادة النظر في برامج إعداد المعلمين بكليات التربية وكليات المعلمين

لتتوافق مع التوجهات الحديثة التي تطالب بتنمية التفكير الإبداعي والمهارات التدريسية اللازمة للمعلم لتنمية القدرات الإبداعية لدي طلابه.

وقد أوضح (روشكا A. Rochka 1989) ثلاث مراحل لعملية العصف الذهني هي:

المرحلة الأولى: ويتم فيها توضيح المشكلة وتحليلها إلى عناصرها الأولية التي تنطوي عليها،تبويب هذه العناصر من أجل عرضها على المشاركين الذين يفضل أن تتراوح أعدادهم ما بين (10-12) فرداً، ثلاثة منهم على علاقة بالمشكلة موضوع العصف الذهني والآخرون بعيدوا الصلة عنها، ويفضل أن يختار المشاركون رئيساً للجلسة يدير الحوار ويكون قادراً على خلق الجو المناسب للحوار وإثارة الأفكار وتقديم المعلومات ويتسم بالفكاهة، كما يفضل أن يقوم أحد المشاركين بتسجيل كل ما يعرض في الجلسة دون ذكر أسماء (مقرر الجلسة).

المرحلة الثانية: ويتم فيها وضع تصور للحلول من خلال إدلاء الحاضرين بأكبر عدد ممكن من الأفكار وتجميعها وإعادة بنائها (يتم العمل أولاً بشكل فردي ثم يقوم أفراد المجموعة بمناقشة المشكلة بشكل جماعي مستفيدين من الأفكار الفردية وصولاً إلى أفكار جماعية مشتركة). وتبدأ هذه المرحلة بتذكير رئيس الجلسة للمشاركين بقواعد العصف الذهني وضرورة الالتزام بها وأهمية تجنب النقد وتقبل أية فكرة ومتابعتها.

المرحلة الثالثة: ويتم فيها تقديم الحلول واختيار أفضلها.

ويمكن صياغة هذه الخطوات لموقف (جلسة) العصف الذهني في صورة إجرائية كالتالي:

1- تحديد ومناقشة المشكلة (موضوع الجلسة).

2- إعادة صياغة المشكلة (موضوع الجلسة).

3- تهيئة جو الإبداع والعصف الذهني.

4- البدء بعملية العصف الذهني.

5- إثارة المشاركين إذا ما نضب لديهم معين الأفكار.

6- مرحلة التقويم.

أهمية استخدام أسلوب العصف الذهني

1- يساعد على الإقلال من الخمول الفكري للطلاب.

2- يكون الرأي وطرح الأفكار دون الخوف من فشل الفكرة.

3- يشجع أكبر عدد من الطلاب على إيجاد أفكار جديدة.

4- تنمية التفكير الابتكاري لدى الطلاب.

5- استخدام القدرات العقلية العليا (التحليل ـ التركيب ـ التقويم).

6- يجعل نشاط التعليم والتعلم أكثر تمركزاً حول الطالب.

تنفيذ مواقف تعليمية باستخدام إستراتيجية العصف الذهني

الموقف الأول (موضوع الجلسة): "أساليب خفض التلوث البيئي على مستوى مملكة البحرين على سبيل المثال"

1- تحديد ومناقشة المشكلة (موضوع الجلسة): "أساليب خفض التلوث البيئي على مستوى المملكة " يقوم رئيس الجلسة بمناقشة المشاركين حول موضوع الجلسة لإعطاء مقدمة نظرية مناسبة لمدة (5 دقائق).

2- إعادة صياغة المشكلة: يعيد رئيس الجلسة صياغة المشكلة في (5دقائق) على النحو التالي: التلوث البيئي يعني تلوث الهواء والماء والأرض، ويطرحها من خلال الأسئلة التالية:-

كيف تقلل من تلوث الهواء ؟، كيف تقلل من تلوث الماء ؟، كيف تقلل من تلوث الأرض ؟

3- تهيئة جو الإبداع والعصف الذهني: يقوم رئيس الجلسة بشرح طريقة العمل وتذكير المشاركين بقواعد العصف الذهني. لمدة (5 دقائق):

- أعرض أفكارك بغض النظر عن خطئها أو صوابها أو غرابتها.

- لا تنتقد أفكار الآخرين أو تعترض عليها.

- لا تسهب في الكلام وحاول الاختصار ما استطعت

- يمكنك الاستفادة من أفكار الآخرين بأن تستنتج منها أو تطورها.

- استمع لتعليمات رئيس الجلسة ونفذها.

- أعط فرصة لمقرر الجلسة لتدوين أفكارك.

4- تعيين مقرر للجلسة ليدون الأفكار.

5- يطلب من المشاركين البدء أفكارهم إجابة عن الأسئلة لمدة (40 دقيقة).

6- يقوم مقرر الجلسة بكتابة الأفكار متسلسلة على السبورة أمام المشاركين.

7- يقوم رئيس الجلسة بتحفيز المشاركين إذا ما لاحظ أن معين الأفكار قد نضب لديهم، كأن يطلب منهم تحديد أغرب فكرة وتطويرها لتصبح فكرة عملية أو مطالبتهم بإمعان النظر في الأفكار المطروحة والاستنتاج منها أو الربط بينها وصولاً إلى فكرة جديدة.

8- التقييم: يقوم رئيس الجلسة بمناقشة المشاركين في الأفكار المطروحة لمدة (40 دقيقة) من أجل تقييمها وتصنيفها إلى:

- أفكار أصيلة و مفيدة وقابلة للتطبيق.

- أفكار مفيدة ولكنها غير قابلة للتطبيق المباشر وتحتاج إلى مزيد من البحث أو........

- أفكار مستثناة لأنها غير عملية وغير قابلة للتطبيق.

9- يلخص رئيس الجلسة الأفكار القابلة للتطبيق ويعرضها على المشاركين لمدة (10 دقائق).

الموقف الثاني (موضوع الجلسة): " أسباب ضعف الطلاب في حل المسائل اللفظية في الرياضيات "

ويمكن إعادة صياغة المشكلة: وطرحها من خلال الأسباب التالية:-

1- أسباب تتعلق بمحتوي المناهج وبنائها وطرق صياغة المسائل اللفظية.

2- أسباب تتعلق بالطلاب ومستواهم العقلي ونموهم اللغوي.

3- أسباب تتعلق بطرائق التدريس والتدريب على حل المسائل اللفظية.

الموقف الثالث (موضوع الجلسة): " أسباب الضعف اللغوي لدى طلاب المرحلة الثانوية"

وبنفس الطريقة يمكن إعادة صياغة المشكلة في عدة مشكلات فرعية يمكن البحث عن حلول لكل منها وبالتالي التوصل إلى عدة حلول للمشكلة الأصلية.

ولكن يجب أن نلفت النظر إلى نوعين من المشكلات: مشكلات مغلقة لها حل واحد فقط صحيح أو طريقة واحدة للحل وتحتاج إلى نوع من التفكير المنطقي. ومشكلات مفتوحة ليس لها حل واحد صحيح بالضرورة أو طريقة واحدة للحل وإنما تحتمل حلولاً عديدة وتحتاج إلى نوع من التفكير الإبداعي ويصلح معها أسلوب العصف الذهني.

مما سبق يمكن القول أن العصف الذهني هو موقف تعليمي يستخدم من أجل توليد أكبر عدد من الأفكار للمشاركين في حل مشكلة مفتوحة خلال فترة زمنية محددة في جو تسوده الحرية والأمان في طرح الأفكار بعيداً عن المصادرة والتقييم أو النقد. ومن خلال القيام بعملية العصف الذهني حسب القواعد التي ذكرها (أوسبورن) والمراحل التي ذكرها (روشكا) أثبت العصف الذهني نجاحه في كثير من المواقف التي تحتاج إلى حلول إبداعية لأنه يتسم بإطلاق أفكار الأفراد دون تقييم، وذلك لأن انتقاد الأفكار أو الإسراف في تقييمها خاصة عند بداية ظهورها قد يؤديان إلى خوف الشخص أو إلى

اهتمامه بالكيف أكثر من الكم فيبطئ تفكيره وتنخفض نسبة الأفكار المبدعة لديه. وهذا يوضح أهمية عملية العصف الذهني في تنمية التفكير الإبداعي وحل المشكلات للأسباب التي ذكرها (ديفيز) واقتراحات (محمد المفتي).

طريقة التعلم بالاستقصاء

يعد التعلم بالاستقصاء أحد أنجح الطرق لتدريس العديد من المواد في مختلف المراحل الدراسية؛ لأنه يتيح الفرصة للمتعلم للقيام ببتنفيذ مجموعة من الأنشطة العملية التجريبية، وتنمية مهاراته العلمية والعملية وإيجاد علاقة بين الملاحظة والمشاهدة المنظمة التي تنمي بداخله الاستعداد الذاتي للتعلم، وتنمية قدراته العقلية من خلال إشعاره بالمشكلة وتحديدها والمساهمة في فرض الفروض التي تساهم بحلها.

وقبل تناول هذا الموضوع يجدر بنا فهم الفرق بين الاستقصاء والاكتشاف. يميل كثير من التربويين إلى استخدام الاستقصاء والاكتشاف كمفهومين مترادفين، إلا أنه في الحقيقة يوجد فرق بينهما، وهو أن التقصي هي الحالة التي نرى فيها المتعلم مشغولاً بالإجابة عن سؤال ما، وفي المقابل فإن الاكتشاف هو طريقة للوصول إلى الحقائق من خلال الملاحظة والتفكير السببي بعد حدوث عملية التقصي. ومن خلال هذا يتضح أن التقصي أعم من الاكتشاف وأن الاكتشاف نتيجة لحدوث التقصي.

أهمية التعلم بالاستقصاء

- يساعد الاكتشاف المتعلم في تعلم كيفية تتبع الدلائل وتسجيل النتائج وبذلك يتمكن من التعامل مع المشكلات الجديدة.
- يوفر للمتعلم فرصا عديدة للتوصل إلى الاستدلالات باستخدام التفكير المنطقي سواء الاستقرائي أو الاستنباطي.
- يشجع الاكتشاف التفكير الناقد ويعمل على المستويات العقلية العليا كالتحليل والتركيب والتقويم.

- يعوّد المتعلم على التخلص من التبعية والتسليم للغير.

- يحقق نشاط للمتعلم وإيجابيته في اكتشاف المعلومات مما يساعده على الاحتفاظ بالتعلم.

- يساعد على تنمية الإبداع والابتكار.

- يزيد من دافعية المتعلم نحو التعلم بما يوفره من تشويق وإثارة يشعر بها المتعلم أثناء اكتشاف المعلومة بنفسه.

أساليب للتعلم بالاستقصاء

هناك ثلاثة أساليب للتعلم بالاستقصاء، وهي كالتالي:

1- الأسلوب المنطقي أو العقلي.

2- الأسلوب التجريبي.

3- أسلوب الاكتشاف.

4- الأسلوب المخبري

أولا: الأسلوب المنطقي أو العقلي

بعد ملاحظة تدني التحصيل العلمي لدى الطلاب أصبح من اللازم تطوير الأساليب القديمة التي تستخدم في التدريس لرفع مستوى المخرجات التعليمية، ومن بين الأساليب الحديثة التي جاءت كبديل أو كتطوير الأساليب القديمة هو الأسلوب المنطقي أو العقلي والذي يقوم على استخدام قدرات الطلاب وتنميتها من أجل الوصول إلى مرحلة يكون المتعلم فيها مساهما في بناء المادة العلمية التي يتلقاها.

الفكرة الأساسية للأسلوب

المعروف بين التربويين أن هناك فكرة أساسية يعتمد عليها كل أسلوب وبها يتميز عن غيره. فمن المهم أن نحدد أولاً الفكرة التي يعتمد عليها الأسلوب المنطقي أو العقلي.

ويهمنا من خلال تطبيقنا لهذا الأسلوب أن نساعد الطالب على الوصول إلى قاعدة عامة أو مبدأ كلي وهو ما يعبر عنه بالتعميم. وفكرة التعميم تقوم على أساس الانتقال من الجزء إلى الكل، بالتالي يتطلب هذا جهدا عقليا كبيرا. وبعبارة مختصرة الفكرة الأساسية التي يقوم عليها هذا الأسلوب هو توجيه الطلاب ومساعدتهم للوصول إلى تعميم معين من خلال الموقف التعليمي.

طريقة تنفيذ الأسلوب

ذكرنا أن فكرة التعميم ترتكز على الانتقال من الجزء إلى الكل ولتوضيح ذلك نذكر هذا الأمثلة التالية:

المثال الأول

عندما يلاحظ الطالب أن الحديد يتمدد بالحرارة، وهكذا النحاس، يقوم الطالب بالتعميم فيستنتج أن المعادن تتمدد بالحرارة. ومن الواضح أن الطالب هنا لاحظ عينات قليلة ولكنه استطاع أن يقوم بتعميم ذلك إلى جميع أنواع المعادن. وإذا اتضح ذلك، فإن المعلم يقوم بطرح أسئلة تستثير دافعية الطلاب، ثم تعزيز إجاباتهم؛حتى يتم التوصل إلى ذلك التعميم..أو من خلال قيام المعلم بتجربة ثم مناقشة الطلاب فيها، أو من خلال مشاهدتهم لفيلم فيديو حول موضوع معين ثم طرح الأسئلة المتعددة حول الموضوع، على المعلم أن يستخدم الأسئلة المفتوحة وهذه الأمثلة عليها:

- ماذا تلاحظ؟
- كيف يرتفع بالون بغاز الهليوم؟
- ماذا تشاهد؟
- كيف تستطيع رفع هذا الثقل الكبير؟
- ماذا تسمع؟

ونظراً لأن مشاركة الطلاب الفاعلة في الدرس تعتبر من الأمور الضرورية لنجاح هذا الأسلوب من التعليم، لذا يجب تقبل إجابات الطلاب وتعزيزها مهما كانت،

وتوجيهها نحو الهدف من الدرس وهو الوصول إلى التعميم أو المبدأ. وان لا يقال إطلاقا لأي طالب أثناء إجابته انك على خطأ وفيما يلي بعض الأمثلة للتعزيزات الجيدة:

- آه...آه...هذه فكرة، هل من أفكار أخرى؟

- ممتاز يا محمد، هل يمكننا أن نتوسع قليلا في فكرة محمد؟

- تفكير جيد، لكن كيف يمكننا تفسير ذلك؟

المثال الثاني

تصور أن الحوار التالي يجري في فصل دراسي شاهد طلابه قبل لحظات أن البالونات التي دلكت بقطعة من الصوف تتنافر مع بعضها البعض.

- المعلم: ما الذي حدث؟ ما الذي شاهدناه؟

- طالب: البالونات ابتعدت عن بعضها البعض.

- المعلم: نعم هذا صحيح، لكن ما سبب ابتعاد البالونات عن بعضها البعض؟

- طالب آخر: ربما الريح هي السبب في ابتعادها عن بعضها البعض.

- المعلم: هذه فكرة، هل هناك أفكار أخرى؟

- طالب آخر: اعتقد أن البالونات حصلت على كهرباء نتيجة الدلك.

- المعلم: ممتاز، ماذا ستقول لو قلت لك بان البالونات اكتسبت كهرباء بالفعل نتيجة لدلكها بقطعة الصوف؟ ماذا نستطيع أن نقول عن الكهرباء الموجودة على البالونات؟

- طالب: البالونات المحتوية على الكهرباء تدفع الواحدة الأخرى.

- المعلم: ممتاز، هل من طالب يلخص ما حصلنا عليه ؟

- الطلاب: البالونات المدلوكة بقطعة صوف تدفع الواحدة الأخرى.

- المعلم: ممتاز، هل لنا أن نكتب ذلك على السبورة؟

دور المعلم

من الأمثلة السابقة يمكننا أن نحدد دور المعلم في النقاط التالية:

● استخدام الأسئلة التحفيزية لجذب انتباه الطلاب إلى موضوع الدرس على أن يراعي المعلم في أسئلته ما يلي:

1- أن تكون مصاغة بلغة واضحة و مفهومة لدى الطلاب.

2- أن تتضمن أكثر من إجابة.

3- أن تركز على استخدام المتعلم للحواس.

4- أن تحفز المتعلم على استخدام المهارات المعرفية العليا مثل التحليل والتركيب والتقويم.

5- استخدام الأسئلة المفتوحة خلال سير مناقشات الدرس.

6- أن يطرح المعلم الأسئلة بصورة منضمة ومتسلسلة.

7- تقبل إجابات الطلاب وتعزيزها حتى يتم توجيهها نحو الهدف المحدد للدرس.

8- إتاحة الفرصة أمام الطلاب للتفكير و إعطائهم الوقت المناسب (3-5) ثوان.

فوائد تطبيق هذا الأسلوب

1- إبراز الفروق الفردية لأن كل طالب سيكتب ويعبر بأسلوبه الخاص.

2- مساعدة الطلاب على التفكير العلمي القائم على الحقائق.

3- تدريب الطلاب على الوضوح في الأداء وإيصال القصد بصورة سليمة.

وينبغي أن نذكر نقطة مهمة، وهي أن نجاح هذا الأسلوب يعتمد على الإجابات النهائية للطلاب أي على التعميم النهائي. لذلك كان لا بد أن يكون التعميم صادر من الطلاب أنفسهم وليس من المعلم، كما أن يكتب بلغة المتعلم على السبورة.

ثانياً: الأسلوب التجريبي

هو أسلوب من أساليب الاستقصاء، ويعتمد على تكوين فرض علمي، ثم البحث عن طريقة لاختبار صحته.

خطوات أسلوب الاستقصاء التجريبي

1- **اختيار المشكلة:** وفيها يتم تكوين العبارة أو الجملة العلمية المعتقد بصحتها.

2- **تحديد المشكلة:** هي من أصعب المراحل التي نمر بها عند استخدامنا لأسلوب الاستقصاء التجريبي، ففيها يتم اختيار أنسب طريقة لإثبات صحة العبارة أو الجملة العلمية عن طريق صياغة سؤال عام قابل للاستقصاء.

3- **فرض الفروض:** في هذه المرحلة يطلب المعلم من الطلاب افتراض الفروض التي تسهم في الإجابة عن السؤال الموضوع للاستقصاء، كذلك توجيه أسئلة للطلاب عن الأسباب التي دعتهم لافتراض هذه الفروض.

4- **بناء وسيلة التحقق من الفروض:** وفيها يمكن بناء الأداة التي يمكن عن طريقها التحقق من الفروض، وذلك عن طريق توجيه أسئلة للطلاب عن كيفية التحقق من احد الفروض المقترحة.

5- **ضبط المتغيرات:** في هذه الخطوة يطلب من الطلبة اختيار متغير واحد لاستقصائه، و يجب على الطلبة اختيار متغير واحد يمكن تغييره وتثبيت المتغيرات الأخرى التي يمكن قياسها.

6- **وضع التعاريف الحسية:** وفيها يتم وضع المعايير المقبولة للحكم على صحة اختيار المتغير ومدى تأثيره على السؤال العام المراد استقصائه.

7- **التجريب:** وهي الطريقة التي على أساسها يتم التجريب العملي، وهي تعتمد بالدرجة الأولى على المعلم فهو الذي يقرر نوع التجريب اعتمادا على الإمكانات المتوفرة من أدوات وأجهزة ومواد والوقت المتاح للتجريب، ومن

الممكن أن يقوم المعلم بنفسه بتجارب عرض أو أن يطلب من كل مجموعة دراسة احد المتغيرات ثم يتم تبادل النتائج بين المجموعات.

8- **تسجيل وتفسير البيانات**: وفيها يتم تعديل أو قبول أو رفض الفروض الموضوعة بناءا على النتائج التي تم الحصول عليها من عملية تفسير البيانات والقراءات التي سجلت من التجريب العملي.

اعتبارات أساسية في الأسلوب التجريبي

1- أن تكون المشكلة المراد دراستها محددة بوضوح.

2- أن تكون المشكلة التي سوف يتم دراستها مناسبة لاهتمام وقدرات الطلاب التعليمية.

3- أن يعود الطلاب على الرجوع لمصادر المعلومات المختلفة.

4- إتاحة الفرصة للطلاب من التعلم في جو علمي سليم للاستفادة الكاملة من الطاقات الكامنة لدى الطلبة وتوجيهها نحو التعلم.

5- أن يقتصر دور المعلم على التوجيه والإرشاد وأن لا يكثر من طرح الأسئلة التي قد تشتت أو تقرب المعلومة وبالتالي تفسد التعلم بالاستقصاء التجريبي.

6- مراعاة مستوى وقدرات الطلاب عن طريق حسن اختيار المواد التعليمية.

مزايا التعلم من خلال الأسلوب التجريبي

1- ينمي لدى الطلاب أسلوب التفكير العلمي السليم.

2- ينمي قدرات الطلاب العقلية من خلال إتاحة الفرصة للطلاب للملاحظة ووضع الفروض وجمع المعلومات والبيانات وإجراء التجارب ومن ثم تحليل البيانات وتفسيرها لاختبار صحة الفروض للتوصل إلى الاستنتاج.

3- يشجع ويعود الطلاب على تبني الأسلوب العلمي في البحث والتفكير.

مثال على الأسلوب التجريبي

المعلم: "ما هي العوامل التي تؤثر على نمو النبات".

طالب: "الضوء يؤثر على نمو النبات".

طالب آخر: "ممكن أن تؤثر كمية الماء على نمو النبات يا أستاذ".

آخر: "نوعية وكمية التربة يا أستاذ".

المعلم: "فعلا كل العوامل التي ذكرتموها تؤثر على نمو النبات, ولكن لنفترض أننا سوف نستقصي أثر الضوء على النبات".

يقوم الطلاب بزرع بذور نبات ووضعها في خزانة مظلمة، وزرع الكمية نفسها من البذور ووضعها في مكان مضيء مع مراعاة أن تكون كل العوامل الأخرى متشابهة، مثل نوعية التربة المستخدمة وكميتها وكمية المياه المستخدمة للري....الخ.

المعلم: "أي من المجموعتين من البذور يكون أكثر اخضرارا بعد مرور أسبوع؟".

بعد أسبوع يتم المقارنة بين المجموعتين من البذور.

المعلم: "أي المجموعتين من البذور أكثر اخضرارا".

طالب: "التي زرعت في مكان مضيء يا أستاذ ".

المعلم: "أحسنت, إذن ماذا نستنتج الآن ؟".

طالب: "أن الضوء يؤثر على نمو النبات".

المعلم: أحسنت, فالضوء عامل مهم لنمو النبات؛ لأن الضوء يساعد في حدوث عملية البناء الضوئي اللازمة لصنع غذاء النبات.

ثالثاً: أسلوب الاكتشاف

هناك عدة مبررات عقلية ومنطقية للقول بأن التعلم بالاكتشاف من الأساليب الحديثة في التدريس، حيث يكون الطالب هو المحور في العملية التعليمية/ التعلمية

لا المادة العلمية كما في الفلسفات القديمة، فالطالب هنا يلاحظ ويفكر ويستنتج ويعمم. أي أنه يستخدم بنفسه عمليات العلم، وبالتالي يخرج من كونه مستقبل فقط إلى كونه باحث صغير.

تعريف التعلم بالاكتشاف

هو نمط من الأساليب الاستقصائية، حيث يقوم الطالب باكتشاف المعارف العلمية بنفسه. أي أنه هو الذي يقوم بالعمل والتوصل إلى المفاهيم وتكوين المدركات ويبنيها بذاته.

هدف التعلم بالاكتشاف

يهدف هذا الأسلوب من التعلم إلى تهيئة الظروف للمتعلم للتفاعل مع الأمور المتاحة له لاكتشاف البنى المعرفية بحيث يصل الطالب إلى حالة الابتهاج العقلي.

أنواع التعلم بالاكتشاف

هناك ثلاثة أنواع من التعلم بالاكتشاف:

1- **الاكتشاف الموجه**: وفيه يشرف المعلم على أنشطة الطلاب ويوجهها توجيها محدداً، وذلك بتزويد الطلاب بتعليمات تكفي لضمان حصولهم على الخبرة التعلمية وطرح التساؤلات مما يساعدهم على تنظيم أفكارهم وتحقيق الهدف المنشود شريطة أن يدرك المتعلمون الغرض من كل خطوات الاكتشاف.

2- **الاكتشاف شبه الموجه:** وفيه تقدم مشكلة للطلاب مع مجموعة تعليمات أو توجيهات عامة بحيث لا تقيدهم ولا تحرمهم من فرص النشاط العلمي والعقلي.

3- **الاكتشاف الحر**: يعتبر من أرقى أنواع الاكتشاف. وهنا يتطلب من المعلم عدم التدخل في أنشطة الطلاب وجعلهم يعملون دون توجيه أو إشراف مع ضمان الاهتمام بالأجهزة والأدوات العملية وتوفير السلامة.

كيفية تطبيق التعلم بالاكتشاف

عادة ما يقسم الطلاب إلى مجموعات متجانسة، بحيث تتكون كل مجموعة من 4 إلى 7 طلاب بها موهوب واحد وآخر بطيء التعلم والبقية من متوسطي التعلم. ومن ثم يعين منسق لكل مجموعة ليكون مسئولا عن نشاط مجموعته وبدوره يقوم بتوزيع المسؤوليات على باقي أعضاء المجموعة. بعدها تعطى التعليمات اللازمة للطلاب لتوضح سير العمل ثم تعطى الأدوات والمواد التعليمية. وأثناء قيام الطلاب بالنشاط ينتقل المعلم بين المجموعات ليوفر السلامة لهم وللأدوات المستخدمة، بالإضافة إلى حفظ النظام والهدوء، كأنْ يجعل انتقال المجموعات داخل الفصل على شكل دفعات وعلى مراحل زمنية. وعند الانتهاء يطلب المعلم من تلاميذ معينين إعادة المواد والأدوات. عندها تتم مناقشة النتائج للوصول إلى التعميم والتنظيم ومن ثم إعادة صياغة المعلومات.

أمثلة توضيحية للتعلم بالاكتشاف

الاكتشاف الحر

قام المعلم بإعطاء طلابه بطارية جافة، مصابيح، أسلاك، ثم طلب منهم الاشتغال بها دون توجيه أو إرشاد منه. ومن خلال العمل بها لابد وأن مجموعة من الطلاب قد تعلمت طريق إشعال المصابيح، كما يمكن أن تتعلم طرق التوصيل على التوالي أو التوازي.

الاكتشاف الموجه

عند تطبيق المثال السابق يمكن أن يصبح اكتشافاً موجهاً عند يطرح المعلم أسئلة تساعدهم على التوصيل، كأن يسألهم كيف يمكن تشغيل أكثر من مصباح في آن واحد؟.

مثال آخر على لاكتشاف الموجه

بعد تقسيم الطلاب إلى مجموعات، يتم توزيع أحد المخاليط التالية على كل مجموعة:

- فاصوليا و فول.

- رمل وبرادة حديد.

- رمل وسكر.

ثم يطلب من الطلاب أن يحاولوا فصل مكونات المخاليط المعطاة لهم باستخدام الأدوات المتوفرة بقربهم مثل: مغناطيس، كوب زجاجي، عدسة مكبرة، ماء. يطلب من الطلاب إيجاد حلول مناسبة للمشكلات المخصصة لكل مجموعة منهم. وبعد الحصول على المقترحات، يناقش المعلم الطلاب عن الأسباب التي دعت الطلاب للقول بأن المواد المعطاة لهم هي مخاليط وليست مركبات.

مميزات التعلم بالاكتشاف

1- يتوافق كثيراً مع الفلسفة البنائية، وهو أن الطلاب يبنون المعارف بأنفسهم.

2- تساعد الطلاب على التدريب على استخدام عمليات العلم.

3- يقلل من اعتماد الطلاب على بعضهم البعض كما هو الحاصل في التعلم التعاوني.

4- تشجيع الطلاب على استخدام الأسلوب العلمي في الحصول على المعلومات.

5- تحقيق التعلم ذو المعنى.

6- الانتقال من كون الطالب متلقي إلى صانع للمعرفة.

7- إعطاء الطلاب الاستقلالية وفرصة للاعتماد على النفس.

8- خلق جو من الصداقة بين الطلاب أنفسهم والمعلم.

9- الشعور بتحقيق الذات والثقة بالنفس.

10- إثارة اهتمام الطلاب وتكوين اتجاهات ايجابية نحو الموضوع.

11- أسهل في استرجاع المعلومات.

12- يبقى مدة طويلة في ذهن المتعلم.

13- تطوير الاتجاهات والمواهب الإبداعية.

مآخذ على التعلم بالاكتشاف

1- هذه الطريقة تحتاج إلى وقت طويل.

2- تعتبر هذه الطريقة مكلفة اقتصادياً.

3- ندرة توفر المعلم المؤهل الذي يمتلك الخبرات أو الذي له القدرة على طرح الأسئلة المحفزة.

4- عدم استطاعة بعض الطلبة على الاستقصاء لوجود فروق فردية يؤدي إلى تسرب اليأس لهم.

رابعاً: الأسلوب المخبري

ظهر التركيز جليا على العمل المخبري في برامج تدريس العلوم بصفة خاصة، التي طورت منذ الستينيات حتى يومنا هذا، حيث كان تحسين العمل المخبري واحدا من أهم الأسباب التي أدت إلى تلك البرامج، والتي لم يعد العمل المخبري في ظل فلسفتها يعني مجرد التحقق من صحة الحقائق والمفاهيم العلمية التي تعلمها الطلبة في دراستهم النظرية، بل أصبح العمل المخبري يعني إتاحة الفرصة للطلبة لاختبار فرضياتهم واكتشاف المعارف العلمية وتدريبهم على مهارات البحث العلمي.

مفهوم المختبر

المختبر هو كل مكان يمكن فيه إجراء التجارب والعروض العلمية، والملاحظة للتحقق من صحة القوانين والفرضيات النظرية عمليا.

ومفهوم المختبر قد تغير، فلم يعد مقتصرا على ما يجرى داخل غرفة المختبر فقط، بل يشمل نشاطات وفعاليات أخرى يمكن أن يقوم بها الطالب خارج غرفة المختبر وخارج المدرسة أيضا، فالملاحظة الخارجية وجمع النماذج الحية والجامدة ورسم المصورات والتجريب البيتي كلها تعتبر أعمالا مخبرية.

وظائف المختبر

وقد أوجز عدد من الباحثين وظائف المختبر في الآتي:

1- التحقق من الحقائق والمفاهيم العلمية التي تعلمها الطلبة.

2- إكساب المتعلمين المهارات اليدوية التي تفيدهم في دراسة العلوم.

3- تنمية مهارات البحث العلمي، وحل المشكلات العلمية التي تواجههم.

4- مساعدة المتعلمين على دراسة التعميمات والحقائق العلمية.

5- مساعدة المتعلمين على اكتشاف المعارف العلمية.

أنواع المختبرات

قسم (Abraham, 1982) العمل المخبري إلى ثلاثة أنواع تبعاً للوظيفة وهي:

أ- مختبر التحقق (Verification Laboratory).

ب- مختبر الاستقصاء الموجه (Guided Inquiry Laboratory).

ج- مختبر الاستقصاء الحر (Open Inquiry Laboratory).

ففي النوع الأول يتعامل المتعلم مع المواد والأدوات وفق خطة معدة مسبقا هدفها إثبات صحة حقائق علمية معروفة نتائجها مسبقا، أما النوعين الثاني والثالث فيعتمد على تعامل المتعلمين مع الأدوات والمواد في غياب خطة معينه، وبذلك يتاح للمتعلمين تصميم تجارب يتم بناء على نتائجها استخلاص مفهوم أو تعميم.

دور المعلم والمتعلم في إتباع طريقة المختبر في التدريس

قد يقوم الطلاب بإجراء بعض التجارب والتدريبات العملية ولكنهم لا يكتسبون مهارات التجريب العلمي، بل لا يتم تحقيق أهداف الدراسة العملية بشكل فعال، وقد يعود السبب إلى عدم فهم المعلم لدوره في استخدام الأسلوب العلمي المخبري في تدريس العلوم. فالمعلم الذي يقتصر على نقل المعلومات إلى المتعلمين ويستخدم نشاط التدريب العملي ويقوم بإعطائهم جميع الخطوات والمعلومات المطلوبة بما في ذلك النتائج المتوقع

الحصول عليها فإن ذلك يحرم الطلاب من العلم بأسلوب حل المشكلات. بينما المعلم الذي يستخدم أسلوب التوجيه والإرشاد في المختبر، فانه ينظر إليه كمكان لتعلم الطلاب أسلوب حل المشكلات، واكتشاف المعلومات، والعلاقات المختلفة بأنفسهم من خلال النشاط العلمي المناسب. وتتوقف فاعلية استخدام هذا الأسلوب في تعلم العلوم، على حرية التي تتاح للمتعلمين في استخدامهم لكل أو بعض خطوات حل المشكلة.

إن المعلم له أدوار يجب عليه القيام بها في المختبر قبل الدرس وأثناءه وبعده نوجزها فيما يلي:

1-قبل الدرس:

- الإعداد والتنسيق مع محضر المختبر ومعلمي العلوم الآخرين في المدرسة.
- التأكد من توفير الأدوات اللازمة لإجراء التجربة.
- التأكد من سلامة المختبر وخلوه من المواد الخطرة أو السامة قبل دخول الطلاب له.
- إجراء التجارب بنفسه قبل تلقي الطلاب الدرس.

2-أثناء الدرس:

- التركيز على سلامته وسلامة طلابه.
- مراقبة جميع الطلاب.
- توزيع الطلاب توزيعا مناسبا لمنع تكدسهم في مكان واحد، بحيث يسمح لكل مجموعة لإجراء التجربة.
- التأكد من أن جميع الطلاب يشاهدون عرض التجربة.
- عدم جعل فم الأنبوبة باتجاه الوجه وخصوصا عند استخدام مواد كيميائية.
- يجب أن لا يستخدم المعلم يده في نقل المواد كي لا يقتدي به الطلاب.

3-بعد الانتهاء من الدرس:

- التأكد من انتهاء جميع الطلاب من العمل المطلوب (تحقيق أهداف الدرس).
- التأكد من فهم الطلاب للدرس.
- تقويم التجربة أو العرض.
- ترك المختبر نظيفا والحرص على إرجاع جميع الأدوات إلى مكانها.

مهارات يكتسبها الطلاب من المختبر

يقترح **Torpej & Baye** خمس مجموعات مهارية وتقنية يكتسبها المتعلم في المختبر وهي:

1- المهارات المكتسبة

وهي التي تتضمن مهارات الانتباه والملاحظة والبحث، والمصادر كاستخدام المراجع والاستفسار، والتحقق من المعلومات وجمعها كعمل الجداول ومهارة البحث العلمي كالوصول إلى الاستنتاجات.

2- المهارات التنظيمية

وهي التي تشمل مهارات التسجيل كالجدولة والتمثيل البياني والمقارنة في التشابه والاختلاف والمغايرة كالبحث عن الاختلافات بين الأشياء التصنيف والتنظيم والترتيب والاختصار والتقييم والتحليل.

3- المهارات الإبداعية

وتشمل مهارات التخطيط والتصميم والاختراع والتركيب.

4- مهارات التحكم

وتتضمن مهارات استخدام الأجهزة والاعتناء بها وصيانتها وتجميعها ومعاينتها وتجريبها.

5- مهارات الاتصال

وتتضمن مهارات طرح الأسئلة والمناقشة والتفسير وكتابة التقارير وترجمة المعلومات بيانيا والتدريس التي تعني قدرة المتعلم على نقل المعلومات العلمية وتعليمها لزملائه.

أسئلة التقويم الذاتي

س1: عدد باختصار معايير اختيار طرق التدريس؟

س2: اذكر ثلاث مميزات للطريقة الجيدة في التدريس؟

س3: قارن بين الطريقة الإلقائية وطريقة المناقشة من حيث:

أ- الخطوات ب- المميزات جـ- العيوب

س4: اذكر شروط استخدام طريقة القصة في التدريس؟

س5: وضح خطوات طريقة حل المشكلات؟

س6: ما هي الأنشطة التي يقوم بها المعلم في بناء وحدة المادة الدراسية.

س7: إلى من تنتسب كل من طريقة المشروعات، طريقة التعيينات وما هي الأسس التي قامت عليها الطريقتان؟

س8: ما هي خطوات التدريس بطريقة التدريب العملي:

س9: وضح بما لا يقل عن ثلاثة أسطر كل من:

أ- أسلوب التدريس القائم على استعمال أفكار المتعلم.

ب- أسلوب التدريس الحماسي للمعلم.

س10: ضع علامة (√) أمام الإجابة الصحيحة لكل مما يأتي:

السؤال الأول: ضعي علامة (√) أمام الإجابة الصحيحة لكل مما يأتي:

1- يعد التعلم التعاوني من استراتيجيات التدريس:

أ- لمباشـــرة ( )

ب- غير المباشرة ( )

ج- التفاعليـــة ( )

د- الخبراتيـــة ( )

2- من أساليب التعلم التعاوني:

أ- التفريد المعان بالفريق ( )

ب- الخبير أو الترتيب المتشابك ( )

ج- الاستقصاء الجماعي ( )

د- كل ما سبـــق ( )

3- عندما تطلب المعلمة من مجموعة من طالباتها عرض تقرير عن الزيارة التي تمت إلى متحف البحرين، في حدود نصف ساعـــة من الحصة، فإن هذه المجموعة وفقاً لمجموعات التعلم التعاوني تعـد مجموعة تعاونية:

أ- رسميـــــة ( )

ب- غير رسميـة ( )

ج- أساسيـــة ( )

د- كل ما سبـــق ( )

4- أثناء فترة التربية العملية طلب المشرف منك ومن زميلتك تدريس موضوع تلوث البيئة، فقمت بعمل ندوة حول الموضوع، وقامت زميلتك باختيار لجنة من الطالبات لدراسة الموضوع، فإن أسلوبك وأسلوب زميلتك يعد شكلاً من أشكال طريقة:

أ- المحاضرة ( )

ب- التلقـــين ( )

ج- المناقشـة ( )

د- لعب الأدوار ( )

5- أثناء تدريسك لموضوع الألوان، قمت بمزج بعض الألوان أمام الطالبات، ورسمت بعض الأشكال، وطلبت منهن التعرف على كيفية الحصول على لون معين، فإن طريقتك هذه تعرف بطريقة:

أ- حل المشكلات ( )

ب- الاكتشاف ( )

ج- المناقشــة ( )

د- المحاضرة ( )

6- يعد التعلم التعاوني تطبيقاً تعليمياً مناسباً لأساسيات الفلسفة:

أ- المثالية ( )

ب- الواقعية ( )

ج- البنائية ( )

د- البرجماتية ( )

7- تعد المحاضرة من استراتيجيات التدريس:

أ- المباشــرة ( )

ب- غير المباشرة ( )

ج- التفاعليــة ( )

د- الخبراتيــة ( )

8- من خصائص التعلم التعاوني:

أ- التفاعل وجهاً لوجه ( )

ب- المسئولية الفردية ( )

ج- المسئولية الفردية الجماعية ( )

د- كل من أ، ج ( )

9- أثناء فترة التربية العملية طلب المشرف منك ومن زميلك تدريس موضوع تاريخ البحرين، فقمت بعمل ندوة حول الموضوع، وقام زميلك باختيار لجنة من الطلبة لدراسة الموضوع، فإن أسلوبك وأسلوب زميلك يعد شكلاً من أشكال طريقة:

أ- حل المشكلات ( )

ب- التلقــين ( )

ج- المناقشــة ( )

د- لعب الأدوار ( )

10- أثناء تدريسك لموضوع الألوان، قمت بمزج بعض الألوان أمام الطالبات، ورسمت بعض الأشكال، وطلبت منهن التعرف على كيفية الحصول على لون معين، فإن طريقتك هذه تعرف بطريقة:

أ- حل المشكلات ( )

ب- الاكتشاف ( )

ج- المناقشــة ( )

د- المحاضرة ( )

11- تنتمي طريقة المناقشة إلى الطرق التي تعتمد على:

أ- جهود المعلم. ( )

ب- الجهد الذاتي للطالب. ( )

ج- التعاون بين المعلم والمتعلم. ( )

د- كل من أ، ب ( )

12- جميع ما يأتي من مواصفات طريقة التدريس الناجحة ما عدا:

أ- مناسبتها لسن الطلاب. ( )

ب- مناسبتها للوقت المخصص للحصة. ( )

ج- أخـذها بالترتيب المنطقي في عرض المـادة. ( )

د- تركيزها على بطيئي التعلم أكثر من سريعي التعلم. ( )

13- طريقة التدريس التي تستخدم أساليب الندوات واللجان لتنمية المهارات المعرفية والاتجاهات لدى الطلاب هي:

أ- المناقشة. ( )

ب- لعب الدور. ( )

ج- حل المشكلات. ( )

د- الألعاب التعليمية. ( )

14- أدنى مستويات الاكتشاف هو:

أ- الحر. ( )

ب- المفتوح. ( )

ج- الموجـه. ( )

د- شبه الموجه. ( )

15- تعرف المجموعة التعاونية الأساسية على أنها مجموعات:

أ- طويلة الأجل وغـير متجانسة. ( )

ب- تستخدم أثناء التعليم المباشـر. ( )

ج- ذات غرض خاص تدوم بضع دقائق. ( )

د- تدوم من حصة صفية واحدة على عدة أسابيع. ( )

السؤال الثاني: أجب عما يأتي:

1- حل المشكلات من استراتيجيات التدريس الفعالة. وضح خطواتها، ومميزاتها وعيوبها.

2- وضح فكرة (قواعد) وخطوات إستراتيجية العصف الذهني.

3- التعلم بالاكتشاف من استراتيجيات التدريس الفعالة. وضـح دور المعلـم والمتعلـم في هـذه الإستراتيجية.وأهم أوجه النقد الموجة لها.

4- طريقة المناقشة من الطرق التي يتم فيها التفاعل بين الطالب والمعلم. وضح خطواتها والانتقادات الموجهة إليها.

5- " تعد إستراتيجية التعلم التعاوني من الاستراتيجيات التعليمية المناسبة لإعداد الطلاب للتكيف مع متطلبات القرن الحادي والعشرين "، في ضوء ذلك وضح مستعيناً بأمثلة من مادة تخصصك ما يلي:

أ- المقصود بالتعلم التعاوني

ب- كيفية استخدام أسلوب الخبير أو الترتيب المتشابك (**Jigsaw**) كأحد أساليب التعلم التعاوني.

ج-أهم القرارات التي يجب أن يتخذها المعلم لبناء المواقف التعليمية التعاونية.

د- طريقتين لتقويم طلابك في التعلم التعاوني.

6- تعد طريقة حل المشكلات من الطرق الفعالة في التدريس. وضح كيف يمكنك استخدام هذه الطريقة بخطواتها المختلفة في تدريس موضوع من موضوعات مادة تخصصك.

7- وضح لزميلتك لماذا لا تفضلين طريقة المناقشة في التدريس؟

8- في ضوء دراستك لطريقة الاكتشاف كإحدى طرق التدريس، وضح دور كل من: المعلم والمتعلم في أدنـي مستويـــات الاكتشـاف؟

9- طريقة المناقشة من طرق التدريس التي يكون فيها كل من المعلم والمتعلم في موقف إيجابي، وضح كيف يمكنك كمعلم تنفيذ هذه الطريقة بفاعلية.

عند استلامك لعملك بعد تخرجك، أخبرك مدير المدرسة التي تعمل فيها بأن المدرسة تعاني من ضعف تحصيل طلابها في بعض المقررات كالرياضيات واللغة العربية، وطلب منك المساعدة في وضع خطة لذلك. في ضوء ما درست في مقرر استراتيجيات التدريس وضح الخطوات التي يجب عليك إتباعها لتقديم وجهة نطرك بأسلوب علمي.

طلب منك أحد المسئولين بالجمعيات الأهلية بالمنطقة التي تسكن فيها إلقاء محاضرة عن دور التربية في خدمة المجتمع، في ضوء ما درست في مقرر استراتيجيات التدريس، وضح الشروط والإجراءات التي يجب عليك إتباعها لكي تكون محاضرتك جيدة.

نشاط صفي (5)

- استعراض أحدث طرق التدرييس الحديثة باستخدام الوسائل التكنولوجيا
- استخدام احدي الطرق الحديثة في تنفيذ درس من الدروس
- استخدام طريقة التعليم الألكتروني في وحدة من الوحدات

الفصل السادس

أساليــب التدريــس

مفهوم أسلوب التدريس Teaching Style

عرفنا أسلوب التدريس في الفصل الأول من هذا الكتاب بأنه - الكيفية التي يتناول بها المعلم طريقة التدريس أثناء قيامه بعملية التدريس، أو هو الأسلوب الذي يتبعه المعلم في تنفيذ طريقة التدريس بصورة تميزه عن غيره من المعلمين الذين يستخدمون نفس الطريقة، ومن ثم فهو يرتبط بصورة أساسية بالخصائص الشخصية للمعلم.

ومفاد هذا التعريف أن أسلوب التدريس قد يختلف من معلم إلى أخر، على الرغم من استخدامهم لنفس الطريقة، مثال ذلك أننا نجد أن المعلم (س) يستخدم طريقة المحاضرة، وأن المعلم (ص) يستخدم أيضاً طريقة المحاضرة ومع ذلك قد نجد فروقاً دالة في مستويات تحصيل تلاميذ كلا منهم. وهذا يعني أن تلك الفروق يمكن أن تنسب إلى أسلوب التدريس الذي يتبعه المعلم، ولا تنسب إلى طريقة التدريس على اعتبار أن طرق التدريس لها خصائصها وخطواتها المحددة والمتفق عليها، كما بينا ذلك سابقاً.

كما يؤكد على أن لكل معلم أسلوب تدريس خاص به، وبه يتميز عن غيره من المعلمين، ومن ثم نجد أن أساليب التدريس تختلف من معلم إلى أخر، على الرغم من أن طريقة التدريس قد تكون واحدة، وعليه يمكن القول أن طريقة التدريس الواحدة يمكن أن تنفذ بأساليب مختلفة تبعاً لاختلاف المعلمين واختلاف سماتهم وخصائصهم الشخصية.

طبيعة أسلوب التدريس

سبق القول أن أسلوب التدريس يرتبط بصورة أساسية بالصفات والخصائص والسمات الشخصية للمعلم، وهو ما يشير إلى عدم وجود قواعد محددة لأساليب التدريس ينبغي على المعلم اتباعها أثناء قيامه بعملية التدريس، وبالتالي فإن طبيعة أسلوب التدريس تضل مرهونة بالمعلم الفرد وبشخصيته وذاتيته.

فالتعبيرات اللغوية، والحركات الجسمية، وتعبيرات الوجه، والانفعالات، ونغمة الصوت، ومخارج الحروف، والإشارات والإيماءات، والتعبير عن القيم، وغيرها، تمثل في جوهرها الصفات الشخصية الفردية التي يتميز بها المعلم عن غيره من المعلمين، ووفقاً لها يتميز أسلوب التدريس الذي يستخدمه وتتحدد طبيعته وأنماطه.

أساليب التدريس وأنواعها

كما تتنوع إستراتيجيات التدريس وطرق التدريس تتنوع أيضاً أساليب التدريس، ولكن ينبغي أن نؤكد أن أساليب التدريس ليست محكمة الخطوات، كما أنها لا تسير وفقاً لشروط أو معايير محددة، فأسلوب التدريس كما سبق أن بينا يرتبط بصورة أساسية بشخصية المعلم وسماته وخصائصه، ومع تسليمنا بأنه لا يوجد أسلوب محدد يمكن تفضيله عما سواه من الأساليب، على اعتبار أن مسألة تفضيل أسلوب تدريسي عن غيره تضل مرهونة، بالمعلم نفسه وبما يفضله هو، إلا أننا نجد أن معظم الدراسات والأبحاث التي تناولت موضوع أساليب التدريس قد ربطت بين هذه الأساليب وأثرها على التحصيل، وذلك من زاوية أن أسلوب التدريس لا يمكن الحكم عليه إلا من خلال الأثر الذي يظهر على التحصيل لدى المتعلمين.

وبناءً على ما سبق سوف نعرض فيما يلي لأساليب التدريس من حيث أنواعها وعلاقتها بمستويات التحصيل لدى المتعلمين. وذلك على النحو الآتي:

أساليب التدريس المباشرة وغير المباشرة

يعرف أسلوب التدريس المباشر بأنه ذلك النوع من أساليب التدريس الذي يتكون من أراء وأفكار المعلم الذاتية (الخاصة) وهو يقوم على توجيه عمل المتعلم ونقد سلوكه، ويعد هذا الأسلوب من الأساليب التي تبرر استخدام المعلم للسلطة داخل الفصل الدراسي.

حيث نجد أن المعلم في هذا الأسلوب يسعى إلى تزويد المتعلمين بالخبرات والمهارات التعليمية التي يؤدي هو أنها مناسبة، كما يقوم بتقويم مستويات تحصيلهم وفقاً لاختبارات محددة يستهدف منها التعرف على مدى تذكر المتعلمين للمعلومات التي قدمها لهم، ويبدو أن هذا الأسلوب يتلاءم مع المجموعة الأولى من طرق التدريس خاصة طريقة المحاضرة والمناقشة المقيدة.

أما أسلوب التدريس غير المباشر: فيعرف بأنه الأسلوب الذي يتمثل في امتصاص أراء وأفكار المتعلمين مع تشجيع واضح من قبل المعلم لا شراكهم في العملية التعليمية وكذلك في قبول مشاعرهم.

أما في هذا الأسلوب فإن المعلم يسعى إلى التعرف على أراء ومشكلات المتعلمين، ويحاول تمثلها، ثم يدعوا المتعلمين إلى المشاركة في دراسة هذه الآراء والمشكلات ووضع الحلول المناسبة لها، ومن الطرق التي يستخدم معها هذا الأسلوب طريقة حل المشكلات وطريقة الاكتشاف الموجه.

وقد لاحظ (فلاندوز Flankers) أن المعلمين يميلون إلى استخدام الأسلوب المباشر أكثر من الأسلوب غير المباشر، داخل الصف، وافترض تبعاً لذلك قانونه المعروف بقانون (الثلثين) الذي فسره على النحو الآتي: "ثلثي الوقت في الصف يخصص للحديث - وثلثي هذا الحديث يشغله المعلم - وثلثي حديث المعلم يتكون من تأثير مباشر". إلا أن أحد الباحثين قد وجد أن النمو اللغوي والتحصيل العام يكون عالياً لدى المتعلمين اللذين بقعون تحت تأثير الأسلوب غير المباشر، مقارنة بزملائهم الذين يقعون تحت تأثير الأسلوب المباشر في التدريس.

كما أوضحت إحدى الدراسات التي عنيت بسلوك المعلم وتأثيره على تقدم التحصيل لدى المتعلمين، أن أسلوب التدريس الواحد ليس كافياً، وليس ملائماً لكل مهام التعليم، وأن المستوى الأمثل لكل أسلوب يختلف باختلاف طبيعة ومهمة التعلم.

أسلوب التدريس القائم على المدح والنقد

أيدت بعض الدراسات وجهة النظر القائمة أن أسلوب التدريس الذي يراعي المدح المعتدل يكون له تأثير موجب على التحصيل لدى المتعلمين، حيث وجدت أن كلمة صح، ممتاز، شكراً لك، ترتبط بنمو تحصيل المتعلمين في العلوم في المدرسة الابتدائية.

كما أوضحت بعض الدراسات أن هناك تأثيراً لنقد المعلم على تحصيل طلابه فلقد تبين أن الإفراط في النقد من قبل المعلم يؤدي انخفاض في التحصيل لدى المتعلمين، كما تقرر دراسة أخرى بأنها لا توجد حتى الآن دراسة واحدة تشير إلى أن الإفراط في النقد يسرع في نمو التعلم.

وهذا الأسلوب كما هو واضح يترابط بإستراتيجية استخدام الثواب والعقاب، التي سبق الحديث عنها.

أسلوب التدريس القائم على التغذية الراجعة

تناولت دراسات عديدة تأثير التغذية الراجعة على التحصيل الدراسي للمتعلم، وقد أكدت هذه الدراسات في مجملها أن أسلوب التدريس القائم على التغذية الراجعة له تأثير دال موجب على تحصيل المتعلم. ومن بين هذه الدراسات دراسة (ستراويتز **Stearwitz**) التي توصلت إلى أن المتعلمين الذين تعلموا بهذا الأسلوب يكون لديهم قدر دال من التذكر إذا ما قورنوا بزملائهم الذين يدرسون بأسلوب تدريسي لا يعتمد على التغذية الراجعة للمعلومات المقدمة.

ومن مميزات هذا الأسلوب أنه يوضح للمتعلم مستويات تقدمه ونموه التحصيلي بصورة متتابعة وذلك من خلال تحديده لجوانب القوة في ذلك التحصيل، وبيان الكيفية التي يستطيع بها تنمية مستويات تحصيلية، وهذا الأسلوب يعد من أبرز الأساليب التي تتبع في طرق التعلم الذاتي والفردي.

أسلوب التدريس القائم على استعمال أفكار المتعلم

قسم (فلاندوز Flankers) أسلوب التدريس القائم على استعمال أفكار المتعلم إلى خمسة مستويات فرعية نوجزها فيما يلي:

أ– التنويه بتكرار مجموعة من الأسماء أو العلاقات المنطقية لاستخراج الفكرة كما يعبر عنها المتعلم.

ب– إعادة أو تعديل صياغة الجمل من قبل المعلم والتي تساعد المتعلم على وضع الفكرة التي يفهمها.

ج– استخدام فكرة ما من قبل المعلم للوصول إلى الخطوة التالية في التحليل المنطقي للمعلومات المعطاة.

د– إيجاد العلاقة بين فكرة المعلم وفكرة المتعلم عن طريق مقارنة فكرة كل منهما.

هـ– تلخيص الأفكار التي سردت بواسطة المتعلم أو مجموعة المتعلمين.

ولقد أشار فلاندوز إلى أن استعمال أفكار المتعلمين ينمي لديه اتجاه موجب نحو المعلم وذلك في الصفوف الدراسية من الرابع حتى الثامن.

ويلاحظ على هذا الأسلوب أنه يعطي فرصة أكبر للمتعلمين لكي يصلوا إلى اكتشاف أفكار معينة، أو حقائق ومعلومات معينة، من خلال تحليل وإعادة تنظيم تلك الجمل ووضعها في إطار فكري جديد، وهو الأمر الذي يساعد المتعلمين على إعادة تنظيم خبراتهم وتوظيفها في حياتهم اليومية، كما يساعدهم على مقارنة أفكارهم بأفكار المعلم مما يؤدي إلى نمو التفاعل بين المعلم والمتعلمين أثناء الموقف التعليمي. ومن الطرق المناسبة لاستخدام هذا الأسلوب طريقة الاكتشاف الموجه، والطريقة الاستقرائية.

أساليب التدريس القائمة على تنوع وتكرار الأسئلة

حاولت بعض الدراسات أن توضح العلاقة بين أسلوب التدريس القائم على نوع معين من الأسئلة وتحصيل المتعلمين، حيث أيدت نتائج هذه الدراسات وجهة النظر

القائلة أن تكرار إعطاء الأسئلة للمتعلمين يرتبط بنمو التحصيل لديهم، فقد توصلت إحدى هذه الدراسات إلى أن تكرار الإجابة الصحيحة يرتبط ارتباطا موجباً بتحصيل المتعلم.

ولقد اهتمت بعض الدراسات بمحاولات إيجاد العلاقة بين نمط تقديم الأسئلة والتحصيل الدراسي لدى المتعلم، مثل دراسة (هيوز Hughes) التي أجريت على ثلاث مجموعات من المتعلمين بهدف بيان تلك العلاقة، حيث اتبع الآتي: في المجموعة الأولى يتم تقديم أسئلة عشوائية من قبل المعلم، وفي المجموعة الثانية يقدم المعلم الأسئلة بناء على نمط قد سبق تحديده، أما المجموعة الثالثة يوجه المعلم فيها أسئلة للمتعلمين الذين يرغبون في الإجابة فقط.

وفي ضوء ذلك توصلت تلك الدراسة إلى أنه لا توجد فروق دالة بين تحصيل المتعلمين في المجموعات الثلاث، وقد تدل هذه النتيجة على أن اختلاف نمط تقديم السؤال لا يؤثر على تحصيل المتعلمين.

وهذا يعني أن أسلوب التدريس القائم على التساؤل يلعب دوراً مؤثراً في نمو تحصيل المتعلمين، بغض النظر عن الكيفية التي تم بها تقديم هذه الأسئلة، وإن كنا نرى أن صياغة الأسئلة وتقديمها وفقاً للمعايير التي حددناها أثناء الحديث عن طريقة الأسئلة والاستجواب في التدريس، ستزيد من فعالية هذا الأسلوب ومن ثم تزيد من تحصيل المتعلمين وتقدمهم في عملية التعلم.

أساليب التدريس القائمة على وضوح العرض أو التقديم

والمقصود هنا بالعرض هو عرض المدرس لمادته العلمية بشكل واضح يمكن طلابه من استيعابها، حيث أوضحت بعض الدراسات أن وضوح العرض ذي تأثير فعال في تقدم تحصيل المتعلمين، فقد أظهرت إحدى الدراسات التي أجريت على مجموعة من طلاب يدرسون العلوم الاجتماعية. طلب منهم ترتيب فاعلية معلميهم على مجموعة من

المتغيرات وذلك بعد انتهاء المعلم من الدرس على مدى عدة أيام متتالية، أن الطلاب الـذين أعطوا معلميهم درجات عالية في وضوح أهداف المـادة وتقديمها يكون تحصيلهم أكـثر مـن أولئك الذين أعطوا معلميهم درجات أقل في هذه المتغيرات.

أسلوب التدريس الحماسي للمعلم

لقد حاول العديد من الباحثين دراسة أثر حماس المعلم باعتباره أسلوب مـن أسـاليب التدريس على مستوى تحصيل طلابه، حيث بينت معظم الدراسات أن حماس المعلـم يرتبط ارتباطاً ذا أهمية ودلالة بتحصيل المتعلمين.

فلقد توصلت إحدى الدراسات التي أجريت على الطلاب المعلمين في تخصصـات الرياضيات، المواد الاجتماعية، اللغة الإنجليزية، أثناء تدريسهم مجموعة من الدروس القصيرة لطلابه الصفوف الرابع، الخامس، السادس أن تلاميذ الطالب المعلم ذي الأسلوب الحمـاسي في التدريس، وفقاً لتقديرات مشرفيهم، فقد حصلوا على درجات أعـلى مـن نظرائهم الـذين يدرسون مع معلم آخر أقل حماساً في تدريسه.

وفي دراسة تجريبية قام بها أحد الباحثين باختيار عشرين معلمـاً حيث أعطيت لهم التعليمات بإلقاء درس واحد بحماس ودرس آخر بفتور لطلابهم من الصفين السادس والسابع، وقد تبين من نتائج دراسته أن متوسط درجات المتعلمين في الدروس المعطاة بحماس كانت أكبر بدرجة جوهرية من درجاتهم في الدروس المعطاة بفتور وذلك في تسعة عشر صفاً مـن العدد الكلي وهو عشرين صفاً.

ومما تقدم يتضح أن مستوى حماس المعلم أثناء التـدريس يلعب دوراً مـؤثراً في نمـو مستويات تحصيل طلابه، مع ملاحظة أن هذا الحماس يكون أبعد تأثيراً إذا كان حماساً متزناً.

أسلوب التدريس القائم على التنافس الفردي

أوضحت بعض الدراسات أن هناك تأثيراً لاستخدام المعلم للتنافس الفردي كليـاً للأداء النسبي بين المتعلمين وتحصيلهم الدراسي، حيث أوضحت إحـدى هـذه الدراسات

أن استخدام المعلم لبنية التنافس الفردي يكون لـه تـأثير دال عـلى تحصـيل تلاميـذ الصـف الخـامس والسـادس، كـما وجـدت دراسـة أخـرى أن التنـافس الفـردي يحـدث تحصـيل أكـبر في مادة الرياضيات لدى تلاميذ الصفوف الخامس وحتى الثامن وذلك إذا ما قـورن بالتنـافس الجماعي.

ومن الطرق المناسبة لاستخدام هذا الأسلوب طرق التعلم الذاتي والإفرادي.

وفي ضوء ما سبق يتضح لنا أن هناك مدلولات واضحة لأساليب التـدريس تميزهـا عـن غيرها من المفاهيم الأخرى، فقد تناولت الدراسة مدلول أسلوب التدريس عـلى أنـه لـه عـدة صور وأشكال

أسلوب التدريس المباشر وغير المباشر، وأساليب التدريس القائمة على كل من المـدح أو النقد، التغذية الراجعة، استعمال أفكار المتعلم، واستخدام وتكرار الأسئلة، وضـوح العـرض أو التقديم، الحماس، التنافس الفردي بين المتعلمين.

وفي الغالب فإننا نجد أن المعلم لا يحدد هذه الأساليب تحديداً مسبقاً للسير وفقاً لهـا أثناء التدريس، ولكنها تكاد تصل إلى درجات مختلفة من النمطية في الأداء التـدريسي، وذلـك باختلاف الخصائص الشخصية للمعلمين.

كما أننا في الغالب نجد المعلمين يسـتخدمون أسـلوباً أو عـدة أسـاليب مـن الأسـاليب التدريسية السـابق الإشـارة إليهـا، وذلـك أثنـاء سـيرهم في تنفيـذ طريقـة التـدريس المحـددة تحديداً مسبقاً والتي يرغب في إتباعها.

ومن خلال ما تقدم يتضح أن عملية التدريس تسير وفقاً لمراحل ثلاث رئيسية هي:

أ- مرحلة التخطيط أو ما قبل التفاعل.

ب- مرحلة التنفيذ أو التفاعل.

ج- مرحلة ما بعد التنفيذ أو المتابعة.

أما المرحلة الأولى: وهي مرحلة التخطيط فهي مرحلة النشاط الذهني للدرس يهدف إلى تحديد الأهداف واختيار أفضل السبل لتحقيقها، فهي مرحلة خالية مـن التفاعـل وذلك لأنها تتم خارج الفصل كما أنها نشاطاً منطقياً مقصوداً يبدو فيه الموقف التـدريسي عـلى أنه موقف سهل ومنسجم مع الموقف.

أما المرحلة الثانية: فتبدأ بمواجهة المدرس بطلابه ولذلك فهي مرحلة تفاعل حي، وهي مرحلة سريعة بأحداثها وما كان يبدو منطقياً في مرحلة التخطيط يصبح موقفاً سيكولوجياً معقداً.

أما المرحلة الثالثة: فإن المدرس يحاول أن يقف على مدى تأثيره في المتعلمـين وبالتالي فإنه يكون نظرة دقيقة عـلى مـدى فاعليـة التـدريس ويحـاول أن يستفيد بهـذه المتابعـة في عملية التدريس.

التدريس المصغر ومهارات التدريس

نتناول فيما يلي التدريس المصغر كأحد المداخل الهامة التي يمكن من خلالها اكتسـاب وإتقان مهارات التـدريس، وسيقتصر حديثنا عـلى المقصود بالتـدريس المصـغر وخصائصـه، ومميزاته، والانتقادات التي وجهت إليه، وخطوات تنفيذه..

تعريف التدريس المصغر

تعددت تعريفات التدريس المصغر في الأدبيات التربوية من هذه التعريفات

1- أنه تمرين ديناميكي يمثل موقف تدريسي بسيط يقوم فيه الطالب المعلم بشرح جزء من درس في مدة تتراوح مـا بـين (5 - 20) دقيقـة في وجـود زملائـه والمشرف ،ثـم يناقشـهم فـيما عـرض ويمكـن إعـادة الشرح للاسـتفادة مـن التغذية الراجعة حيث يتم تسجيل الموقف التـدريسي بواسطة كامـيرات الفيـديو (صوت وصورة) حتى يتم إتقان المهارة التدريسية.

2- ويعرف التدريس المصغر في قاموس التربية: بأنه تعليم يقوم به المعلم (المتدرب) فيدرس لطلابه في مدة تتراوح بين 5 – 20 دقيقة بحضور المشرف، ويتبع ذلك تقييم المشرف، وقد يعاد الدرس، ويتم التدريس حتى تتقن المهارات.

ويعرفه "رشدي طعيمة" بأنه" موقف تدريسي بسيط يتم في وقت قصير يتراوح عادة بين (3-10) دقائق".

وبصفة عامة وفي ضوء التعاريف التي تم تناولها نلاحظ اتفاقها في أن " التدريس المصغر عبارة عن موقف تعليمي بسيط من حيث الزمن والمحتوى وعدد المتعلمين والدارسين، تحت إشراف شخص ما قد يكون المعلم أو مجموعة أشخاص ذوى خبرة عالية في مجال التربية، ويعمل على إكساب المتعلم مهارات جديدة ،فضلا عن نمو معلوماته الأخرى."

خصائص التدريس المصغر

للتدريس المصغر خصائص عديدة منها:

1- اكتساب الدارس مهارات جديدة وتنمية معلوماته.

2- قلة عدد الطلاب المعلمين داخل المجموعة (6-8) أفراد وبعضها من 4-10 أفراد.

3- قلة الوقت المخصص للتعليق على الموقف التعليمي (5دقائق).

4- قيام المهارة على أسس علمية بداية من المعرفة النظرية المتعلقة بالمهارة وانتهاءً بالوصول إلى حد الإتقان.

5- سهولة الملاحظة والتحليل سواء من جانب الطالب المعلم ذاتياً أومن جانب المشرف واستخدام ذلك فى التغذية المرتجعة الفردية والجماعية، وذلك من خلال تسجيل الأداء.

6- التدريب على المهارة يكون داخل قاعات التدريب المخصصة.

7- تحديد بعض أجزاء الدرس وتصميم كيفية تقديمها وتقويمها.

8- يركز في التدريب على مهارة تدريسية واحدة حتى يتم إتقانها بشكل جيد بدقة وبسرعة وقلة في الوقت.

مميزات التدريس المصغر

للتدريس المصغر العديد من المميزات منها :

1- يعد التدريس المصغر أسلوباً متطوراً في تدريب الطالب المعلم على مهارات التدريس الأساسية على نحو تدريجي يتناول المهارات الجزئية كل على حدة

2- تساعد مهارات التدريس المصغر على إكساب الطالب مهارات التدريس الأساسية.

3- التدريس المصغر يعطي عائداً مباشراً وملموساً لعملية التعليم والتعلم، ويبدو ذلك واضحاً في سلوك الطالب المتدرب من خلال إعطاء الفرد صورة عن نفسه؛ الأمر الذي يؤدى إلى تعديل سلوكه.

4- التدريس المصغر يساعد على تنمية وتطوير مهارات التدريس لدى الطلاب المعلمين.

5- يساعد التدريس المصغر على التخلص من الأخطاء الشائعة بين المعلمين المبتدئين.

6- يساعد على كسب الثقة نحو الذات.

7- التقليل من تعقيدات الموقف التدريسي.

8- يساعد في حل مشكلة عدم توافق الزمن المحدد للحصة مع الزمن المستغرق في عرض الدرس.

9- يساعد في إبقاء أثر التعلم

10- يساعد في اختيار المواد والتقنيات التعليمية

11- يفيد في عمليات تطوير المناهج

12- يفيد في الوصول إلى مستوى التمكن لأنه يعمل على: إتاحة الوقت الكافي للتدريب على المهارة، و الحصول على معلومات وافرة عن المهارة، قيام أحد المدرسين الأوائل بتقديم نموذج لعرض المهارة.. والاستفادة من التغذية الراجعة ذاتياً بالمشاهدة وخارجياً من الزملاء والمشرف.

الانتقادات التي وجهت إلى التدريس المصغر

على الرغم من المميزات العديدة التي يقدمها التدريس المصغر ، ومما يبدو من جاذبية وبريق لهذا النوع من البرامج التدريسية،إلا أنه قد وجهت إليه مجموعة من الانتقادات منها:

1- إهمال الجوانب الاجتماعية للعملية التدريسية، وبعبارة أخرى عدم تركز هذه برامج التدريس المصغر على إكساب الطلبة المعلمين المهارات الاجتماعية للعملية التدريسية.

2- تقسيم العملية التدريسية إلى مهارات صغيرة ،ومن ثم فإن التدريب عليها يفقدها تكاملها مما يصعب معه استيعابها بشكل متكامل.

3- التدريب على المهارة بشكل منفصل دون ربطها بالمهارات الأخرى يؤدى بالضرورة إلى تعليم آلي ميكانيكي سرعان ما يفقد معناه بعد فترة زمنية وجيزة.

4- يعتمد على تصغير مكونات الموقف التدريسي الحقيقي المتمثل في: الدرس، والوقت، وارتباط المهارات والمهام، وهذه المبادئ تجعل للتدريس المصغر حدوداً معينة، حيث لا يقدم درساً كاملاً.

5- يرى البعض أن الدرس الكامل ليس هو مجموع الأجزاء المكونة للموقف التعليمي الذي يتدرب عليـه الطالب المعلـم، فالمجموع ليس جميع الأجزاء، وذلـك لأن الدرس الكامل يتضمن العديد مـن الخصائص غيـر المتوافرة في عناصر الـدرس منفردة، فعلى سبيل المثال تثير مقدمة الدرس تساؤلات عند المتعلمين في نهاية الدرس، بالإضافة إلى أن أنشطة الدرس التي تجرى في نهاية الدرس يتم الإعداد لهـا طوال الدرس.

6- لا يقدم التدريس المصغر عينة المتعلمين الـذين سـيواجههم الطالب المعلم بعـد الانتهاء من موقف التدريس المصغر حيث إنهم يتسمون باختلاف التفاعل، وإلقاء الأسئلة والانفعالات والخبرات.

7- قد يواجه الطالب المعلم موقفاً صعباً خلال التدريس المصغر يتمثل في وجود طلاب كبار في السن على الرغم من أعدادهم الصغيرة.

8- أنه على الرغم من إجـراء التـدريس المصغر داخل قاعات التـدريب عـلى مهارات التدريس إلا أنه لا يقدم الموقف الحقيقي، فعلى سبيل المثال يعتمد التدريب على السباحة من خلال قيام السباح بالسباحة مهما كان تجهيـز الموقـف الـذي يـؤدى فيه الطالب المعلم هذه المهارة.

ومع كل هذه الانتقادات فقد استطاعت هذه البرامج أن تطور نفسـها حتى وصلـت إلى ما يعرف باسم برامج الإعداد على أساس الكفاءة التي أصبحت مـن أهـم بـرامج إعـداد المعلم في وقتنا الحاضر والتي اتخذت من التدريس المصغر وسيلة وأداء لتنفيذ هذه البرامج.

خطوات تنفيذ التدريس المصغر

يتفق كل من "ميتـزل Mittzel" و"رشـدي طعيمة" في أن استخدام التـدريس المصغر كأسلوب لتدريب الطالب المعلم يتطلب إتباع الخطوات والإجراءات التالية:

1- تحليل المهارة موضوع التدريب إلى مكوناتها السلوكية مع تقديم هذه المكونـات إلى الطالب لدراستها.

2- قيام الطالب المعلم بإعداد خطة لتدريس مصغر يركز فيها على تلك المهارة.

3- قيام الطالب بتدريس الدرس المصغر لفصل مصغر مع تسجيل الدرس.

4- إعادة عرض الدرس بعد التدريس للتحليل والنقد وهذه هي فترة التغذية المرتجعة.

5- قيام الطالب المعلم بالتخطيط مرة أخرى للتدريب على نفس المهارة مـع الاسـتفادة بنتائج التغذية الراجعة السابقة وإعادة التدريس.

6- عرض الدرس بعد التدريس للتغذية الراجعة ثانية.

الفصل السابع

خرائط المفاهيم

أسلوب للتدريس الفعال

تمهيد

أضاف نوفاك و جوين عام 1984 (Novak & Gowin) مصطلحاً جديداً للمصطلحات التربوية أسمياه "خريطة المفاهيم"، وهو مصطلح يدل على العلاقات البصرية بين المفاهيم حيث توضع المفاهيم الرئيسية في أعلى الخرائط ويليها المفاهيم الفرعية فالأقل فرعية و هكذا. وهذا المصطلح في الواقع ترجمة للأفكار التي اقترحها أوزوبل (Ausubel) في سنة 1963 الخاصة بفكرة المنظمات (Advance Organizers) والتي يستهدف فيها مساعدة المتعلمين على ربط المعلومات الجديدة بما لديهم من تراكيب معرفية سابقة.

التدريس وفقاً لخرائط المفاهيم

اجتهد المربيان نوفاك وجوين عام 1986 (Novak & Gowin 1986) في ترجمة أفكار اوزوبل والاستفادة منها في تطوير طريقة جديدة في التدريس سميت "بخرائط المفاهيم" وذلك انطلاقا من أن التعلم ذا المعنى يتطلب اندماج حقيقيا للمعارف والمعلومات الجديدة بالبنية المعرفية للمتعلم حيث يعاد بعد ذلك تشكيل هذه البنية المعرفية. وان الاختلاف في تكوين المعاني المختلفة للمفاهيم يعود إلى أن كل فرد منهم يمتلك تسلسلاً مختلفاً من خبرات التعلم. حيث تبرز أهمية المعارف السابقة للمتعلم والتي اعتبرها اوزوبل العامل الهام والحاسم في التعلم.

وقد أشار اوزوبل إلى مصطلح الروابط الوسطية (Subsumers) وهما مفهوم لفكرة تضم تحتها مفاهيم أو أفكار أخرى التي تتكون نتيجة لعمل المنظمات المتقدمة. ونظرا لأن البنية المعرفية الحالية للمتعلم تشكل عامل حسم في تحديد معنى المعارف والمعلومات التعليمية الجديدة وتسهل عملية اكتسابها والاحتفاظ بها، فإن عمل الروابط الوسيطة هو في الأساس ربط المعلومات والمعارف الجديدة بالمعارف والمعلومات السابقة الموجودة في البنية المعرفية للمتعلم ومحاولة تصحيحها إذا كانت غير متوافقة معها (مفاهيم مغلوطة).

وتقوم خرائط المفاهيم على كشف المخططات المعرفية السابقة عند المتعلم ومن ثم تصحيحها إذا كانت غير متوافقة مع المعلومات الجديدة المراد تعلمها ومن ثم تعليمه بموجبها ثم إعادة الخريطة للتأكد من سلامة التعلم. وتتصف المنظمات المتقدمة - كما أشار إليها الشيخ (1995) - بنفس صفات خرائط المفاهيم وهي:

1- قلة المعلومات اللفظية أو البصرية.

2- يقدم سابقا على محتوى المادة المراد تعلمها.

3- يؤثر على عملية التعلم.

4- لا يشمل على محتوى من المعلومات المراد تعلمها.

5- يزود بوسائل لتوليد العلاقات المنطقية بين عناصر المادة المراد تعلمها.

وبالتالي يمكن من خلال المنظم المتقدم احتواء حقائق المادة التعليمية الجديدة وتفصيلاتها باعتبار أن المنظم المتقدم يعمل على توجيه تعلم الطلبة وربط المعلومات الموجودة في البنية المعرفية بالمعلومات المراد تعلمها.

ويسعى اوزوبل من خلال إستراتيجية المنظم المتقدم إلى زيادة فاعلة عملية معالجة المعلومات (**Information Brocessin**) والقدرة على استيعاب المعارف ووضعها في بنيته كلية متكاملة (في: فرحان وآخرون، 1984). وتتصف خريطة المفاهيم بنفس صفات فكرة المنظم حيث أنها تربط الأفكار المتضمنة في المادة التعليمية الجديدة على أسس حقيقية غير عشوائية بالبنية المعرفية للمتعلم، كما تعتمد على مبدأ الاحتواء **Subsumbtion** إذ افترض اوزوبل بأن البنية المعرفية منظمة تنظيما هرميا تبدأ بالمفاهيم الأكثر شمولاً (**Inclussivness**) وعمومية (**Generality**) وتجريداً (**abstraiction**) والتي يمكن من خلالها احتواء المفاهيم الفرعية الأقل شمولا والأكثر تمايزا وتخصيصا(**Ausubel 1960**) وتتصف خريطة المفاهيم بنفس صفات المنظم المتقدم تلك

تقريباً (Novak 1977) باعتبار أن خريطة المفاهيم تنظيم هرمي لمفهوم عام تندمج تحته مفاهيم مصنفة وواضحة العلاقات.

كما تقوم خريطة المفاهيم بإعادة تنظيم البنية المعرفية للمتعلم وبنائها وجعلها في حالة طبيعية واستعداد لاستقبال المعرفة الجديدة وربطها بالمعلومات والمفاهيم الموجودة في البنية المعرفية للمتعلم. ولهذا يمكن لخريطة المفاهيم أن تعلم على النمط المتقدم (Willerman & Macttarg 1991)، شبر 1997) باعتبار المنظم المتقدم أداة تعلم تصنيفية تسمح للمادة التعليمية الجديدة بالاندماج في البناء المعرفي للمتعلم من قبل وما يحتاج أن يعرفه ليمايز بين المفاهيم العلمية التي سبق أن تعلمها وليكامل بين المفاهيم الجديدة التي يتم تعلمها.

شرح نوفاك وجوين ثلاث طرق لتدريب المتعلمين على تصميم خرائط المفاهيم مصنفة حسب المستوى التعليمي (Novak & Gowin 1986). وتشترك الطرق الثلاث على أن يبدأ المعلم بتعريف المفهوم، ثم يساعد المتعلمين على إدراك العلاقات بين المفاهيم، كما هي في بنيتهم المعرفية، أو كما هي موجودة في الكتب أو عرض المعلم للأفكار، ثم ينتقل المعلم ليساعد طلابه على استخلاص مفاهيم من الكتاب المدرسي أو من عرضه الشفوي ثم تحديد كلمات الوصل المناسبة لبيان العلاقات الهرمية بين تلك المفاهيم. وفيما يلي عرض لمفهوم خريطة المفاهيم، وخصائصها، وأهميتها، وأنواعها، وكيفية تصميمها.

مفهوم خريطة المفاهيم

خريطة المفاهيم عبارة عن توضيحات بيانية محسوسة إلى كيفية اتصال مفهوم معين بمفاهيم أخرى في الفئة نفسها (كسكستون وآخرون، 1998). ويدل مصطلح خريطة المفاهيم على العلاقات البصرية بين المفاهيم؛ بحيث تظهر المفاهيم الأكثر عمومية في قمة الخريطة، وتكون في ترتيب تنازلي حتى القاعدة التي توضح المفاهيم الأكثر تخصصا، ثم تأتي في قاعدة الخريطة الأمثلة المتعلقة بالمفاهيم الفرعية (الشيخ، 1998).

فخريطة المفاهيم عبارة عن أداة منظمة، تمثل مجموعة من المفاهيم التي تتضمن عددا من القضايا (Wandersee, 1990). وتعتبر هذه الخريطة رسماً تخطيطاً ثنائي الأبعاد يوضح العلاقات بين المفاهيم (شبر، 1997).

أما الخطوط التي تربط المفاهيم الخاصة بالمفاهيم العامة في الخريطة، فهي تدل على العلاقات بين المفاهيم، وتسمى بخطوط الربط أو بالوصلات العريضة، ويتم كتابة كلمات، أو أحداث (أفعال) على هذه الخطوط؛ لتوضح طبيعة العلاقة بين هذه المفاهيم، وتسمى هذه الكلمات بكلمات الربط (الخليلي وحيدر ويونس، 1996؛ الشيخ، 1998).

صفاتها وخصائصها

من أهم خصائص خرائط المفاهيم أنها لا تشتمل على المحتوى المراد تعلمه، نظرا لقلة المعلومات اللفظية أو البصرية فيها، كما أنها تزود بوسائل لتوليد العلاقات المنطقية بين عناصر المادة المراد تعلمها، بالإضافة إلى قدرتها في التأثير على عملية التعلم. ولهذا؛ فان خريطة المفاهيم يمكن أن تعمل عمل المنظم المتقدم، من حيث قدرتها على تنظيم المعلومات ومعالجتها في بنية معرفية متكاملة (شبر، 1997؛ شبر، 1999).

أهمية خريطة المفاهيم

إن خرائط المفاهيم تعد إحدى الإستراتيجيات الهامة في تفعيل التعلم المثمر، وقد أشارت نتائج العديد من الدراسات التي هدفت إلى معرفة أهمية خرائط المفاهيم إلى إيجابيتها في التعلم، والى فائدتها في تعلم العلوم، حيث أشار كل من نوفاك وبوير (1990, Novak؛ Boyer,1997) إلى بعض منافع خرائط المفاهيم المتمثلة فيما يلي:

1- تساعد على زيادة فهم المتعلم، وإعانته على التعلم والتفكير.

2- تساعد على خفض نسبة القلق و التوتر والخوف في غرفة الدراسة.

3- تساعد على ربط المفاهيم الجديدة بالمفاهيم السابقة في بنى معرفية منظمة.

4- تساعد المتعلمين على البحث عن العلاقات بين المفاهيم.

5- تساعد المعلم على التركيز حول الأفكار الرئيسية للمفهوم الذي يقوم بتدريسه.

6- تساعد المتعلم على ربط المفاهيم لجديدة، وتميزها عن المفاهيم المتشابهة.

7- تساعد على خلق مناخ تعليمي تعاوني بين المتعلمين؛ لأنها تتطلب اشتراك المتعلمين في تصميم خريطة المفاهيم.

8- تساعد على الفصل بين المعلومات الهامة والمعلومات الهامشية، وفي اختيار الأمثلة الملائمة لتوضيح المفهوم.

9- تساعد المعلم على تقييم تعلم الطلاب، ومعرفة سوء الفهم الذي قد ينشأ عند المتعلمين.

10- تساعد المعلم على قياس مستويات بلوم العليا (التحليل، التركيب، التقويم).

11- تساعد المتعلم على المقارنة بين أوجه الشبه والاختلاف بين المفاهيم.

12- تساعد على تثبيت المادة التعليمية في الذاكرة بعيدة المدى لدى الطلاب.

13- تساعد كل من المعلم و المتعلم على الإبداع، نظرا لمل تتطلبه من إيجاد لعلاقات عرضية جديدة بين المفاهيم.

14- تزود المتعلمين بملخص تخطيطي مركز لما تعلموه.

15- المتعلم يكون مستمعا ومنظما ومرتبا للمفاهيم.

أما ماك كيب **(Mc Cabe, 1995)** فقد أوضح أن خريطة المفاهيم يمكن أن تكون أداة تعلم مفيدة للطلاب، حيث أنها تعمل على تنظيم المادة المعرفية، وتكامل أجزاء كبيرة منها، كما إنها تساعد على إدخال مفاهيم جديدة ضمن البناء المعرفي الموجود لدى المتعلم، مما يساعد على تثبيت المادة المعرفية في الذاكرة لمدة طويلة المدى. إضافة إلى قدرتها على تصحيح فاعلية الامتحانات و تنقيحها.

وأضاف كارل وآخرون .Carle & et al (والمشار إليه في شبر 1999) أن خرائط المفاهيم تساعد على تشخيص أخطاء المحتوى العلمي في الكتب المدرسية، وتعمل على تحسين الأداء المدرسي للطلاب، وبالتالي تكوين اتجاهات إيجابية نحو مادة العلوم. كما إنها تجعل تعلم الطلاب تعلما ذا معنى، فتساعدهم على تعلم كيفية التعلم، وتنمي لديهم مهارات الدراسة.

بالإضافة إلى ذلك، فإنها تساعد المتعلم على سرعة المراجعة الفعالة لما سبق تعلمه من معارف علمية، والتركيز على تعلم ما هو مطلوب من هذه المعارف العلمية. كما إنها تعد أداة ضرورية للتخطيط والتدريس، حيث تعتبر نشاطاً تعليمياً خاصاً، يمكن من خلالها قياس تعلم الطلاب، والوقوف على المعرفة الموجودة مسبقا لديهم، وبالتالي فإنها تساعد على التخطيط للأنشطة العلاجية، كما إنها تستخدم لمراجعة محتوى المواضيع الدراسية (Mc Cabe, 1995).

وتساعد خرائط المفاهيم المتعلم على إعادة تنظيم المفاهيم في بنيته المعرفية، وذلك من خلال ربط المفاهيم القديمة المكتسبة (الجديدة). كما أنها تفعل دور المعلم والمتعلم على حد سواء، وتنمي مهارات التفكير لديهم، نظرا لما تتطلبه من مهارات الربط بين المفاهيم، وإيجاد العلاقات بينها، والتحليل والتركيب.

فوائد خريطة المفاهيم

لخرائط المفاهيم فوائد كثيرة، فهي تبرز بوضوح الفكرة الرئيسية، من خلال إبرازها في موضع يتوسط الصفحة، وتسمح برؤية كل المعلومات الأساسية في صفحة واحدة. وبالتالي فهي تسهل رؤية المعلومات بطرق مختلفة، ومن وجهات نظر مختلفة، مما يسمح برؤية التناقضات، والتناقضات الظاهرية، والثغرات في المادة، أو في تفسيرات المتعلم لهذه التناقضات، بصورة أوضح.

كما أنها تسمح بإضافة معلومات جديدة بدون أن تؤثر على المفاهيم، وبتوضيح الارتباطات حول الأفكار المفتاحية بكل سهولة. بالإضافة إلى أنها تسمح بتقييم الفهم، أو تشخيص عدم الفهم، مما يزودنا بأساس لوضع الأسئلة، وهذا يشجع على الاكتشاف والإبداع (Lanzing, 1997; counseling Services, 1996).

وبالتالي فخرائط المفاهيم يمكن أن تكون استراتيجية فعالة في تدريس المفاهيم العلمية في مادة العلوم، لأنها تعمل على قياس مدى تعلم الطلاب للمفاهيم، وتشخيص الفهم الخاطئ لدى بعضهم، مما يتيح الفرصة للمعلم لمعرفة سوء الفهم عند الطلاب، والذي يمكن أن يساعد على تحسين التحصيل المعرفي في مادة العلوم، واستيعاب المفاهيم العلمية بصورة صحيحة.

أنواع خريطة المفاهيم

تنقسم خرائط المفاهيم إلى خمسة أنواع (انظر على سبيل المثال: Adamczyk, Willson & Williams, 1994). كما تنقسم حسب بنيتها التركيبية إلى ثلاثة أنوع (Kinchin, 2000)، هي:

- البنية المتدرجة Spoke Structure.
- البنية المتسلسلة Chin Structure.
- البنية الشبكية Net Structure.

ولكل من هذه الأنواع الثلاث التي حددها كنشبن Kinchin خصائص تميزها عن الأخرى، وفي الجدول التالي تلخيص لذلك:

جدول رقم (1)

أنواع خرائط المفاهيم حسب بنيتها التركيبية

التركيبة	التسلسل	الإضافات	الحذف	تتمثل في
المتدرج	مستوى واحد	تضاف إلى المفهوم المركزي، ولا تتداخل مع المفاهيم المشاركة.	لا يؤثر على التركيبة العامة للخريطة	تركيبة المنهج الوطني
الهرمي أو المتسلسل	عدة مستويات ولكنها غير منتظمة	لا يمكن أن تجتمع مع الإضافات القريبة من بداية السلسلة	تختل ويتمزق التسلسل والترتيب عند الحذف.	تتابع الدرس غير المتكامل
المتشابك	عدة مستويات مستقيمة	الحذف والإضافة يمكن أن يكون له تأثير مختلف كطرق أخرى غالبا ما تكون موجودة في الخريطة		التعلم ذو المعنى.

النماذج التنظيمية التي يمكن أن تظهر في خرائط المفاهيم

هناك أيضاً بعض الأمور المهمة في خريطة المفاهيم، والتي يجب أن توضع في الاعتبار، ألا وهي النماذج التنظيمية التي قد تظهر فيها مثل:

- **التفرعات**: الفكرة يمكن أن تتفرع في أوقات كثيرة لتتضمن كلا من الأفكار المنغلقة والمفتوحة.
- **الأسهم**: يمكن استعمال الأسهم في ربط الأفكار من التفرعات المختلفة.

- **التجمع:** ويعني توضيح الأفكار المرتبطة ببعضها البعض، فإذا كان عدد من التفرعات.

- **يرتبط بأفكار معينة:** فإنه يمكن رسم دائرة حول كل المساحة المتضمنة للأفكار بتفرعاتها.

- **القوائم:** يمكن ربط المفاهيم داخل الخريطة من خلال ملاحظة أمثلة محددة.

- **الملاحظات:** وهي التي تذكر بأهمية طرح أسئلة للمزيد من المناقشة، وتعلل سبب تكوين رابطة معينة، وتمنح الفرصة لإضافة أي معلومات أخرى (Boyer, 1997; Conselling Serves, 1996).

كيفية تصميم (خرائط المفاهيم)

على الرغم من أن الخطوات الآتية مجرد إرشادات، إلا أنها مهمة لدرجة تجعل من الممكن اعتبارها قاعد، وهذه الخطوات كالتالي:

أ- البدء دائماً بورقة نظيفة وغير مسطرة لتصميم الخرائط، وذلك لأن الورق المخطط قد تعيق التنظيم الخطي للخريطة. وإذا كان لابد من استخدام الورق المخطط، فيفضل تصحيح وضع الورقة بحيث تكون الخطوط فيها رأسية.

ب- طباعة خريطة المفاهيم باستخدام حروف كبيرة، لكي تسهل عملية القراءة، وهذا سوف يمكن من التركيز علي المعلومات، وليس على فنون رسم الخريطة.

ج- كتابة كل المفاهيم التي تتعلق بموضوع ما على الورقة، وكذلك بالنسبة للحقائق الأساسية للتعلم.

د- تكوين قائمة المفاهيم، وتحديد المفاهيم الأساسية منها لوضعها في أعلى الورقة، وفي منتصفها.

هـ- تنظيم المفاهيم في تسلسل هرمي، بحيث يكون المفهوم لأكثر شمولا في القمة، أما المفاهيم الأقل شمولية فتكون في أسفلها.

و- يجب توضيح كل علاقة بين المفاهيم باستخدام الخطوط، على أن يتم مراعاة التسلسل الهرمي لهذه المفاهيم. ثم كتابة كلمات الربط على الخطوط لتظهر العلاقة بين المفاهيم.

ز- ينبغي إعادة رسم خريطة المفاهيم مرة واحدة على الأقل، لأنه يساعد على تكوين روابط مثمرة، فكلما زادت إعادة رسم الخريطة زاد إثرائها، لأن إعادة رسم الخريطة يعطي وقت أكثر للتفكير التأملي، وبالتالي حدوث التعلم المثمر (Boyer, 1997; Counselling Services, 1996) (كسكتون وآخرون 1998).

وبما أن الدراسات والبحوث قد أوصت بضرورة استخدام الصور، والأشكال، والرسوم التوضيحية أثناء عملية بناء خرائط المفاهيم (Kinchin, 2000)، فإننا نرى أن يستخدم الصور، والأشكال، والرسوم التوضيحية لأطفال مرحلة الرياض، أو لتلاميذ الصف الأول الابتدائي، أو للطلاب ذوي التحصيل المنخفض في القراءة، ويمكن أن يسهم بشكل فاعل في تعليم المفاهيم العلمية بصورة صحيحة. وقد لخص شبر 1999 علاقة المفاهيم في خريطة المفهوم في المخطط التالي:

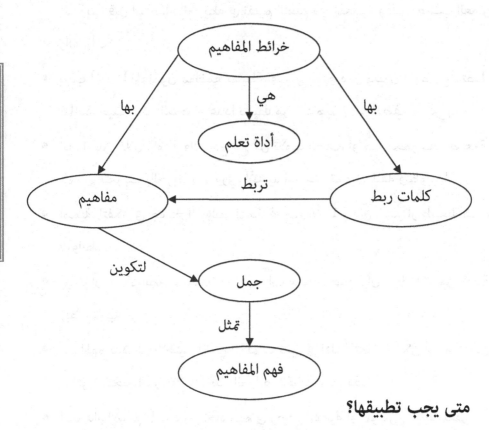

متى يجب تطبيقها؟

يجب على المعلمين فهم أهداف خريطة المفاهيم وآليتها، من أجل الانتفاع بها بصورة فعالة في الصف وتوظيفها التوظيف الفعال. كما يجب ألا يستخدمها المعلمون بدون تخطيط، أو لنشاطات غير ناجحة إذا كانت نتائج التعلم ذي المعنى المتوقعة.

مبادئ استخدام خرائط المفاهيم

ينصح آدم تشيك وويلسون وويليامز Adamchyk وWillson وWilliams (1994) المعلمين الراغبين في استخدام استراتيجية خرائط المفاهيم الفعالة، بأن يأخذوا بعين الاعتبار النقاط التالية:

- تدريب الطلاب على إنتاج الخرائط، وإعطاؤهم فترة زمنية تتراوح بين 6 – 3 ساعات للتدريب قبل استخدام الخريطة في تقييم التعلم ذي المعنى، وذلك حسب العمر والقدرات.

- يجب أن يبدأ المعلمون بمواضيع بسيطة، وليس بضرورة أن يكون الموضوع متصلا بالمادة، حيث يمكن استخدام عددا بسيطا من المفاهيم لبدء الوصف والشرح.

- العمل من خلال الأمثلة والنماذج مع كل تلاميذ الصف، أو مع مجموعات صغيرة. كما أن التعريف بالخريطة ضروري، لأنه يساعد على تسهيل الثقة وتطويرها.

- أهمية التفكير في جميع الروابط الممكنة، مع الأخذ بعين الاعتبار طبيعة هذه الروابط.

- يجب أن يعرف الطلاب بأنه لا يوجد جواب واحد صحيح، وأن هناك أكثر من كلمة ربط مناسبة.

- من المهم تذكر أن للاختيار الأولي للكلمات تأثيرا في أداء المتعلم، ويمكن أن يحد من مستوى التحصيل، وذلك عند بناء الخرائط القبلية المتعددة.

- استخدام الأسهم المحددة الاتجاه مهم في وصف القضية أو الموضوع وبناء المفهوم.

- في حالة استخدام خرائط المفاهيم، لتحديد مستويات موضوع في المنهج الوطني، فإننا نحتاج إلى تركيبة ذات مستوى عال.

- خرائط المفاهيم تعد نتيجة لكل من الإدراك المفهومي للمتعلم، ولخبراته السابقة في داخل البيئة التعليمية وخارجها، وتحليل الخرائط يجب أن يأخذ ذلك في الحسبان بدرجة أقل، أو أدنى اعتماداً على المعلومات المستخدمة في تصميم الخريطة.

أنواع الوصلات في خريطة المفاهيم

لقد صنف كينشن (Kinchin, 2000) الوصلات العرضية – كلمات الربط – إلى سبعة أنواع هي:

- النوع التركيبي Structural.
- النوع الوظيفي Functional .
- النوع المحلي Locational .
- النوع الإجرائي Procedural.
- النوع المنطقي Logical .
- النوع التركيبي Composite .
- النوع الخاطئ Erroneou .

إن اعتبار الوصلات بهذه الطريقة يضيف غنى لوصف خريطة المفاهيم، كما يزود المعلمين ببصيرة نفاذة لعمق الفهم لدى الطلاب. كما أن تصنيف الوصلات بهذه الأنواع (التي تختلف من موضوع لآخر)، تؤدي إلى وجود مطالب واقعية وحقيقية لكل من وقت المعلم وجهده في التحليل (Kinchin, 2000).

متطلباتها

إن خريطة المفاهيم أداة متعددة الأغراض و المستويات، فهي تتطلب معدلاً من التقييم التشخيصي البسيط للطلاب. ومن هذه المتطلبات الممكنة لإستراتيجية خريطة المفاهيم، تقييم المعرفة البدائية والسابقة للموضوع المراد تعلمه، وتقوية البنية المعرفية للمتعلم ودمجها وتعزيزها، من خلال قياس الاحتفاظ بالمعرفة طويلة المدى، وتقييم المعرفة والفهم. كما أنها تتطلب بناء نظام تعليمي مرن، وتعزيز البرامج التعليمية المختلفة، وتقويم فعالية برامج التعليم.

ما هو معيار تقديرها؟ وكيف يتم تقويمها؟

يتم تقويم خرائط المفاهيم بالاستناد إلى المعايير التالية، ولكن قبل ذلك تذكر بأنه لا يوجد عدداً محدداً مسبقاً للنقاط المحتملة لأي خريطة، و تعطى النقاط حسب الإرشاد والتوجيه الموضح على الخريطة. وفيما يلي معايير التقويم حسب ما أشار إليها كل من بوير (Boyer، 1997)، والخليلي وحيدر ويونس (1996):

أ- تكوين القضايا Proposition Formation

في كل خريطة مفاهيم تكون هناك مجموعة من القضايا، وهي عبارة عن العلاقات بين المصطلحات المترابطة الموجودة فيها. والتي تعكس مستوى رفيعاً جداً من التحصيل، وتبين قدرة المتعلم الإبداعية، فإن كل وصلة عرضية متميزة في الخريطة تعطى عشرون نقطة.

ب- الأمثلة Examples

من المهم أن يكون المعلم قادراً على التمييز بين المفاهيم، فالأفعال أو الأحداث التي تعبر عن أمثلة للمفاهيم يجب أن تحاط بدائرة لأنها ليست بمفاهيم، وترصد لها نقطة واحدة.

ويشير الخليلي وحيدر ويونس (1996) إلى أنه بإمكان المعلم تصميم خريطة مفاهيم باعتبارها معيارا للتصحيح، وتحدد فيها نقاط التصحيح. وقد يصمم بعض الطلاب أحياناً خريطة مفاهيم أفضل من الخريطة التي أعدها المعلم، وبالتالي فإنهم يحصلون على درجة نهائية 100 %.

أمثلة لبعض المخططات المختلفة لموضوع واحد

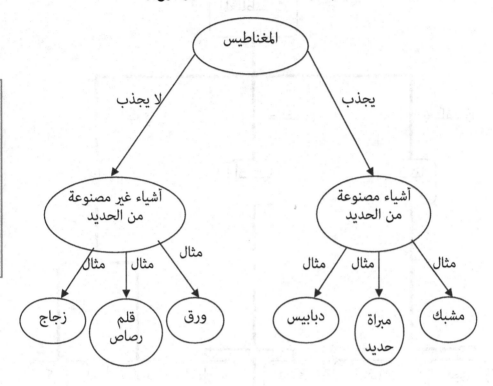

المغناطيسات
تختلف في
تختلف في
تختلف في
أحجامها
أشكالها
قوتها
مثل
مثل
كبيرة
صغيرة
اسطوانة
حرف U
حذاء الفرس
ضعيف
قوي

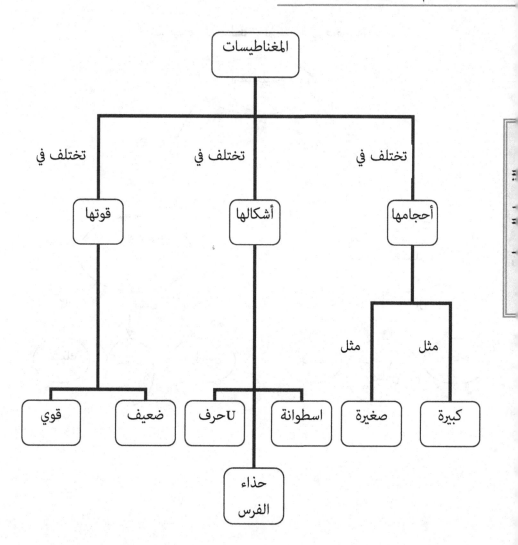

المغناطيسات
تختلف في
تختلف في
تختلف في
قوتها
أشكالها
أحجامها
مثل
مثل
قوي
ضعيف
صغيرة
كبيرة
Uحرف
حذاء الفرس
اسطوانة

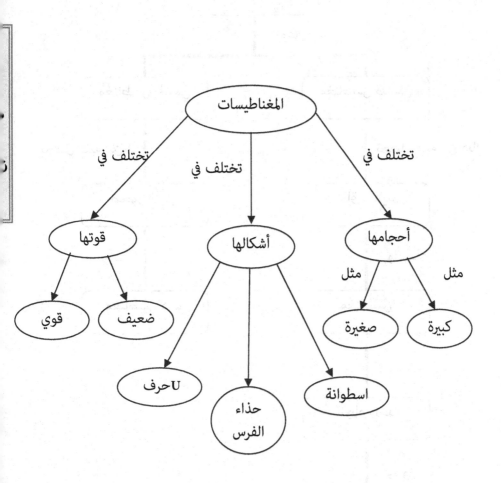

المغناطيس
نوعان
مغناطيس طبيعي
مغناطيس صناعي
نحصل عليه من
صخور الأرض
وهو
مغناطيس دائم
نحصل عليه من دلك
ساق حديد
بواسطة
مغناطيس
في
اتجاه واحد
وهو
مغناطيس مؤقت

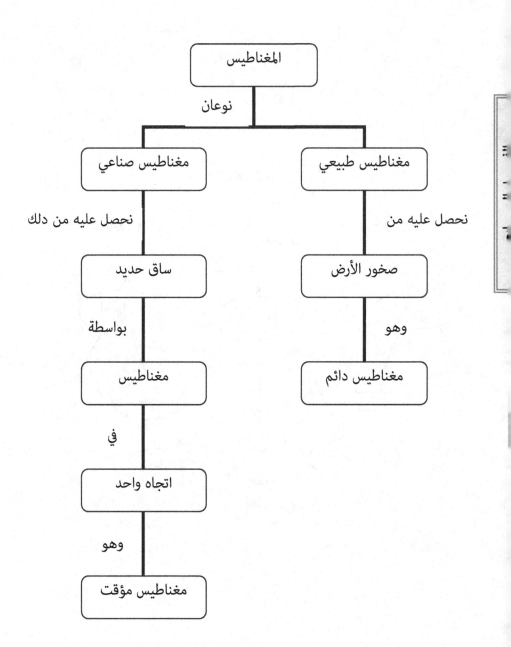

القوة المغناطيسية
إما
تنتج عن
أو
تجاذب
الأقطاب المغناطيسية
تنافر
مثل
مثل
القطب الشمالي
تجاذب
القطب الجنوبي
يتنافر
يتنافر
القطب الشمالي
القطب الجنوبي

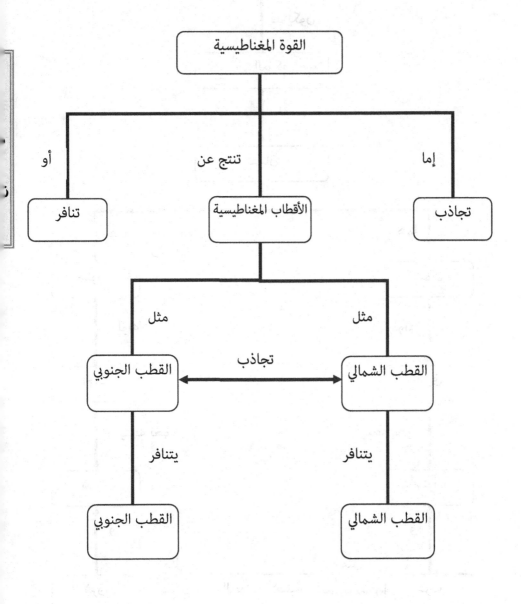

المغناطيس
قد يكون
حر الحركة
له
قطبان
هما
هما
جنوب
شمال
لونه
لونه
أحمر
أزرق
يتجه نحو
يتجه نحو
شمال
جنوب
و
و
مثل
مثل
شرق
الجهات الأصلية
غرب

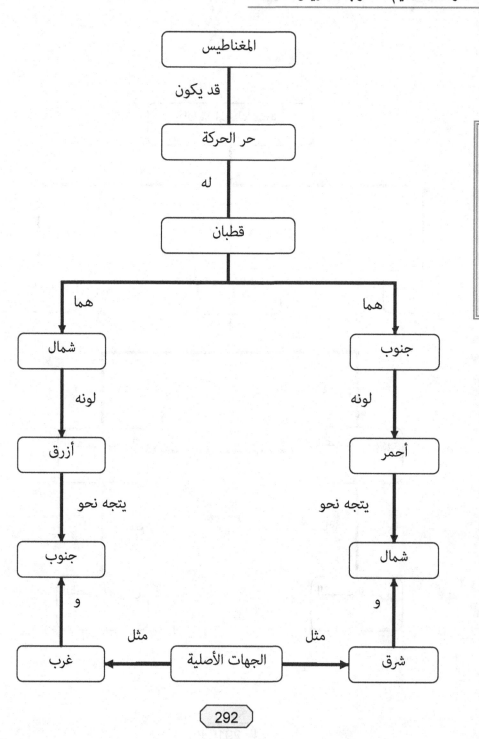

البوصلة
تفيدنا في
عبارة عن
معرفة الجهات الأصلية
الرحلات
معرفة جهة القبلة
مغناطيس حر الحركة
يتجه
الجنوبية
جهة الغرب
قطباه
جهة
جهة
البرية
البحرية
الجنوب
الشمال
وهي
ويدل عليه
ويدل عليه
القطب الجنوبي
القطب الشمالي
الغرب
الشمال
الجنوب
الشرق

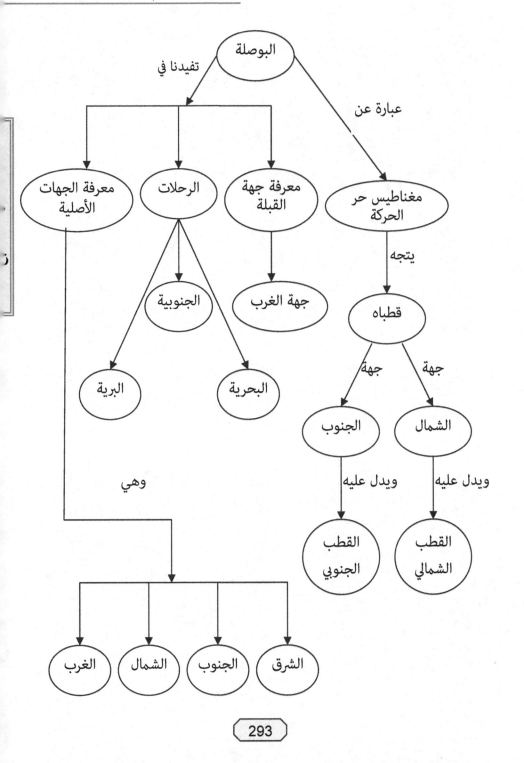

الفصل الثامن

التقويم

تمهيــــد

يعد التقويم عملية لازمة لأي مجال من مجالات الحياة، وهو جزء من العملية التربوية يحدد مدى تحقيق الأهداف ويحدد نقاط الضعف ونقاط القوة في مختلف جوانب المواقف التعليمية بهدف تحسين وتطوير عملية التعلم..

مفهوم التقويم

هو عبارة عن عملية تشخيص وعلاج ووقاية، وهو عملية منظمة لتحديد مدى تحقق الأهداف التربوية.

وظائف التقويم

- تقدير التحصيل الدراسي لكل متعلم.
- تشخيص صعوبات التعلم بالنسبة للمتعلم.
- تقدير الفعالية التربية لكل من المنهج وأدوات وأساليب التدريس - تطوير السياسة التعليمية.

أنواع التقويم

1- **التقويم القبلي**: ويستخدم للتعرف على كمية المعلومات والمعارف لدى الطالب قبل بدء دراسة جديدة حتى يتأكد المعلم من الخلفية العلمية للطالب، ويحدث هذا التقويم في بداية العام الدراسي، من أدواته الاختبارات التحصيلية والاختبارات النفسية.

2- **التقويم التكويني (المستمر)**: ويستخدم أثناء العملية التعليمية، وهدفه تزويد المعلم والمتعلم التغذية الراجعة لتحسين التعليم والتعلم ومعرفة مدى تقديم المتعلمين. من أدواته الاختبارات الشفوية، الاختبارات القصيرة، والتمارين الصفية والواجبات المنزلية.

3- **التقويم التشخيصي**: يرتبط هذا النوع من التقويم بالتقويم التكويني للتأكيد الاستمرارية في التقويم، ويهدف إلى تشخيص صعوبات التعلم، وتحديد جوانب القوة والضعف في مستوى التحصيل الدراسي، وتحديد الأخطاء الشائعة بين المتعلمين سواء في معارفهم أو مهاراتهم أو اتجاهاتهم ومن أدواته الاختبارات التحصيلية كالاختبارات المقالية والموضوعية والشفوية، والرجوع إلى ملف الطالب وبطاقته المدرسية.

4- **التقويم الختامي**: هو الذي يحدد درجة تحقيق المتعلمين للمخرجات الرئيسية لتعلم مقرر ما. ويهدف إلى تحديد مستوى المتعلمين ومدى تحقيقهم للأهداف تمهيداً لنقلهم إلى صف أعلى، أو إعطاء شهادة أو اتخاذ القرارات بنجاح ورسوب الطالب: ومن أدواته الاختبارات النهائية، الاختبارات الشفوية، الاختبارات العلمية.

وسائل التقويم

1- الاختبارات التحريرية

- مقاليه: (مقاليه طويلة أو مقاليه قصيرة)

- موضوعية: وتشمل (الاختيار من متعدد، الخطأ والصواب، والإكمال، الترتيب، إملاء الفراغان، المزاوجة) وسوف نتناول الاختبارات التحريرية (المقالية والموضوعية) بشيء من التفصيل في الأجزاء القادمة.

2- الاختبارات الشفوية

3- الاختبارات العلمية

ويعد التقويم جانباً مهماً من جوانب البرامج التعليمية، وعنصراً جوهرياً من عناصر العملية التعليمية ويمكن تعريفه: بأنه (عملية تقدير القيمة أو الكمية لشيء ما بعناية ودقة. أو هو التقديري الكيفي للأشياء.

كما يمكن تعريفه بأنه (مجموعة الأحكام التي تزيد بها شيئاً ما أو جانباً من جوانب العملية التعليمية وتشخيص نقاط القوة والضعف فيه، ودراسة العوامل والظروف المؤثرة فيه، ثم اقتراح الحلول التي تصحح المسار وصولاً إلى تحقيق الأهداف المنشودة.

وقد تأثر مفهوم التقويم بالفلسفة التي يشتق منها ويعمل على دعمها، ففي ظل التربية التقليدية التي تقتصر عنايتها على الإلمام بالتراث وحفظ المعلومات، كان التقويم يعني الامتحانات بصورتها التقليدية وكانت الصورة تتمثل في إعطاء درجات للطالب نتيجة لاستجاباتهم لاختبارات تقليدية يجريها المدرس في نهاية العام الدراسي. تمهيداً لإصدار أحكام على الطالب يتبنى عليها توزيعهم إلى شعب أو تعلمهم من صف إلى آخر، وكان التقويم هدفاً في حد ذاته بدلاً من أن يكون وسيلة لتحسينها والارتفاع بمستواها، وأصبح التقويم كل من المعلم والمتعلم، ويترتب عليه استخدام كثير من النتائج السيئة التي تلحق بعقول المتعلمين ونفوسهم وأبدانهم وشخصياتهم.

ثم تعدل مفهوم التقويم في ظل التربية التقدمية - فلم يعد مقصوراً على الامتحانات. بل أصبح يشمل كل جوانب النمو عند الطالب، وأصبح المفهوم الحديث للتقويم هو تحديد مدى ما بلغناه من نجاح في تحقيق الأهداف التي نسعى إلى تحقيقها، بحيث يكون عوناً لنا على تحديد المشكلات وتشخيص الأوضاع ومعرفة العقبات والمعوقات بقصد تحسين العملية التعليمية ورفع مستواها ومساعدتها على تحقيق أهدافها.

خصائص التقويم التربوي الجيد

1- ينبغي أن يكون التقويم هادفاً: والتقويم الهادف هو الذي يبدأ بأغراض واضحة محددة، فبدون تحديد هذه الأهداف واتخاذها منطلقاً لكل عمل تربوي، يكون التقويم عشوائياً لا يساعد على إصدار أحكام سليمة أو اتخاذ حلول مناسبة.

2- ينبغي أن يكون التقويم شاملاً: والتقويم الشامل هو الذي يتناول العملية التعليمية بجميع مكوناتها وأبعادها، والتقويم الشامل يتضمن المجالات الآتية:

أ- جميع الأهداف التربوية المعرفية، والوجدانية، والأدائية.

ب- جميع مكونات المنهج، سواء منها المقررات أو الطرق، أو الوسائل أو النشاطات، أو العلاقات أو غيرها.

ج- جميع ما يؤثر في العملية التعليمية سواء في ذلك الأهداف أو الخطط أو المناهج أو المتعلمين أو المعلمون أو الإداريون أو المباني والمرافق والوسائل والمعدات والظروف العائلية والاجتماعية والثقافية التي تؤثر في عمل المدرسة وتتأثر به.

3- ينبغي أن يكون التقويم مستمراً: التقويم المستمر يلازم العملية التعليمية من بدايتها حتى نهايتها، بل إنه يبدأ أصلاً، ليكون عون على تهيئة الظروف المناسبة للتعلم في ضوء واقع المتعلمين.

4- ينبغي أن يكون التعليم ديمقراطياً: والتقويم الديمقراطي يقوم على أساس احترام شخصية المتعلم بحيث يشارك في إدراك غاياته ويؤمن بأهميته ويتقبل نتائجه قبولاً حسناً، بل ويشارك في تقويم ذاته، كما يقوم على وأساس مراعاة الفروق الفردية بين المتعلمين.

5- ينبغي أن يكون التعليم علمياً: ويمتاز التقويم العلمي بسمات معينة تكون عوناً على إصدار الأحكام السليمة واتخاذ القرارات المناسبة ومن أهم السمات ما يأتي:

أ- الصدق: ويقصد به أن تكون أداة التقويم قادرة على أن تقيس ما وضعت لقياسه.

ب- الثبات: ويقصد أن تعطى الوسيلة نتائج ثابتة نسبياً عند تكرار استخدامها، والمقاييس في مجال العلوم الطبيعية مثل - المتر والميزان ومقياس الحرارة والضغط، تعطي نتائج على درجة كبيرة من الثبات، أما

المقاييس التربوية فتأثر بكثير من العوامل الاجتماعية والنفسية، ولذلك فإننا نكتفي فيها بدرجة معقولة من الثبات.

6- الموضوعية: وتقصد بها عدم تأثر نتائج الاختبار بالعوامل الذاتية مثل مزاج من يقوم بالتقويم، وحالته النفسية، ومن مظاهر الموضوعية أن لا تختلف نتائج التقويم من مقوم إلى آخر ولا مع الشخص الواحد من وقت لآخر.

7- ينبغي أن يعتمد التقويم على وسائل وأساليب متعددة: فالعملية التعليمية تتضمن جميع جوانب الخبرة ومستوياتها، وتتضمن جوانب النمو وأهدافه المتنوعة، وهي بكل ذلك تتطلب استخدام وسائل وأدوات متنوعة.

8- لابد أن يكون التقويم عملية مشتركة بين المقوم ومن يقوم، فالمتعلمين: مثلاً يجب أن يعرفوا الهدف من التقويم ويتدربوا على عينة من الاختبارات، ثم لابد من المدرس أن يناقش مع الطلاب نتائج التقويم، فور تصحيح الاختبارات وهذا يحقق ما يسمى بديمقراطية التقويم.

9- لابد أن يكون التقويم اقتصادياً من حيث الجهد، والوقت، والتكلفة.

القائمون بالتقويم

التقويم من اختصاص المدرس أو الهيئات المشرفة، وقد أدى الأخذ بالأساليب الديمقراطية إلى محاولة إشراك الأفراد الذين يتناولهم التقويم في دراسة الأوضاع، وإصدار الأحكام. والاستفادة منها في تحسين الذات.

أساليب التقويم

وقد ظهرت بذلك أساليب جديدة في التقويم من أهمها:

1-التقويم الجماعي

وهو تقويم تعاوني يشترك فيه جميع الأفراد، ويقتضي ذلك في المجال التربوي أن يشترك المتعلمين في تقويم فرد من بينهم أو تقويم جماعة أخرى من الجماعات. ويتطلب

تحقيق ذلك التوعية بالأهداف المنشودة. وإدراك أهميتها والإيمان بها والسعي الجاد نحو تحقيقها، وتقبل نتائجها. والاستفادة بها في تحسين الذات، والتخطيط لتعليم أكثر فعالية.

ومن أبسط أساليبه المناقشة والحوار، مع مراعاة آدابها، والتمرس بمهاراتها.

2-التقويم الذاتي

وفيه يقوم الفرد أو الجماعة بتقويم الذات. وهو يتطلب إدراك الأهداف ومحاسبة النفس، واكتشاف الأخطاء، وتقدير، العواقب والنتائج، والتخطيط لعمل أفضل. ويتطلب هذا النوع من التقويم نضجاً عقلياً واجتماعياً ونفسياً، وذلك أنه ليس من اليسير على غير الناضج أن يعترف بأخطائه، ويلوم نفسه عليها ابتغاء التحسين، والوصول دائماً إلى الأفضل.

مجالات التقويم ووسائله

تتضمن العملية التربوية كثيراً من الأمور التي ينبغي العمل على تقويمها.

فهنالك المنهج بجميع مكوناته: مادة وكتابة، وطريقة ونشاطاً. وعلاقات ومناخاً، وهنالك المعلم، والموجه الإداري، وجميع العاملين في الحقل التربوي. وهنالك المدرسة بمبانيها ومرافقها، ووسائلها وأدواتها، وخدماتها المتنوعة، وعلاقتها بالبيئة والمجتمع والحياة، وهنالك تقويم نمو المتعلمين في جميع النواحي والوجوه وفي مجال جميع الأهداف.

وسوف نكتفي هنا بدراسة تقويم نمو المتعلم.

تقويم نمو المتعلم

لما كان المتعلم هو المحور الأساسي الذي تدور حوله التربية بقصد توجيه سلوكه، واكتشاف مواهبه واستعداداته. وتفجير طاقاته ومساعدته على تحقيق أقصى إمكاناته. فإن تقويم نموه يُعد من أهم الأمور في المجال التربوي وهو في الوقت ذاته يُلقي أضواء على جميع المؤثرة في نموه: منهجاً وطريقة، ومعلماً ومدرسة ومجتمعاً. وتقويم نمو المتعلم يتضمن جميع الأهداف وجميع جوانب نموه.

ولما كان تقويم النمو في المجالات الروحية والوجدانية والتفكيرية لا يزال يعتمد على استخدام وسائل وأدوات فنية متخصصة لا يقوى المدرس المعتاد على استخدامها - فسوف نركز الحديث هنا على تقويم نمو المتعلمين وبخاصة في مجال المعرفة والتحصيل. أما الجوانب الأخرى من نمو المتعلمين وبخاصة في مجالات الميول والاتجاهات والقيم. والدوافع وتكوين الشخصية - فإننا نوصي بأن يتم تقويمها على وأساس وضوح مفاهيمها وأهميتها بالنسبة للمعلم مع اعتماده في كل ذلك على ملاحظاته الشخصية وتجاربه الخاصة. وتعاونه مع الآخرين داخل المدرسة وخارجها. فليس هنالك على سبيل المثال مقياس بسيط للتعاون أو الإخلاص في العمل، أو الميول أو الاتجاهات، أو التذوق واكتساب القيم. ومع ذلك فإن المدرس المجتهد يستطيع أن يصدر أحكاماً مقبولة فيما يتصل بجميع هذه الأمور. وأن يقوم بالتعاون مع غيره من المعلمين والآباء بتوجيه المتعلمين توجيهاً مناسباً.

وسوف نتناول هنا ثلاثة أنواع من وسائل التقويم التي يمكن الانتفاع بها في مدارسنا مع العمل الدائم على تحسينها وتطويرها وهي:

1- اختبارات المقال.

2- الاختبارات الموضوعية.

3- أعمال السنة.

أولاً - اختبارات المقال

وهي الاختبارات التحريرية التي يُطلب من المتعلمين فيها الإجابة عن عدد من الأسئلة التي يضمها الامتحان. وقد شاع استخدام هذا النوع من الامتحانات منذ زمن بعيد، ولا تزال كثير من مدارسنا تأخذ به، وتعتمد عليه اعتماداً كبيراً لتحقيق غايات التقويم التي نسعى إليها.

وعلى الرغم من أن هذه الامتحانات يمكن تحسينها واستخدامها لتقويم ما حصله المتعلمين على جميع مستويات المعرفة، وأنه يمكن استخدامها لتقويم قدرة المتعلم على

التفكير، وحل المشكلات. وغير ذلك من الأهداف فإنها كثيراً ما تُستخدم لتقويم ما حفظه المتعلمين من الكتب دون اهتمام ببقية الأهداف الأخرى.

يعد اختبار المقال من الاختبارات أكثر الأنواع شيوعاً في مدارسنا وعلى كافة المستويات التعليمية وسمى اختبار مقال لأن المتعلم يطلب منه كتابة "مقال" Essay استجابة للموضوع أو المشكلة التي يطرحها السؤال، ويعتبر السؤال بمثابة مثير Stimulus لقدرة معينة لدى المتعلمين ومن هنا تأتي مميزات وعيوب كل اختبار والمميزات التي تأتي من كفاية الاختبار في قياس بعض القدرات والعيوب تأتي من عجزه عن قياس البعض الآخر ولابد أن نؤكد لك أنه لا يوجد اختبار واحد.. لقياس جميع القدرات ولذلك لابد من استخدام أكثر من نوع من أنواع الاختبارات لقياس القدرات التحصيلية للمتعلمين، قبل أن تعدد مميزات وعيوب اختبار المقال لابد وأن نوضح بطريقة تحليلية وبالأمثلة القدرات لتي يقيسها هذا النوع من الاختبارات.

1- المقارنة بين شيئين

مثال: قارن بين القمر والمريخ من حيث خصائص الطقس.

2- المقدرة على تكوين رأي والدفاع عنه

مثال: في رأيك هل تفضل نظام الفصل الدراسي أو نظام العام الكامل في الجامعة؟ ولماذا؟

3- القدرة على بيان العلة والسبب

مثال: ما النتائج الاقتصادية التي حققها الوطن نتيجة للإصلاح الاقتصادي عام 1996م.

4- شرح المعاني والمفاهيم أو الألفاظ

مثال: اشرح المقصود بعبارة "العقل السليم في الجسم السليم".

5- **قدرة التخليص**

مثال: لخص في حدود (200) كلمة محاضرة اليوم عن التقويم التربوي.

6- **قدرة التحليل**

مثال: ما أهم العوامل التي أدت إلى نكسة 1967م.

7- **إدراك العلاقات**

مثال: ما الدور الذي تقوم به فرنسا الآن في أزمة الشرق الأوسط.

8- **تطبيق القواعد والقوانين والمبادئ على مواقف جديدة**

مثال: إذا رميت كتلة وزنها 1كجم من الرصاص وأخرى وزنها 1كجم من الريش من ارتفاع 20 قدماً - أحسب بصرف النظر عن سرعة الريح - وزمن هبوط كل منهما على الأرض.

9- **نقد العبارات أو الأفكار الآتية**

إن كل ما يحتاج المدرس إليه لكي يدرس هو أن يعرف مادة تخصصه.

10- **اقتراح مشكلات أو التبوء بها**

مثال: أقترح ثلاث مشكلات يمكن أن تحدث في الفصل الدراسي نتيجة استخدام التلفزيون التعليمي.

11- **التمييز**

مثال: قارن بين القيادة والرياسة.

12- **التفكير الاستدلالي**

مثال: دخل مريض حجرة الاستقبال وكان التشخيص المبدئي يشير إلى أن درجة حرارته 39° وضغط دمه 60/50 ونبضه 130 ولم تكن صور أشعة الأمعاء، واضحة إطلاقاً ولا يوجد به أي آثار لنزيف خارجي حاول تشخص الحالة.

مميزات اختبار المقال

تمتاز اختبارات المقال بالأتي:

أ- سهولة الوضع والإعداد.

ب- يمكن أن يقيس قدرات كثيرة ومتنوعة كما سبق أن ذكرنا.

ج- تمتاز بقدرتها على قياس القدرات المعرفية خاصة قدرات الفهم والتحليل والنقد والتقويم.

د- يساعد على تشخيص القدرة التعبيرية عند المتعلمين.

هـ- يساعد على تشخيص قدرة المتعلم على حل المشكلات.

عيوب اختبار المقال

أ- رغم تنوع القدرات التي يقيسها فإن اختبار المقال لا يقيس جميع القدرات.

ب- يشيع في اختبارات المقال التخمين والتخبط كما يكثر فيه الغش.

ج- صعب التصحيح خصوصاً إذا كان الاختبار طويلاً وخط المتعلم رديئاً.

د- لا يستطيع اختبار المقال أن يغطي عينة كبيرة من موضوعات المنهج وهذا يجعل مثل هذه الاختبارات ذاتية ومنحازة لقسم من أقسام المنهج كما يدفع المتعلمين إلى اللجوء إلى التخمين وحذف أجزاء من المقرر عند التحصيل.

هـ- يتسم بالذاتية والخلو من الموضوعية خصوصاً في التخصصات الأدبية والاجتماعية والدراسات الفلسفية فلا يستطيع المتعلمين تغيير السؤال بطريقة واحدة وذلك لافتقار السؤال إلى الدقة في الصياغة مما يؤدي إلى انخفاض معامل الصدق في الاختبار كما يؤدي إلى عدم ثبات الاختبار.

و- كثيراً ما يترتب على اختبار المقال الشعور بالتخوف والارتباك قبل وأثناء الاختبار والإحساس بالفشل والإحباط واليأس بعد الانتهاء من الاختبار وكل هذه آثار نفسية سيئة قد تدفع الفرد إلى القنوط والشعور بالفشل.

ز- يعتبر اختبار المقال مكلفاً من الناحية الاقتصادية وذلك لما يحتاج إليه تنفيذه من كمية كبيرة من أوراق الإجابة وتدبير أماكن الامتحان والأنفاق على إدارة الاختبار وتصحيحه.

مقترحات وتوصيات لتطوير كتابة اختبار المقال

وحتى يمكن التغلب على الكثير من المشكلات التي تصاحب اختبار المقال وتلافي العيوب السابق ذكرها فإننا نوصيك بالآتي:

1- وضح أولاً الأهداف التي تريد قياسها في الاختبار وحدد القدرات التي تريد الوقوف عليها عند المتعلمين.

2- كن محدداً في صياغة السؤال بحيث يقل احتمال الخطأ.

3- لا تسأل - في سؤال واحد - عن موضوع كبير بل يمكن تقسيم ذلك إلى عدة أسئلة ويحسن أن يحتوي الاختبار على عدد أكبر من الأسئلة القصيرة.

4- وضح للمتعلمين مقدماً الهدف من الاختبار ولا بأس من إعطائهم عينة أو نماذج من الأسئلة للتدريب عليها ومناقشة الصعوبات التي واجهتهم والاستفادة من هذه النتائج في تطوير أسئلة الاختبار.

5- حدد في الاختبار الدرجة المخصصة لكل سؤال ومدى التفصيلات التي يجب كتابتها والمدى الزمني الذي يمكن أن يستغله المتعلمين في الإجابة على كل سؤال.

6- ناقش مع المتعلمين قبل الاختبار الطريقة المثلى للإجابة عليه وكيفية توزيعك للدرجات على أجزاء السؤال.

7- تجنب استخدام المصطلحات الغامضة والألفاظ الصعبة التي قد تؤدي إلى سوء الفهم أو تعدد تفسير السؤال.

8- يجب أن يرتبط الاختبار بالأهداف التعليمية للمنهج مع الاهتمام بالمفاهيم والعموميات الأساسية وتجنب التركيز على التفصيلات العامة والغير مهمة.

9- أعد إجابة نموذجية على كل سؤال قبل إعطاء الاختبار يحتوي على الأفكار الرئيسية والعمليات الأساسية المطلوبة لإجابة السؤال وتلتزم بذلك عند التصحيح.

10- تأكد من أن أسئلة الاختبار شاملة لأنواع ومستويات التعلم وأنها ليست منحازة لمستويات معينة.

11- ناقش مع المتعلمين دائماً كل اختيار بعد تصحيحه مباشرة حتى يحصل كل متعلم على تعزيز سريع عن أدائه في الاختبار كما تقف كمدرس على الفروق الفردية بين تلاميذك وكيف يمكن تنميتها من خلال تحسين طرق التدريس وأدوات التقويم على السواء.

ونظراً لأن الاستجابة في اختبار المقال تترك لذاتية المتعلم ومدى فهمه للسؤال فإنها تتسم بالذاتية أو تنقصها الموضوعية كما سبق أن ذكرنا. ولذلك فإن الاختبارات الموضوعية تحتوي على المثير والاستجابة معاً والمثير يتمثل في مقدمة السؤال، أما الاستجابة تكون موضوعية بطريقة تقتضي تميزها من بين عدد من الاستجابات الخاطئة أو توضع بطريقة تقتضي الحكم على مدى صحتها أو خطئها أو توضع بطرقة تقتضي من المتعلم أن يضيف إليها من عنده إضافة تجعلها استجابة كاملة وصحيحة.

ثانياً: الاختبارات الموضوعية وهي:

أ- اختبار متعدد الاختيارات.

ب- اختبار الصواب والخطأ.

ج- اختبار التكملة.

د- اختبار المزاوجة.

أ- اختبار متعدد الاختبارات

يتكون السؤال في هذا النوع من الاختبارات الموضوعية من جزأين رئيسين:

1- الإثارة وهي مقدمة أو مفتاح السؤال.

2- الاستجابات أو الاختيارات. ويشمل السؤال ما بين أربع أو خمس استجابات يختار المتعلم من بينها الاستجابة الصحيحة.

ويتم تدوينها بمجرد وضع علامة مناسبة في المربع المخصص لذلك كما هو واضح من نموذج ورقة الإجابة. وتكون الإجابة الصحيحة في اختبار متعدد الاختبارات إما:

1- اختيار الاستجابة الصحيحة والأخرى الخاطئة وهذا يعرف باسم البحث عن الصواب.

2- اختيار الاستجابة الخاطئة بين الاستجابات الأخرى الصحيحة وفي هذه الحالات تلاحظ وجود أداة استثناء في عبارة المثير مثل ماعدا ولا يعرف هذا النوع باسم البحث عن الخطأ.

3- اختبار الاستجابة الأكثر أهمية أو قوة وهذا يقتضي من المتعلم المفاضلة بين مجموعة من العوامل والاعتبارات ويقوم بترتيبها في ذهنه وفقاً لمعيار موضوعي - تم الاتفاق عليه أثناء التدريس - ويعرف هذا النوع بالبحث عن الأهم.

وسنضرب فيما يأتي أمثلة لهذه الأنواع الثلاثة من أسئلة الاختبار متعددة الاختبارات ترى الاستجابة الصحيحة محيط بها قوسين (الأسئلة الثلاثة في مجال المناهج):

1- من مميزات الطريقة الإجرائية في صياغة الأهداف التعليمية أن:

أ- تساعد المدرس على تغطية المادة في وقت قصير.

ب- تساعد المدرس على السيطرة على العملية التعليمية.

ج- تساعد المدرس على اختيار الخبرات التعليمية المناسبة.

د- تساعد المدرس على فهم المقررات الدراسية المختلفة.

2- كل ما يأتي يعتبر من معايير سلوكية الهدف ماعدا:

أ- أن يذكر الهدف على أساس مستوى المتعلم.

ب- أن يكون الهدف عاماً ومفهوماً.

ج- أن يكون الهدف محدداً ومخصصاً.

3- من أهم العوامل التي يجب مراعاتها عند صياغة الأهداف التعليمية بطريقة سلوكية

أ- ارتباط الأهداف بالمنهج.

ب- وجود الوسائل المعنية.

ج- وجود الكتب والمواد التعليمية.

د- مستوى المتعلم.

مميزات اختبار تعدد الاختيارات

1- يتميز هذا النوع من الاختبارات الموضوعية بخلوه من ذاتية التصحيح فلا يستطيع المصحح أن يؤول السؤال أو يحابي المتعلم.

2- يتميز هذا الاختبار بسهولة التصحيح سواء باستخدام مفاتيح تصحيح تعد من البلاستيك الصلب القوي أو باستخدام الآلات الإلكترونية.

3- يستطيع الاختبار أن يغطي عينة من محتويات المقرر نظراً للعدد الكبير من الأمثلة التي يمكن أن يشملها الاختبار.

4- نظراً لموضوعية الاختبار فإنه يتميز أيضاً بمعدلات صدق وثبات عالية.

5- يقل فيه عامل التخمين.

6- يقيس قدرات متنوعة أهمها القدرة على التصرف وإدارة العلاقات.

عيوب اختبار متعدد الاختيارات

1- يتطلب- وقتاً وجهداً في إعداده ومعظم المدرسين لا يجيدون مهارة بناء هذا النوع من الاختبارات وبالتالي فلا يمكنهم الاستفادة من المميزات السابقة.

2- يتطلب من المدرس إلماماً كبيراً بتفاصيل المقرر الدراسي كي يقتضي منه إدراكاً للأولويات التي يعمل على أساسها المنهج وقد يقتضي ذلك من واضح الاختبار الاستعانة بخبير في المادة التي يوضع فيها الاختبار.

3- يتطلب من المدرس قدرة لغوية فائقة تتمثل في القدرة على التعبير والدقة في اختبار الألفاظ وتبصر بقواعد اللغة ومعرفة تركيب الجملة بطريقة سلسة بعيدة عن الركاكة والتعقيد.

4- يقتضي من المدرس فهماً للخصائص النفسية والعقلية لطلابه ومعرفة الفروق الفردية بينهم حتى يتم على أساس ذلك تحديد مستوى الاختبار كماً وكيفاً.

5- لا ينجح الاختبار في قياس عدد من القدرات العامة والقدرة التعبيرية والابتكارية والتقويمية.

مقترحات وتوصيات لتطوير كتابة الاختبار متعدد الاختيارات

1- أعط المتعلمين تعليمات كاملة وواضحة عن الاختبار.

2- بالنسبة للإثارة أو مقدمة السؤال يجب مراعاة الآتي:

أ- أن تكون واضحة وقصيرة.

ب- مبرزة للمشكلة وأن تذكر المشكلة في نهاية المقدمة.

ج- خالية من الكلمات الغامضة أو نفي النفي مما يزيد احتمالات التفسير.

د- تحتوي على مشكلة واحدة فقط.

3- يجب خلخلة ترتيب الأسئلة حتى لا يساعد على اعتماد المتعلمين على الحفظ، كما يجب تنويع أرقام الاستجابة الصحيحة حتى لا يلجأ المتعلمين إلى التخمين.

4- يجب أن تستخدم أربع أو خمس استجابات حتى يقل احتمال التخمين.

5- بالنسبة للاستجابات يجب مراعاة الآتي:

أ- أن تكون متساوية في الطول قصيرة ما أمكن ذلك.

ب- أن تتساوى درجة اجتذابها للمتعلمين فإذا كانت الاستجابة واضحة للجميع فلا قيمة لها في السؤال.

ج- أن ترتبط جميعها بالمشكلة المطروحة في المقدمة.

د- إذا اشتملت الاستجابات على معلومات تاريخية فيجب ترتيبها ترتيباً تنازلياً.

هـ- كلما تجانست الاستجابات الخاطئة كلما ارتفع معامل الثبات.

6- يجب أن تكون أسئلتك موزعة على فصول ووحدات المقرر وشاملة لجميع القدرات التي يمكن قياسها بهذا النوع من الاختبارات.

7- اعرض نماذج من الأسئلة على المتعلمين قبل إعطاء الاختبار كذلك لابد من مناقشة نتائج الاختبار مع المتعلمين بعد تصحيح الاختبار مباشرة.

8- راع القدرة اللغوية للمتعلمين في حالة كتابته بلغة أجنبية.

أمثلة لأسئلة الاختيار من متعدد

اختر الإجابة الصحيحة من بين الإجابات التالية:

1- يجب على مندوب المبيعات أن يقدم الحقائق والبراهين التي تميز سلعته عن السلع الأخرى للشخص:

أ ـ المهتم بسعر السلعة ( )

ب ـ المفرط في تقدير نفسه ( )

ج ـ صاحب الذكاء المرتفع ( )

د ـ كل من أ، ج ( )

2- أي من البيانات التالية ينبغي أن تتضمنها صفحة العميل بدفتر مندوب المبيعات:

أ ـ اسم العميل وهواياته الشخصية ( )

ب ـ اسم النادي الذي ينتسب إليه ( )

ج ـ أسماء أفراد أسرته ( )

د ـ كل من أ، ب ( )

3- يعد تحديد موعد للمقابلة مع العميل ضروري لضمان وجود:

أ ـ العميل داخل البلاد ( )

ب ـ وقت لدى العميل للمقابلة ( )

ج ـ السلعة التي ستعرض عليه ( )

د ـ كل من أ، ب ( )

4- بفرض أنك تعملين كمندوبة مبيعات لإحدى شركات بيع أجهزة الإنذار المبكر للحريق والسرقة، ولقد كان لديك موعداً لمقابلة مدير إحدى الشركات لتعرضين عليه منتجات شركتك، وعندما ذهبت إلي الشركة علمت من سكرتيرته أنه يجب عليك الانتظار بعض الوقت لانشغال المدير باجتماع طارئ. فأي مما يأتي يفضل آن تفعليه:

أ ـ تشاهدي التليفزيون الموجود بصالة الاستقبال ( )

ب ـ تقرئي الجريدة اليومية الموجودة بصالة الاستقبال ( )

ج ـ تخرجي بعض التقارير أو المجلات المتخصصة من حقيبتك وتقرئيها ( )

د ـ تبلغي السكرتيرة استيائك من الموقف وتنصرفي ( )

5- ينبغي على مندوب المبيعات في المقابلة البيعية تنفيذ السلوكيات التالية ماعدا:

أ ـ توجيه انتباهه للعميل عندما يتحدث ( )

ب ـ التصرف نحو العميل كأنه صديق عزيز ( )

ج ـ تقديم يده للعميل للمصافحة ( )

د ـ الرد على استفسارات العميل ( )

6- ليكون الحديث البيعي فعالاً يجب على مندوب المبيعات مراعاة الاعتبارات التالية ماعدا:

أ ـ مستوى ثقافة وتعليم العميل ( )

ب ـ الإنصات إلي تعليقات العميل ( )

ج ـ تقديم التفاصيل الدقيقة للعميل ( )

د ـ كل من أ، ج ( )

7- من الوسائل التي يمكن أن يستخدمها مندوب المبيعات ليكون عرض السلعة على العميل واضحاً:

أ ـ النماذج والعينات ( )

ب ـ الأفلام والكتالوجات ( )

ج ـ السلعة نفسها ( )

د ـ كل ما سبق ( )

8- بفرض أنك تعملين كمندوبة مبيعات لإحدى الشركات المتخصصة في بيع أجهزة وماكينات البحث عن البترول واستخراجه. فأي من الوسائل التالية يعد الأفضل لعرض ما تتعامل فيـــه شركتك:

أ ـ النماذج ( )

ب ـ الكتالوجات ( )

ج ـ العينات ( )

د ـ كل من أ، ب ( )

9- أي مما يأتي لا يعد من مزايا استخدام أسلوب الحديث البيعي المنظم في عرض الأدوات والأجهزة المنزلية:

أ- المرونة في الحديث البيعي ( )

ب- التوسع في شرح بعض النقاط ( )

ج- ضمان الترتيب المنطقي للحملة الإعلانية ( )

د- إمكانية الوصف الداخلي والخارجي للسلعة ( )

10- بفرض أنك تعملين كمندوبة مبيعات في شركة لبيع الأجهزة والمعدات المكتبية، وعلمت أن الشركة قررت إتباع أسلوب الحديث البيعي الموحد بين جميع مندوبي المبيعات لديها. فلأي الأسباب التالية تعتقدين أن الشركة لجأت لهذا الأسلوب:

أ- لتغطية كافة النقاط المطلوبة في عرض المنتجات على العملاء ( )

ب-لتوفير وقت وجهد كل من العميل ومندوب المبيعات ( )

ج- لضمان عدم فشل مندوبي المبيعات الجدد. ( )

د- كل مما سبق ( )

11- بفرض أنك تعملين كمندوبة مبيعات لشركة تبيع المنظفات الصناعية، فأي مما يأتي بعد من الأساليب غير المناسبة لكسب ثقة العميل في منتجات الشركة فيها:

أ- تقديم الشهادات والتقارير التي حصلت عليها منتجات الشركة ( )

ب- تقديم المنتج للعميل ليختبره بنفسه أو عرضه أمامه ( )

ج- عرض عيوب المنتجات الأخرى التي تنتجها الشركات المنافسة ( )

د- الاعتماد على السمعة الطيبة التي حصلت عليها منتجات الشركة ( )

12- يبدى العملاء الاعتراضات على السلع والخدمات ليطمئنوا إلي أنـها:

أ- تستحق التضحية بالمال ( )

ب- ستشبع حاجتهم واهتماماتهم ( )

ج- تستحق التضحية بالوقت ( )

د- كل من أ، ب ( )

13- تتركز اعتراضات العملاء في أغلب الأحيان على :

أ- سعر السلعة وجودتها ولونـها ( )

ب- أسلوب مندوب المبيعات ومظهره ( )

ج- الضمان والصيانة المتوفرة للسلعة ( )

د- كل من أ، ج ( )

14- عندما يسأل العميل أسئلة مثل: ما سعر هذه السلعة؟ متى يتم التسليم؟ ما مدة الضمان؟ ماذا عن الصيانة؟ هل أستطيع أن أفحص السلعة؟ هل يمكن أن نجرب السلعة؟ فإن ذلك يوحي لمندوب المبيعات بأن العميل:

أ- أصبح مهيأ للشراء في هذه اللحظة ( )

ب- غير مهيأ للشراء في هذه اللحظة ( )

ج- يريد رفض الشراء ولكن بأسلوب مهذب ( )

د- يستفيد من المعلومات لمقارنة سلعتك بالسلع الأخرى ( )

15- لا تنتهي علاقتك كمندوب مبيعات بالعميل عند إتمام صفقة البيع، بل تتعداها إلى:

ا- لف السلعة وحزمها ( )

ب- التأكد من تسلميه للسلعة ( )

ج- مساعدته في تركيي السلعة وصيانتها ( )

د- كل ما سبق ( )

16- بفرض أن صديقتك تعمل في محل لبيع الملابس الجاهزة الحـريمي ويتعامـل المحل مع ماركات معرفة، وفى يوم ذهبت لمعرفة ما إذا كانت هناك موديلات جديدة مــن الملابس التي تفضلينها فإذا بسيدة تدخل المحل وتطلب من صديقتك بالطو من نوع معــين فأحضرته صديقتك وقالت لها: أتعلمين حضرتك أن هذا البالطو هو آخر قطعة من هذه النوعية الفاخرة، فلقد نفذت كل الكمية التي أحضرناها من باريس خلال أسبوع واحد فقط. فمن خلال دراستك لفن البيع وطرق إتمام عملية البيع ترين أن صديقتك قد اتبعت مع هذه السيدة لإتمام عملية البيع طريقة:

أ- البيع بالافتراض ( )

ب- لا توجد مقاعد للجلوس ( )

ج- السؤال عن الطلب ( )

د- ليس واحدا مما سبق ( )

17- خطة العمل اليومية التي يعدها مندوب المبيعات هي تقرير:

أ- كمي بعد مقدما قبل الزيارة البيعية ( )

ب- كيفي بعد مقدما قبل الزيارة البيعية ( )

ج- كمي يعد بعد الزيارة البيعية ( )

د- كيفي يعد بعد الزيارة البيعية ( )

18- ترجع أهمية تقارير رجال البيع إلي أنها تزود إدارة المشروع بالبيانات والمعلومات عن:

أ- نشاط رجال البيع وحالة السلعة بالسوق ( )

ب- نشاط المنافسة واحتياجات العملاء ( )

ح- أسباب تخلف أو تأخر العملاء عن تسدد ديونهم ( )

د- كل ما سبق ( )

19- كل مما يأتي من عناصر التقرير الجيد ماعدا:

أ- الصدق والموضوعية ( )

ب- التروي والمقارنات ( )

ج- الإسهاب والعبارات العامة ( )

د- استخدام العناوين الجانبية والمصطلحات ( )

20- يتم تقييم أداء رجال البيع وفقا لمعايير معينة منها:

أ- عدد الزيارات وحجم الاتفاقيات ( )

ب- متوسط دخله الشهري من وظيفته ( )

ج- عدد عملائه الحاليين والمرتقبين ( )

د- كل من ا، ج ( )

21- لإشباع حب المقارنة لدي العميل علي البائع أن يقوم له من السلعة المطلوبة:

أ- قطعتين فقط ( )

ب- أربع قطع علي الأكثر ( )

ج- سبع قطع الأكثر ( )

د- ليست واحدة مما سبق ( )

22- بفرض أنك تعملين كبائعة لدى إحدى محلات بيع الملابس الجاهزة الحريمي واتت إليك سيدة تطلب فستاناً من ماركة معينة، وكانت هذه الماركة غير موجودة لديك، وبفرض أنك تعلمين أن الماركة التي طلبتها بها بعض العيوب التي لا يعرفها غير المتخصص، فأي مما يأتي بعد أفضل تصرف في هذه الحالة:

أ- تخبريها بأن الماركة التي طلبتها غير موجودة ولديك ماركة أخرى جيدة ( )

ب- تخبريها بأن الماركة التي طلبتها بها بعض العيوب ( )

ج- تقدمي لها الماركة الأخرى على أنها الماركة المطلوبة ( )

د- كل من أ، ج ( )

23- ذهبت إحدى السيدات لشراء عـباية من أحد المحلات المتخصصة، فقدمها لها البائع، فقالت له: بكم هذه؟ فرد قائلا بخمسين ديناراً، فقالت معترضة: إنها غالية جداً. فمن خلال دراستك لفن البيع أي من الردود التالية بعد أفضل ما يرد به البائع على مثل هذا الاعتراض:

أ- نعم إنها غالية لأننا لا نبيع الأنواع الرخيصة ( )

ب- نعم إنها غالية لأنها مصنوعة من الحرير الطبيعي الخالص ( )

ج- إنها ليست غالية ولكن واضح أنك تهوين الرخيص ( )

د- يمكنك السؤال عن مثلها في محلات أخري ( )

24- بفرض انك تعملين كبائعة في محل لبيع الملابس الجاهزة الحريمي، وحضرت
إليــك سيدة تطلب فستانا من الصوف السادة ولونه رصاص ومقاســه 18، فأي مما
يأتي يعتبر أفضل تصرف لكي تعرفين السعر الزي يتناسب معها:

أ- أسألها مباشرة: هل تريدين فستانا غاليا أم رخيصا ؟ ( )

ب- أسألها مباشر عن الثمن الذي تريد أن تدفعه في الفستان ( )

ج- أعرض عليها أنواعا مختلفة ولكن بأسعار مختلفة ( )

د- أسألها إذا كانت تريد فستان رخيصا مثل ترتد يه ( )

25- ذهب أحد العملاء إلي محل لبيع الأجهزة الكهربائية وطلب من البائع جهاز راديو
فكانت الماركة الموجودة لديه قديمة إلى حد ما، فقدمها إليه فاعترض العميل قائلاً:
إنها ماركة قديمة. فأي من الردود التالية تعد أكثر مناسبة للرد على هذا الاعتراض:

أ- لا إنها أحدث ماركة بالأسواق ( )

ب- بصراحة واضح أنك لا تعلم شيئاً عن ماركات الأجهزة الكهربائية ( )

ج- نعم إنها قديمة ولكنها أصيلة ( )

د- حقا إنها قديمة ولكن بها تخفيض يعادل نصف ثمنها ( )

26- ذهبت إحدى صديقاتك لشراء ساعة ماركة (رادو) ثم سألت البائع عن الضمان
فقال لها:إننا نضمنها لمدة عشر سنوات. فقالت معترضة: إنني سمعت أن متجركم
لا يفي بوعوده. فأي مما يأتي بعد أفضل رد على هذا الاعتراض:

أ- إنها إشاعة تروجها المحلات المنافسة ( )

ب- لا إن أهم ما يميز متجرنا هو الوفاء بوعوده وهذا سبب شهرتنا ( )

ج- أنت كاذبة ولن أبيع لك ( )

د- حقاً إن متجرنا لا يفي بوعوده التي تقل فيها ثمن البيعة عن 500
دينار ( )

27- ذهبت إحدى السيدات لشراء غسالة ملابس وبعد أن عرضها البائع قـــالت: إن هذه الغسالة تمزق الملابس. فقال البائع: إننا يا سيدتي يسعدنا التعرف على ملاحظات عملائنا حتى نتصل بالمصنع لتلافيها، ولنجعل عملائنا راضين دائماً عن متجرنا، فهل تسمحين بأن توضحي لي كيف تمزق الملابس والغسالة ليس بها تروس يمكن أن تتعلق بها الملابس أو فتحات تدخل فيها، وهنا ارتبكت السيدة وقالت: الحقيقة إنني سمعت من إحدى صديقاتي، ولكن ربما كانت تتحدث عن ماركة أخرى فالتبس على الأمر. فمن خلال دراستك لطرق الرد على الاعتراضات. فإن البائع قد استخدم للرد على اعترض هده السيدة طريقة:

أ- الإنكار المباشر ( )

ب- تحويل الاعتراض إلى ميزة ( )

ج- الإنكار غير المباشر ( )

د- الشرح العكسي ( )

28- عندما يقول البائع للعميل عبارات مثل: "هل تشعر حضرتك بأن هذا العرض يعد صفقة شراء طيبة لك ؟ أو إنني على يقين تام بأنك ستكون راض وسأوصي بوجوب التسليم فوراً إذا كان هذا يناسبكم " فأي من الطرق التالية ترى أن البائع قد اتبعها لا تمام عملية البيع:

أ- افتراض أن العميل سيشترى ( )

ب- السؤال عن الطلب ( )

ج- التهيئة للإجابة بنعم ( )

د- لا توجد مقاعد للجلوس ( )

29- عندما يقول البائع للعميل عبارات مثل " إنني فهمت ضمنيا بأنك تميل إلي هـــذه السلعة، فهل تفضل الدفع الفوري أم على أقساط ؟" أتفضل الاستلام

الآن أم بعد أسبوع؟ فأي من الطرق التالية ترى أن البائع اتبعها لا تمام عملية البيع:

أ- عقد الصفقة بسؤال (لم لا ؟)   (   )

ب- عقر الصفقة بالمفاجأة   (   )

ج- التركيز على النقطة الأقل أهمية   (   )

د- لا توجد مقاعد للجلوس   (   )

30- أي مما يأتي لا يعد من الأساليب التي تتبعها المؤسسات التجارية لكمال عرض المنتجات على العملاء:

أ- الحديث البيعي الموحد   (   )

ب- الحديث البيعي المنظم   (   )

ح- لوحة المراجعة   (   )

د- الشرح العكسي   (   )

ب- اختبار الصواب والخطأ

في هذا النوع من الاختبارات نصوص تعرض على المتعلم جملة (عبارة) متضمنة لحقائق تاريخية أو رقمية أو فكرية ويطلب منه أن يذكر فيما إذا كانت العبارة صواباً أو خطأ.

أمثلة:	صواب	خطأ
- الذكاء سلوك يمكن تعلمه والتدريب عليه. - كل اختبار صادق ثابت وليس العكس.	( )	( )

مميزات اختبار الصواب والخطأ

1- لا يستهلك مساحة كبيرة إذ يمكن طبع حوالي 30 سؤالاً في صفحة واحدة.

2- يمكن أن يغطي عينة كبيرة من وحدات المقرر.

3- أكثر سهولة في الوضع والصياغة من الاختبار متعدد الاختيارات.

4- لا يستغرق جهداً في التصحيح.

5- يعتبر اختباراً مناسباً لقياس تعلم الحقائق وتذكرها.

عيوب اختبار الصواب والخطأ

1- كثيراً ما يحتوي على عبارات غامضة يتخبط المتعلمين في تفسيرها.

2- كثيراً ما يحتوي الاختبار على أفكار تعكس وجهات نظر كثيرة مما يؤدي بالمتعلمين إلى الارتباك والتخبط.

3- يسمح بالتخمين باحتمال 50% وكلما كثرت احتمالات التخمين كلما ارتفعت درجة ذاتية الاختبارات وقلت درجة ثباته.

4- لا يناسب قياس بعض القدرات الهامة كالتحليل والتمييز وإدراك العلاقات.

5- يشجع المتعلمين على الحفظ والاستظهار والتركيز على الحقائق التفصيلية دون إمكان استنتاج مفاهيم وعموميات رئيسية من هذه الحقائق.

مقترحات وتوصيات لتطوير كتابة اختبار الصواب والخطأ

1- يجب أن يتعرض كل سؤال لحقيقة أو فكرة واحدة.

2- أكتب السؤال بطريقة واضحة وحدده.

3- إذا كان السؤال يحتوي على جزأين فأجعل الجزء الهام منه آخر الجملة.

4- حاول أن تكون الأسئلة موزعة بالتساوي بين الصواب والخطأ.

5- تحاشى استخدام الكلمات والمصطلحات التي لم تستعمل بدرجة كبيرة في أثناء التدريس.

6- تخلص من الجمل المركبة والنفي المزدوج.

7- حاول تطوير الاختبار بزيادة عدد الاختيارات.

مثال: أن أول ما يجب مراعاته في وضع الأهداف العامة للتربية هو حاجات المجتمع.

أ- أوافق جداً.

ب- أوافق.

ج- لا أوافق

د- متردد.

هـ- لا أوافق على الإطلاق.

8- حاول تطوير السؤال بأن تطلب من المتعلمين قراءة السؤال وبيان ما إذا كان صواباً أو خطأ وإذا كان صواباً فيكتبوا السبب وإذا كان خطأ فليكتبوا الإجابة الصحيحة.

مثال: مجموع طول أي ضلعين في المثلث أكثر من طول الضلع الثالث.

9- حاول تطوير السؤال بأن تسأل عما إذا كانت العبارة صواباً أو خطأً؟ ثم بيان ما إذا العكس صواباً أو خطأ.

مثال: كل اختبار ثابت صادق (خطأ)

كل اختبار صادق ثابت (صواب)

ج- اختبار التكملة

يطلب من المتعلم في هذا النوع من الاختبارات إكمال بعض العبارات الناقصة أو إضافة بعض الأرقام للتكملة.

1) تعرف موقعة الدبابات الشهيرة في حرب رمضان باسم معركة........

2) تم بناء الجامع الأزهر في عهد الدولة ....

3) $2.3 + 0.4 + 1 =$ ....

4) حامض هيدروكلوريك + هيدروكسيد صوديوم.....................

مميزات اختبار التكملة

1- يقيس قدرات متنوعة كالتعرف والتطبيق بالإضافة إلى التذكر.

2- يسمح للمتعلم بالابتكار والتعبير عن رأيه.

3- سهل الوضع والصياغة.

4- يمكن أن يغطي قدراً كبيراً من وحدات المقرر.

5- مناسب لقياس قدرة المتعلم على الاستنتاج وربط المفاهيم.

عيوب اختبار التكملة

1- يسمح بدرجة من الذاتية في التصحيح نظراً لتعدد الإجابات.

2- يشجع المتعلمين على الحفظ والتركيز على الحقائق التفصيلية.

3- يسمح بالغش والتخمين نظراً لأن المتعلم يترك له حرية كتابة الإجابة أو جزء منها.

توصيات ومقترحات لتطوير كتابة اختبار التكملة:

1- أقصر التكملة على جزء واحد من الجملة.

2- اكتب العبارة بطريقة تجعل الجزء الناقص مثيراً لتفكير المتعلم.

3- أكثر من الأسئلة التي تقيس مستويات عليا من التفكير كالتطبيق والتحليل والابتكار.

4- حاول أن تكون الأجزاء المطلوب تكملتها متساوية في الطول في جميع الأسئلة.

5- كن محدداً ومباشراً وتحاشى الغموض والأفكار الجدلية.

6- التزم بالمصطلحات التي درسها الطلاب فإذا كانت دراستهم مثلاً تستخدم المقاييس المترية فلا تستخدم في السؤال مقاييس القدم والياردة والبوصة.

7- راجع دائماً نص الاختبار بعد طبعه وقبل توزيعه لتتأكد من دقة الرسوم وصحة الأرقام.

د- اختبار المزاوجة

يعتبر اختبار المزاوجة من أهم الاختبارات الموضوعية وذلك لارتفاع درجة الموضوعية فيه بسبب انخفاض عامل التخمين بما لا يزيد من معامل الثبات لهذا الاختبار.

ويتكون اختبار المزاوجة من عمودين قائمين أحدهما يمثل المثير والآخر يمثل الاستجابات وتزيد عدد الاستجابات على عدد المثيرات وعلى المتعلم أن يزاوج أو يوفق بين العمودين ويمكن اعتباره نوعاً متطوراً من اختبار متعدد الاختبارات.

مثال: زاوج بين أفكار العمودين بوضع الحرف المناسب على يمين الرقم الذي يناسبه.

1- تعلم الحديث باللغة.	(أ) طريقة تعليمية
2- تذوق الشعر.	(ب) تعديل السلوك.
3- المحاضرة.	(جـ) مهارة حركية.
4- التلفزيون التعليمي.	(د) تأثيره في المتعلم.
5- الكتابة على السبورة	(هـ) وسيلة تعليمية.
6- التدريس.	(و) سلوك معرفي.
7- التعلم.	(ز) استراتيجية تعليمية.
8- رسم الدائرة.	(ح) فن تعليمي.
	(ط) نشاط المتعلم.

مميزات اختبار المزاوجة

1- سهل الإعداد.

2- سهل التصحيح.

3- يكاد يكون خالياً من عنصر التخمين وذلك لتعدد الاستجابات.

4- مناسب لأعمار ومستويات المتعلمين المختلفة.

5- يمكن الاستعانة بالرسوم أيضاً كالأشكال الهندسية في الرياضيات والصور في اللغات الأجنبية للتدريب على المفردات والتراكيب.

6- مناسبة لقياس قدرات التذكر للحقائق والتفاصيل والتصنيفات والقواعد الإجرائية وإدراك العلاقات بين المفاهيم وبهذا فإنه يفيد في قياس مدى تثبت المتعلمين مما تعلموه.

عيوب اختبار المزاوجة

1- يؤكد تأكيداً زائداً على الحقائق وعلى تذكرها.

2- يتطلب أحياناً مساحات كبيرة من الورق.

3- شأنه شأن الاختبارات الموضوعية لا يعتبر مناسباً لقياس بعض القدرات العقلية مثل البرهنة والقياس.

مقترحات وتوصيات لتطوير اختبار المزواجة

1- يجب أن يكون عدد الاستجابات أكثر من عدد الأسئلة حتى يقل عنصر التخمين فإذا كان في عمود الأسئلة من 5-10 أسئلة يجب أن يحتوى عمود الاستجابة على 7-14 استجابة.

2- اتبع نوعاً من المنطقية في ترتيب الاستجابات مثل التسلسل التاريخي أو الهجاء الأبجدي للأسماء.

3- وجه المتعلمين في تعليمات الاختبار إلى قراءة عمود الأسئلة أولاً دون النظر إلى عمود الاستجابات فيقرأ المتعلم السؤال ويفكر فيه للحظات ويحاول أن يسترجع معلوماته عنه أو حل المشكلة ثم يأخذ في التعامل مع كل سؤال على حده بعرضه على قائمة الاستجابات.

4- حاول أن تقصر الأسئلة على فرع واحد من فروع المادة لأن مزج المادة في سؤال واحد يؤدي إلى قلة الاستجابات المتاحة وبالتالي يسمح بالتخمين.

5- تأكد من أن كل سؤال له إجابة واحدة صحيحة.

ويراعى في الاختبارات الموضوعية بشكل عام ما يأتي:

* أن توضع على أساس أهداف واضحة محددة.

* أن تغطي أكبر جزء من مفهوم المقرر وأساسياته.

* أن تكون مميزة بين مستويات المتعلمين.

* أن تكون واضحة في عباراتها وتعليماتها.

* أن تجرب قبل استخدامها لدراسة مشكلات التطبيق والعمل على حلها.

وعلى الرغم من مزايا الاختبارات الموضوعية وبخاصة فيما يتصل بالصدق والثبات والموضوعية والاقتصاد. فإنها تتطلب جهداً كبيراً في بنائها، ولا تعطي في النهاية تصوراً عن قدرة المتعلم على الربط وإدراك العلاقات وإجراء الموازنات، والنظرة الكلية إلى الموضوع، وحسن تنظيمه وتنسيقه والتعبير عنه، وهي بكل ذلك تشجع على أسلوب معين من الاستذكار يدعو إلى الاهتمام بالجزئيات والتفاصيل ولا يعطي العناية الكبيرة للكليات.

لذلك فإن هذه الاختبارات قلما تُستخدم حالياً بمفردها لتقويم نمو المتعلمين في مجالات التحصيل واكتساب الخبرة، وإنما يستخدم بجانبها وبالإضافة إليها أساليب أخرى من التقويم الذي يعتمد على اختبارات المقال القصيرة المتنوعة، والاختبارات العلمية والأدائية والشفوية المُحسنة.

عيوب الامتحانات

لقد فرض السلَّم التعليمي ونظام الترقي من صف إلى صف. ومن مرحلة إلى مرحلة - ضرورة البحث عن وسيلة تساعد على إصدار أحكام يتم بمقتضاها ترقية المتعلم من صف إلى صف أو اختتامه لمرحلة تعليمية.

وقد استخدمت المدارس الامتحانات بصورتها التقليدية كوسيلة لتحقيق هذا الهدف. ولكن الامتحانات قد أسيء فهمها واستخدامها. وترتب على ذلك آثار بعيدة المدى في العملية التعليمية. ونوجز هذه الآثار فيما يلي:

1- المبالغة في أهمية الامتحانات لقياس نتائج عملية التعليم وثمارها

لقد أصبحت الامتحانات هي الحاكم المستبد الذي يُوجه التعليم: فهي تدعو المتعلمين والمدرسين إلى الاهتمام بجميع ما تتطلبه وإهمال جميع ما لا يدخل في نطاقها، ولا تقوى على قياسه، وبذلك صارت الامتحانات هدفاً في ذاتها بدلاً من أن تكون وسيلة لتحقيق أهداف التربية الجامعة الشاملة.

ولما كانت الامتحانات بصورتها المألوفة تركز عُلى الجانب المعرفي في أدنى مستوياته وهو مستوى الحفظ والتسميع وتهمل الجوانب التي تتصل بالفهم والتطبيق والتحليل والتركيب والحكم. كما تُهمل الجوانب الأدائية والعلمية والسلوكية. وما تتضمنه من ميول واتجاهات. وقيم وتفكير. فقد أساءت الامتحانات إلى التربية إساءة بالغة. ذلك إنَّ المتعلمين والمدرسين قد انصرفوا في ظل هذه الامتحانات عن الاهتمام بكل ما لا تقيسه وركز اهتمامهم على ما تدور الامتحانات حوله.

وبذلك تحول التدريس إلى عملية تحفيظ وتسميع، وتركز نشاط الطلاب داخل المدرسة وخارجها إلى الاستذكار والاستظهار، وبكل ذلك فقدت التربية كثيراً من قيمتها، وأخفقت جهود العاملين في ميدانها في تحقيق أهدافها التي تتصل بالتربية والتنمية الشاملة للإنسان جسمياً وعقلياً ونفسياً واجتماعياً وروحياً.

2- ترتب على سوء فهم الامتحانات كثير من الظواهر الضارة

إن الامتحانات المألوفة بأسلوبها الختامي، وطريقة وضعها وتصحيحها قد شجعت في الحقل التعليمي كثيرا من الظواهر غير المحمودة وفي مقدمتها:

أ- تحول التدريس إلى التلقين: فالمدرس يركز جهوده على شرح الدروس، ومساعدة المتعلمين على حفظها وتذكرها، وجميع ما يُعين على النجاح في الامتحان.

ب- شيوع كتب الملخصات والموجزات: وهي كتب أعدت خاصاً لمساعدة المتعلمين على اجتياز الامتحان، وتركز هذه الكتب على المواد التي تهتم الامتحانات بها

وهي سرد الحقائق وإهمال التطبيقات والصلة بالحياة، وطرق الوصول إلى الحقائق والمفاهيم بالكشف والتفكير، واستخدام أساليب التساؤل وحل المشكلات.

ج- شيوع ظاهرة الدروس الخصوصية: إن الهدف الأساسي من الدروس الخصوصية هو مساعدة المتعلمين على النجاح في الامتحانات؛ فهذا النجاح هو مفتاح باب المستقبل والوسيلة نحو تحسين الأوضاع الثقافية والاجتماعية والاقتصادية بالنسبة لغالبية الأفراد. وتركز الدروس الخصوصية على إتقان مهارات النجاح في الامتحان دون بقية الأهداف التربوية. وقد لا يكون ذلك عيباً في ذاته وإنما يتعرض التعليم لكارثة كبرى عندما تتحول الدروس الخصوصية إلى وباء يعم المدارس، ويدعوا المعلمين أحياناً إلى إساءة أداء واجباتهم حتى يشعر المتعلمين بالعجز والقصور، ولا يجدوا مفراً من ذلك إلا بالالتجاء إلى الدروس الخصوصية التي تُرهق المتعلمين جسمياً وعقلياً ونفسياً، وتُرهق إباءهم مالياً، وتسيء إلى التربية بأسرها.

د- شيوع ظاهرة الغش في الامتحانات: تتفشى ظاهرة الغش في الامتحانات بين المتعلمين في جميع المراحل والمستويات. بل لقد أصبح الغش عملاً يتفنن المتعلمين في الإعداد له، والمهارة في أدائه. فالمتعلمين يعلمون مقدماً مواطن الاهتمام بالمعلومات في الامتحانات، فيستعدون لها بالمخلصات. ثم إنهم يستخدمون كل وسيلة للاستفادة مما أعدوه ولسنا في حاجة إلى بيان ما لهذه الظاهرة من آثار اجتماعية ونفسية وخلقية سيئة. ولكننا نحب أن نؤكد في الوقت ذاته أنها ظاهرة مدمرة للتعليم.

وكثيراً ما تلجأ المدارس إلى علاج ظاهرة الغش في الامتحانات بتشديد الرقابة وفرض العقوبات الرادعة واتخاذ الضمانات الاحتياطية وتصحيح الامتحانات بالسرية اللازمة.

ومع ذلك فقد فشلت جميع الجهود السابقة في القضاء على هذه الظاهرة ذلك أنها تركز على الأعراض دون أن تُعنى بالأسباب الحقيقية.

ولاشك أن الامتحانات بصورتها المعتادة تشجع على هذه الظاهرة. فهي مجرد تسميع للمعلومات، وقياس لما حصله المتعلمين كما هو موجود في الكتب. وهنالك أنواع عديدة من الامتحانات تختبر الفهم والتفكير، والابتكار والقدرة على النقد البناء، وغير ذلك من الأمور الهامة في التربية والتي تتضمن جميعاً معرفة الحقائق. وفي ظل هذه الامتحانات المحسنة يُسمح للطالب باستخدام ما يشاء من الكتب والمراجع، فإذا أثبت الطالب قدرته على الاستفادة منها في الوقت المحدد وبالقدر المناسب، فقد أثبت جدارته.

وإذا كانت أساليب التقويم المستخدمة تتم في مواقف طبيعية، وتستهدف قياس النمو في المجالات العلمية والتطبيقية - فإنها لا تدع مجالاً لظاهرة الغش. وبالإضافة إلى ذلك فإن أسلوب التلقين في التدريس، وهو الأسلوب الذي يُعد مسئولاً عن سوء العناية بالتربية الخلقية، وضعف أساليبها في كثير من الأحيان، ذلك أن الأخلاق والقيم لا تُكتسب بالوعظ والتلقين. وإنما بالممارسة والتوجيه، وتنمية الفكر الصائب الذي يزيد من قدرة صاحبه على التمييز بين الخطأ والصواب. وبين الطيب والخبيث، وتكوين الإرادة التي تمكن صاحبها من حسن السيطرة على نفسه وتوجيه انفعالاته وفق المبادئ والقيم التي ينبغي أن تعمل التربية على دعمها.

3- الآثار النفسية الضارة للامتحانات

إن الامتحانات بأوضاعها الحالية من حيث المبالغة في أهميتها. ومجيئها في نهاية العام أو المرحلة، وتأثر النجاح فيها بالحظ بسبب عيوب أساليب بنائها وتصحيحها، تثير خوف المتعلمين، بل خوف أهليهم. وليس الخوف بالقدر المعقول كارثة. وإنما يصبح كارثة عندما يتحول إلى رهبة وقلق. وضغط نفسي يصل ببعض المتعلمين في النهاية إلى الانهيار العصبي.

ولو أن التقويم عايش العملية التعليمية وصار جزءاً مكملاً لها واستخدام الأساليب المناسبة. لما أدى إلى إهمال المتعلمين دروسهم طيلة العام، حتى إذا أقبل موسم الامتحانات أرهقوا أجسامهم وعقولهم ونفوسهم، وتعرضوا لمحنتها وآثارها السيئة.

4- عدم الاعتماد على نتائج الامتحانات في التوجيه الدراسي والمهني

كثيراً ما تعتمد المدارس، والكليات، والمعاهد والجامعات في اختيار طلابها على مجموع الدرجات التي يّحصلها المتعلمين في الامتحانات والواقع أن هذا المجموع ربما تكون له دلالة على المستوى العام للطلاب.

ولكنه لا يكشف عن استعداد، أو موهبة، أو قدرة خاصة أو عامة فهو بذلك لا يصلح وحده للتوجيه الدراسي والمهني.

ولقد تقدمت أساليب التوجيه الدراسي والمهني، وأصبحت تعتمد على اختبارات علمية مقننة لها قيمة تنبؤية عالية في مجال هذا التوجيه.

كما أنه من الخطأ العلمي والإحصائي الموازنة بين مجموع من الأفراد متقدمين لعمل من الأعمال على أساس مجموع الدرجات التي حصلوا عليها في امتحانات مختلفة وسنوات مختلفة. إذ أن هذه الدرجات تفقد قيمتها ومعناها ولا تصلح لمثل هذه الموازنات.

5- الامتحانات المعتادة غير اقتصادية

فهي مكلفة في الوقت والجهد والنفقات، ويكفي أن ننظر إلى ما تتطلبه الامتحانات العامة من جهود طائلة في سبيل الاستعداد لها، وإجرائها، وتصحيحها، وآثارها على سير الدراسة لكي تتبين لنا نفقاتها الباهظة وبخاصة إذا قيست بالامتحانات الحديثة التي تُستخدم في ظل نظام المقررات وغيرها من النظم المعاصرة.

6- ليس لهذه الامتحانات وظيفة تشخيصية أو علاجية

إن الامتحانات بصورتها المألوفة تنتهي بإعطاء درجات أو تقديرات لإجابة الطلاب، وليس لهذه الدرجات معنى من الوجهة التربوية، فهي قلما تكشف عن ناحية قوة أو ضعف، وقلما تشخص عيباً في المقرر أو الكتاب أو الطريقة، أو الحياة المدرسية، أو أعمال المتعلمين. ذلك أنها كثيراً ما تُجرى في نهاية العام أو نهاية الفترة، وقلما يهتم أحد بتحليل نتائجها، وتحديد الأسباب المتصلة بظواهرها، والاستفادة من كل ذلك في التخطيط لتعليم أفضل.

ويتضح من دراستنا لهذه العيوب المتصلة بسوء فهم الامتحانات وسوء استخدامها أنها أصبحت تمثل بأوضاعها الحالية خطراً كبيراً على العملية التعليمية. وقد أخذ رجال التربية يفكرون في تحسين أساليب التقويم الذي لا غنى للعملية التعليمية عنه. وفي مقدمة المقترحات لإصلاح عيوب الامتحانات التقليدية - محاولات إصلاحها بحيث تكون شاملة متنوعة ديمقراطية موضوعية، وبالإضافة إلى ذلك فإن هنالك اتجاهاً إلى عدم تركيز الاهتمام عليها وحدها، والاعتماد على أساليب أخرى في التقويم تُساند هذه الامتحانات حتى بعد تحسينها، وتكمل نقصها ومن هذه المقترحات الأخذ بما يسمى نظام أعمال السنة.

التقويم والتدريس العلاجي

تمهيد

قد تكشف نتائج تقويم تعلم الطلاب أن هناك بعض منخفضي التحصيل، وهذا يتطلب منك كمعلم أن تقوم بالتدريس العلاجي لهذه الفئة، لذا سنتناول هذا الموضوع بشيء من الإيضاح لأهميته لك.

إن معظم الطلاب غالباً ما يبدؤون دراستهم المنظمة في أعمار متقاربة في معظم دول العالم، وحين يبدأ المعلم في أداء مهمته مع المتعلمين في المراحل التعليمية المختلفة

يلاحظ تدريجياً وجود فروق فردية بينهم من حيث: سير عملية التعليم، قدراتهم على الاستيعاب، والفهم، والتحدث، والانتباه، والنشاط ...الخ، وتصبح هذه الفروق أكثر وضوحاً بعد السنوات الدراسية الأولى، ونلاحظ في مقابل ذلك تفاوت المعلمين في مواقفهم إزاء هذه الفروق.

وبالرغم من تقدم الدراسات التربوية والنفسية فإن ظاهرة الفروق الفردية ما زالت ظاهرة للعيان في جميع المراحل التعليمية، وهذه الفروق تظهر بوضوح من خلال مستويات التحصيل المختلفة، حيث نجد من المتعلمين ما هو متفوق دراسياً، ومنهم ما هو عادي في تحصيله الدراسي، ومنهم ما هو ضعيف في ذلك.

وإذا قبلنا مبدئياً أن مستوى التحصيل الدراسي يعد من المعايير الهامة للحكم على مدى تحقيق الأهداف التعليمية، ونجاح الخطط التربوية، فإن الظاهرة التي تستحق الدراسة والاهتمام هي التي تعوق تحقيق الأهداف وتؤدي إلى فشل الخطط التربوية، وهى ظاهرة ضعف التحصيل الدراسي لدى بعض الطلاب، والذي قد يكون ناجماً عن أسباب نمائية أو أكاديمية.

ويلاحظ المتمعن في مجال التعليم عموماً تكرار شكوى كل من المعلمين والطلاب وأولياء الأمور وسوق العمل من ضعف التحصيل الدراسي لدى بعض الطلاب، وخاصة متوسطي ومنخفضي التحصيل، والدافعية للتعلم، والذين يشعرون بالإحباط نتيجة فشلهم المتكرر في التحصيل وفي تحقيق درجات مرتفعة. هذا الشعور يقود غالباً إلى كراهية البيئة المدرسية بكامل عناصرها، تلك المشكلة التي تؤرق كافة العاملين في مجال التعليم، وتدفعهم إلى البحث عن السبل التي يمكن من خلالها تحسين وارتفاع مستوى التحصيل لدى هؤلاء الطلاب.

وتعد عملية تشخيص نقاط الضعف في تحصيل الطلاب من الأمور الأساسية في اقتراح وسائل لعلاج هذه النقاط، ويتم ذلك من خلال ما يعرف بالاختبارات التشخيصية والتدريس العلاجي.

ومن هنا تأتي أهمية هذا الموضوع الذي يهدف إلى معاونتك عزيزي المعلم في:

- إعداد الاختبارات التشخيصية التي تحدد جوانب ضعف تحصيل طلابك في مواد أو موضوعات معينة.

- إعداد الخطط العلاجية واستخدامها في تدريس جوانب الضعف التي أظهرتها الاختبارات التشخيصية.

ولتحقيق الهدفين السابقين ستتناول هذه الورقة النقاط التالية:

1- الاختبارات التشخيصية من حيث:

ـ مفهومها وأهميتها

ـ كيفية بنائها (مع التطبيق على بعض مقررات العلوم التجارية)

ـ تحليل نتائجها واستخدامها في وضع الخطة العلاجية

2ـ التدريس العلاجي من حيث:

ـ مفهومه وأهميته ووسائله واعتبارات نجاحه

ـ الخطة العلاجية وكيفية وضعها وتنفيذها

وفيما يلي نتناول هذه النقاط بشيء من الإيضاح:

أولاً: الاختبارات التشخيصية

1- مفهومها وأهميتها

تؤدي الاختبارات التشخيصية دوراً بالغ الأهمية في العملية التعليمية، إذ أنها تحدد مواطن الداء مما يمكن المعلم من القيام بالتدريس العلاجي، فكما أن العلاج الطبي الناجح يستند إلى تشخيص موضوعي دقيق للمرض، فكذلك الأمر في حالة التقصير أو الرسوب أو انخفاض التحصيل الدراسي في مقرر أو مقررات أو موضوعات دراسية معينة، فلا تقدم ولا تحسن إلا إذا شخصنا القصور ثم عالجناه، وبعبارة أخرى لا تقدم أو

نجاح إلا إذا عرفنا عن طريق الاختبارات التشخيصية ما يعرف المتعلم وما لا يعرف، ثم انطلقنا في تعليمنا مما يعرف إلى ما لا يعرف.

والمعلم في تحديده ما لا يعرف المتعلم واختياره أفضل السبل والوسائل الكفيلة بالقضاء على هذا، مثله في ذلك كمثل القائد العسكري الناجح الذي لا يبدأ حربه مع عدوه إلا بعد أن يعرف العديد من الأمور عنه مثل: استطلاع أرضه وشواطئه، قوته العسكرية وحجمها وأماكنها، ومواقع موانئه ومطاراته، كما يدرس الحالة النفسية لضباطه وجنوده وعقيدتهم القتالية، ثم يستثمر المعلومات التي تجمعت لديه في وضع خطة شاملة تقوم على نقاط القوة والضعف لدى عدوه حتى يستطيع بلوغ أهدافه.

والاختبارات التشخيصية لا تكشف عن أسباب الضعف لكنها تحدد نقاط الضعف ذاتها، فهي تبين مثلاً: أن الطالب يخطئ في التفرقة بين اسم إن واسم كان، أو المفعول المطلق والمفعول لأجله، أما تحديد أسباب الخطأ فليس من وظائف الاختبار التشخيصي، بل على المعلم أن يبحث عنها ويكتشفها بمعاونة من يرى أنه يمكن أن يفيده في ذلك كالأخصائي الاجتماعي أو ولى الأمر ...الخ.

وتستعمل الاختبارات التشخيصية قبل التدريس العلاجي وبعده، وبصور متكافئة على النحو التالي:

اختبار أ (تشخيصي)/ تدريس علاجي/ اختبار ب (تشخيصي)/ تدريس علاجي/ إتقان/ الانتقال إلى موضوعات جديدة.

ويلاحظ أننا في الاختبارات التشخيصية لا نستعمل العلامات، إذ أننا لا نرغب في ترفيع الطالب أو ترسيبه، أو إعطائه شهادة أو مقارنته بزملائه، إذ أن هدفنا من اختباره هو تحديد نقاط الضعف لديه للعمل على علاجها.

ولتوضيح كيفية استخدام الاختبارات التشخيصية نفترض أن مدرسة الرفاع الشرقي الثانوية للبنين أرادت أن تطمئن على مستوى طلبة الصف الأول بها، فأعطتهم مجموعة من الاختبارات التحصيلية النهائية في جميع المقررات، وبعد تصحيح هذه

الاختبارات وجدت أن مستوياتهم جيدة ما عدا مقرري " اللغة العربية والرياضيات "، فأعطتهم مجموعة من الاختبارات في " اللغة العربية والرياضيات " وإذا بها تكتشف أنهم ضعفاء في: النواسخ (كان وأخواتها، وإن وأخواتها)، توظيف المعاجم اللغوية في الكشف عن المفردات في اللغة العربية، والمعادلات الزمنية المرتبطة، اشتقاق الدوال الدائرية في الرياضيات فأعطتهم اختبارات في هذه الموضوعات لتحدد بدقة نقاط الضعف لديهم، إن هذه الاختبارات الأخيرة هي الاختبارات التشخيصية، أما السابقة فهي تمهيدية. وتعد الاختبارات التشخيصية من أهم أدوات التشخيص التي يمكن أن تساعد في الكشف عن مواطن الضعف لدى الطلاب بجانب الأدوات الأخرى مثل: المقابلات الشخصية، قوائم تحليل السلوك، الملاحظات. .....إلخ.

2- بناء الاختبارات التشخيصية

إذا أردت أن تبني اختباراً تشخيصياً عليك أن تتذكر أن هذه الاختبارات تصمم لطلاب يعانون من مشكلة تعليمية معينة، ويجب أن تتذكر أيضاً أنها لا تدور حول ما يدرس حالياً كاختبارات التحصيل، ولا تتطلع للأمام كاختبارات الاستعداد، بل إنها تهدف إلى تحديد نقاط الضعف لوضع الخطط العلاجية لها. ولبناء اختبار تشخيصي في أي مادة يجب عليك أن تتبع الإجراءات التالية:

أ-حدد الأهداف التعليمية المختلفة(معرفية ـ مهارية ـ وجدانية) التي تهدف إلى تحقيقها.

ب- حدد المعارف والمهارات اللازمة لتحقيق هذه الأهداف.

ج- حلل هذه المعارف والمهارات والاتجاهات إلي عناصرها الأولية (حقائق ـ مفاهيم ـ تعميمات ـ نظريات ـ فروض ...الخ).

د- ضع جدولاً للمواصفات يشتمل على: الأهداف والمحتوى السابق تحديدهما.

هـ- ضع أسئلة في ضوء جدول المواصفات السابق، ولا تغفل أي جزء، كذلك أعط كل جزء حقه من الأسئلة، وذلك حسب أهميته، أو حسب الدور الذي

يلعبه في تحقيـــق الأهداف، ولتكن أسئلتك موضوعية تمكن من القياس الدقيق.

و- رتب الأسئلة بحيث تكون الأسئلة التي تدور حول موضوع معين متلاحقة، وذلك لتشكل اختباراً فرعياً، وتسهل التحليل والتشخيص.

ز- فعلى سبيل المثال: إذا أردت أن تضع اختباراً تشخيصياً في مقرر المحاسبة (محا 111) فيمكنك أن تضع أسئلة المعادلة المحاسبية والقيد المزدوج معاً، وأسئلة عمليات الشراء معاً، وأسئلة عمليات البيع معاً، وأسئلة القوائم المالية معاً ...الخ. فإن ترتيب الأسئلة على هذا الشكل يمكنك كما يمكن الطلاب من معرفة نقاط ضعفه وقوته، إذ بمجرد النظر إلى ورقة إجابة الطالب يقف المرء بسهولة على ما فيها من خطأ وصواب في كل موضوع على حده.

ح- طبق الاختبار التشخيصي على طلابك.

3- **تحليل نتائج الاختبار التشخيصي**

فيما يلي طريقة مبسطة لتحليل نتائج الاختبار التشخيصي، حيث يمكنك السير وفق الخطوات التالية:

1- أعد جدولاً يتألف من بضعة حقول (جدول 1). وخصص الحقل الأول لأسماء الطلاب، أما بقية الحقول فخصصها للاختبارات الفرعية، أو موضوعات الفحص، التي يتكون منها الاختبار الكلي، وهى في الجدول (1) تتضمن الموضوعات التالية: المعادلة المحاسبية والقيد المزدوج ، تسجيل عمليات الشراء، تسجيل عمليات البيع، القوائم المالية.

2- قسم كل حقل إلى أعمدة بعدد الأسئلة المطروحة في الاختبار الفرعي الخاص بموضوع معين (تسجيل عمليات الشراء مثلاً)، واجعل أرقام أسئلة الاختبار الفرعي عناوين لأعمدته، ويجب أن يكون عدد الأعمدة في جميع الحقول مساوياً لعدد أسئلة الاختبار الكلي، وعددها في الجدول التالي (25 سؤال)

3- صحح أوراق الإجابة، ثم خذ ورقة إجابة كل طالب أو طالبة على حدها، وضع أمام اسمها في العمود الذي يحمل رقم السؤال الأول إشارة زائد (+) إذا كان قد أجاب السؤال إجابة صحيحة، أما إذا أخطأ في الإجابة فضع في المكان المخصص لذلك صفراً (.)، وكرر ذلك بالنسبة لبقية الأسئلة في الاختبار.

4- بعد أن تنتهي من تفريغ إجابات الطلبة كما في الجدول رقم (1) ستكون النتيجة عبارة عن صورة بيانية لنقاط الضعف والقوة لدى كل طالب أو طالبة ولدى الصف بأكمله، فإذا نظرت ببصرك أفقياً أمام اسم الطالب أو الطالبة فإنك ستحصل على صورة عما يتقنه الطالب أو الطالبة وعما لا تتقنه.

وإذا نزلت ببصرك عمودياً من أعلى إلى أسفل تحت رقم السؤال فإنك تأخذ فكرة عن نقاط الضعف والقوة لدى الصف ككل فيما يتعلق بذلك السؤال.

مثال1 : جدول (1) نتائج اختبار تشخيصي في المحاسبة (محا111)

مواضيع الاختبار	المعادلة المحاسبية والقيد المزدوج				تسجيل عمليات الشراء					تسجيل عمليات البيع								القوائم المالية							
الطالب/ رقم السؤال	1	2	3	4	5	6	7	8	9	10	11	12	13	14	15	16	17	18	19	20	21	22	23	24	25
أماني محمود	+++	+++	+++	+++	+++	+++	+++	+++	+++	.++.	+++	+++	+++	.	.	.	.	.	.	.	.	.	.	.	.
هدى حسن	+++	+++	+++	+++	+++	+++	+++	+++	+++	.+	.++	.++	.+.	.	.	.	.	.	.	.	.	.	.	.	.
ريم سعد														+	+	+	+	+	+	+	+	.	.	.	.
حنان صالح														+	.	.	.	.	.	.	.	.	.	.	.
مريم أحمد														+	+	+	+	+	+	+	+	+	+	+	+
مها محمود														.	.	.	.	.	.	.	.	.	.	.	.

فعلى سبيل المثال: نجد في الجدول السابق أن الطالبة مريم أحمد طالبة ممتازة في المحاسبة إذ أجابت عن جميع أسئلة الاختبار الكلي إجابة صحيحة ، كما أن الطالبة ريم سعد تتقن المواضيع الثلاثة الأولى:

(المعادلة المحاسبية والقيد المزدوج، تسجيل عمليات الشراء، تسجيل عمليات البيع) ولا تعرف شيئاً عن القوائم المالية. أما الطالبة مها محمود فقد أخطأت في حل جميع أسئلة تسجيل عمليات البيع والقوائم المالية، كما أنها لم تحل سؤالي 10، 11 من أسئلة تسجيل عمليات الشراء، والصف بأكمله يتقن موضوع المعادلة المحاسبية والقيد المزدوج ، كما أنه يتقن موضوع تسجيل عمليات الشراء تقريباً.

وإذا استثنينا الطالبة مريم أحمد فنجد أن الصف يجهل موضوع القوائم المالية، كما أن الصف ككل باستثناء ريم سعد ومريم أحمد ضعيف في تسجيل عمليات البيع، إذ أخطأ في حل الأسئلة من: 16 ـ 21 .

مثال2 : جدول (2) نتائج اختبار تشخيصي في مقرر الوطن العربي (أجا 101)

مواضيع الاختبار	السطح في الوطن العربي				الثروة المائية في الوطن العربي						سكان الوطن العربي											الزراعة في الوطن العربي			
الطالب/ رقم السؤال	1	2	3	4	5	6	7	8	9	10	11	12	13	14	15	16	17	18	19	20	21	22	23	24	25
أماني محمود	+++	+++	+++	+++	+++	+++	+++	+++	+++	.++.	+++	+++	+++	.	.	.	.	.	.	.	.	.	.	.	.
هدى حسن	+++	+++	+++	+++	+++	+++	+++	+++	+++	.+	.++	.++	.+.	.	.	.	.	.	.	.	.	.	.	.	.
ريم سعد														+	+	+	+	+	+	+	+	.	.	.	.
حنان صالح														+	.	.	.	.	.	.	.	.	.	.	.
مريم أحمد														+	+	+	+	+	+	+	+	+	+	+	+
مها محمود														.	.	.	.	.	.	.	.	.	.	.	.

فعلى سبيل المثال: نجد في الجدول السابق أن الطالبة مريم أحمد طالبة ممتازة في مقرر الوطن العربي إذ أجابت عن جميع أسئلة الاختبار الكلي إجابة صحيحة ، كما أن الطالبة ريم سعد تتقن المواضيع الثلاثة الأولى: (السطح في الوطن العربي، الثروة المائية في الوطن العربي، سكان الوطن العربي) ولا تعرف شيئاً عن الزراعة في الوطن العربي. أما الطالبة مها محمود فقد أخطأت في حل جميع أسئلة سكان الوطن العربي، والزراعة في الوطن العربي، كما أنها لم تحل سؤالي 10، 11 من أسئلة الثروة المائية في الوطن العربي، والصف بأكمله يتقن موضوعي السطح والثروة المائية في الوطن العربي ، كما أنه يتقن بعض الأجزاء في موضوع سكان الوطن العربي.

وإذا استثنينا الطالبة مريم أحمد فنجد أن الصف يجهل موضوع الزراعة في الوطن العربي، كما أن الصف ككل باستثناء ريم سعد ومريم أحمد ضعيف في سكان الوطن العربي، إذ أخطأ في حل الأسئلة من: 16 ـ 21.

ثانياً: التـدريس العـلاجـي

مفهومه وأهميته

يشير مصطلح التدريس العلاجي للدلالة على نوعية البرامج التربوية لحالات الضعف أو الصعوبة في التعلم، وذلك من خلال قياس مظاهر الضعف أو الصعوبة وتشخيصها بهدف وضع خطة للعلاج.

ويعد التدريس العلاجي أحد الاستراتيجيات التي تحاول أن تركز على تحقيق أهداف محددة بدقة، وهذه الأهداف تتضمن أساسيات المعرفة في المادة، والتي تعد مطلباً رئيسياً لفهم واستيعاب المهام التعليمية الأكثر عمقاً وشمولاً.

ويعد التشخيص أساس التدريس العلاجي، وفي التدريس العلاجي نتناول نقاط الضعف فقط، ثم نعمل على إلغائها. فإذا لم نقم بالتشخيص أولاً فإن التدريس العلاجي سيكون عبثاً وإهداراً للوقت والجهد والمال، ولكي نقف على جدوى التدريس العلاجي

ينبغي أن نطبق الاختبارات التشخيصية التي تم الحديث عنها آنفاً بعد التدريس العلاجي لنعالج المشكلات التي لم نفلح في حلها. وتشير الدراسات والبحوث إلى أن التدريس العلاجي يمكن أن يستخدم بنجاح تام في تدريس المعرفة والمهارات الأساسية لأي مقرر دراسي عند أي مستوى تعليمي، كما يمكن استخدامه في بيئات دراسية متباينة.

وسائل التدريس العلاجي

هناك العديد من الوسائل التي يمكن للمعلم استخدامها في علاج المشكلات التعليمية لطلابه الضعاف من أهمها:

- الكتب الدراسية البديلة: كالكتب الخارجية والمذكرات والملخصات.

- كتب النشاط: وهي مذكرات تتضمن أنشطة تعليمية يقوم بها الطالب بقصد تدريبه على مهارات معينة وإكسابه معلومات محددة.

- البطاقات التوضيحية: وتتضمن هذه البطاقات معلومات قصيرة وبسيطة، كالإجابة عن سؤال محدد.

- إعادة التدريس: وهو أسلوب يتبعه المعلم أحياناً لعلاج وتصحيح الأخطاء الشائعة بين الطلاب مستخدماً أسلوباً في التدريس يختلف عن أسلوبه الذي استخدمه في البداية عند تدريسه للموضوع الدراسي.

- المواد السمعية والبصرية ، التعليم المبرمج، المجموعات الصغيرة ...الخ.

اعتبارات التدريس العلاجي الناجح

إن التدريس العلاجي الناجح ينبغي أن تتوفر فيه مجموعة من الاعتبارات ليكون أكثر تنظيماً وشمولاً وفاعلية أهمها:

• يجب أن يركز المعلم في التدريس العلاجي على احتياجات الطلاب المحددة التي أظهرها التشخيص.

• يجب على المعلم أن يستخدم أساليب علاجية متنوعة كالسابق الإشارة إليها.

- يجب أن يتم التحكم في مدة التدريس العلاجي لضمان نشاط الطلاب.

- يجب أن يعمل برنامج التدريس العلاجي على مساعدة الطلاب على تعديل اتجاهاتهم السلبية (عدم القدرة على التعلم)، وأن تنمى لديهم الرغبة في التعلم.

- يجب أن تكون المواد التعليمية والتدريبات العلاجية مناسبة من حيث صعوبتها ومشوقة.

- يجب استخدام طرق تدريس متنوعة بحسب حاجات الطلاب والمعلومة أو المهارة المراد علاجها.

- يجب أن يكون المعلم القائم بالتدريس العلاجي واثقاً من قدرة الطالب على التغلب على الصعوبات التي تواجهه.

- يجب أن يستعين المعلم القائم بالتدريس العلاجي عند إعداد وتنفيذ وتقويم خطته العلاجية بجهود الآخرين مثل: الاختصاصي الاجتماعي، اختصاصي الوسائل التعليمية، ولي الأمر، المعلمين الآخرين ...الخ

- يجب على المعلم القائم بالتدريس العلاجي أن يقوم بإعادة تدريس جزء المحتوى الذي أخطأ أغلب الطلاب في إجابة الأسئلة المتعلقة به.

- يجب تقسيم الطلاب إلى مجموعات صغيرة، كل مجموعة من طالبين أو ثلاثة، بحيث يراعى أن تشترك كل مجموعة في خطأ ما أو أخطاء مشتركة، وتزود كل مجموعة بوسائل العلاج لهذه الأخطاء المشتركة، كأن يمنحوا تكليفات معينة، كأن يطلب منهم قراءة صفحة كذا وصفحة كذا من الكتاب المدرسي، أو يمنحوا تدريبات يقومون بأدائها تحت إشراف المعلم، أو يكلفوا بإجراء تجربة عملية أ، سماع شريط كاسيت أو مشاهدة شريط فيديو تعليمي يغطي جزء المحتوى الذي لم يتقنوا تعلمه ...الخ

- عزل الطلاب الذين لديهم أخطاء فردية، والتعامل معهم بأسلوب التدريس الخصوصي واحد إلى واحد (مدرس ـ طالب)، مع تدريبهم على أسئلة وتمارين مشابهة لتلك التي أخطئوا فيه في الإجابة عنها.

الخطـة العلاجيـة للمثال الأول

بعد أن يطبق المعلم الاختبار التشخيصي السابق الحديث عنه، وبعد أن يفرغ النتائج كما في الجدول السابق رقم (1) يضع خطته العلاجية لتخليص طلابه من نقاط الضعف لديهم، ويتوقف الوقت اللازم لذلك على عدد نقاط الضعف، وعدد الطلاب، إذ كلما زادت نقاط الضعف وزاد عدد الطلاب كلما زاد الوقت المطلوب للمعالجة، وعلى المعلم ألا يبدأ في تدريس الموضوعات الجديدة إلا إذا أوصلهم جميعاً إلى مستوي متقارب.

ولتوضيح كيفية وضع الخطة العلاجية نأخذ نتائج الاختبار التشخيصي السابق في المحاسبة، والموضحة بالجدول رقم (1)، ونبدأ في وضع الخطة كما يلي:

1- تعفى الطالبة / مريم أحمد من التدريس العلاجي، إذ لا توجد لديها أية نقاط ضعف، بيد أنه يجب أن تستثمر وقتها في تعلم شيء جديد لتستفيد، لذا يمكن أن تصرف إلى المكتبة، أو إلى غرف الأنشطة أو الملاعب لتمارس نشاط تحبه.

2- الطالبة / ريم سعد تتقن الثلاثة مواضيع الأولى، لذا تعفى كزميلتها السابقة من الدوام في الصف في الوقت المخصص للتدريس العلاجي في هذه المواضيع، وتضم إلى المجموعات عندما تشرع في تعلم موضوع: القوائم المالية.ويمكنها الاستفادة من وقتها كزميلتها السابقة حسب خطة مرسومة.

3- يعفي الصف بأكمله من إعادة تعلم الموضوع الأول: المعادلة المحاسبية والقيد المزدوج، إذ أنه يتقنه، كما يعفى أيضاً من إعادة تعلم موضوع: تسجيل عمليات الشراء، ويستثنى من ذلك الطالبات: أماني محمود، حنان صالح، مها محمود. إذ أن هؤلاء قد أخطئوا في حل السؤال رقم (10)، ولذا يجب أن يعاد

تدريبهم ليكتسوا المعارف أو المهارات التي يدور حولها السؤال، كما تدرب الطالبة/ مها محمود على إتقان المعلومة أو المهارة التي يدور حولها السؤال رقم (11)، وتشغل بقية الطالبات خلال تلك الفترة في تعلم شيء جديد أو ممارسة نشاط مفيد.

4- للتأكد من أن الطالبات: أماني محمود، حنان صالح، مها محمود قد تخلصوا من ضعفهم في موضوع: تسجيل عمليات الشراء يمتحنوا ثانية فيما فشلوا فيه، وبأسئلة جديدة، وإذا لم يظهر تحسن في وضعهن يمكن إعادة التدريس لهن أو إحالتهن للمرشدة الأكاديمية أو الاجتماعية.

5- يتم إتباع نفس الطريقة لباقي الطالبات لمعالجة ضعفهن في الموضوعات المختلفة.

الخطــة العلاجيـــة للمثال الثاني

بعد أن يطبق المعلم الاختبار التشخيصي السابق الحديث عنه، وبعد أن يفرغ النتائج كما في الجدول السابق رقم (2) يضع خطته العلاجية لتخليص طلابه من نقاط الضعف لديهم، ويتوقف الوقت اللازم لذلك على عدد نقاط الضعف، وعدد الطلاب، إذ كلما زادت نقاط الضعف وزاد عدد الطلاب كلما زاد الوقت المطلوب للمعالجة، وعلى المعلم ألا يبدأ في تدريس الموضوعات الجديدة إلا إذا أوصلهم جميعاً إلي مستوي متقارب.

ولتوضيح كيفية وضع الخطة العلاجية نأخذ نتائج الاختبار التشخيصي السابق في مقرر الوطن العربي، والموضحة بالجدول رقم (1)، ونبدأ في وضع الخطة كما يلي:

1- تعفى الطالبة / مريم أحمد من التدريس العلاجي، إذ لا توجد لديها أية نقاط ضعف، بيد أنه يجب أن تستثمر وقتها في تعلم شيء جديد لتستفيد، لذا يمكن أن تصرف إلى المكتبة، أو إلى غرف الأنشطة أو الملاعب لتمارس نشاط تحبه.

2- الطالبة / ريم سعد تتقن الثلاثة مواضيع الأولى، لذا تعفى كزميلتها السابقة من الدوام في الصف في الوقت المخصص للتدريس العلاجي في هذه المواضيع، وتضم إلى المجموعات عندما تشرع في تعلم موضوع: الزراعة في الوطن العربي. ويمكنها الاستفادة من وقتها كزميلتها السابقة حسب خطة مرسومة.

3- يعفي الصف بأكمله من إعادة تعلم الموضوع الأول إذ أنه يتقنه، كما يعفى أيضاً من إعادة تعلم موضوع الثاني، ويستثنى من ذلك الطالبات: أماني محمود، حنان صالح، مها محمود. إذ أن هؤلاء قد أخطئوا في حل السؤال رقم (10)، ولذا يجب أن يعاد تدريبهم ليكتسوا المعارف أو المهارات التي يدور حولها السؤال، كما تدرب الطالبة/ مها محمود على إتقان المعلومة أو المهارة التي يدور حولها السؤال رقم (11)، وتشغل بقية الطالبات خلال تلك الفترة في تعلم شيء جديد أو ممارسة نشاط مفيد.

4- للتأكد من أن الطالبات: أماني محمود، حنان صالح، مها محمود قد تخلصوا من ضعفهم في موضوع: الثروة المائية في الوطن العربي يمتحنوا ثانية فيما فشلوا فيه، وبأسئلة جديدة، وإذا لم يظهر تحسن في وضعهن يمكن إعادة التدريس لهن أو إحالتهن للمرشدة الأكاديمية أو الاجتماعية.

5- يتم إتباع نفس الطريقة لباقي الطالبات لمعالجة ضعفهن في الموضوعات المختلفة.

ثالثاً: أعمال الفصل ودورها في التقويم

تتجه كثيرٌ من الدول المتقدمة في المجال التربوي إلى التخفيف من سيطرة الامتحانات التقليدية ومساوئها العديدة، وقد ألغت كثير من المدارس الابتدائية المتقدمة امتحانات النقل من فرقة إلى فرقة، واكتفت بامتحان تحريري واحد يُعقد في نهاية المرحلة.

كما ألغت بعض المدارس الثانوية. كما في ألمانيا الشرقية امتحانات النقل في هذه المرحلة التي تمتد عشر سنوات. وفي جميع هذه الحالات استعاضت المدارس عن هذه الامتحانات بتقويم المدرسين لما يقوم به المتعلمين من نشاطات طيلة العام الدراسي. ويسمى هذا النظام الذي يجعل لتقويم المعلم لأعمال طلابه أهمية في تقدير أعمالهم واتخاذ القرارات بالنسبة لترقيتهم من فرقة إلى أخرى، بنظام أعمال السنة.

وقد أدخل نظام أعمال السنة في كثير من مدارس البلدان العربية في جميع مراحل التعليم، مع الاعتماد عليه وحده في السنوات الأولى من المرحلة الابتدائية، وتخصيص نسبة له تتراوح بين 40، 60% من النهاية العظمى لامتحان المادة في بقية الصفوف والمراحل.

والغرض من الأخذ بهذا النظام هو عدم الاعتماد على الامتحانات بصورتها التقليدية اعتماداً كلياً من جهة، ومعالجة أخطاء هذه الامتحانات وعيوبها من جهة أخرى. فنظام أعمال السنة يتيح الفرصة أمام المعلمين لتقويم نمو طلابهم تقويماً شاملاً مستمراً فردياً متنوعاً على مدار العام الدراسي، وهو في الوقت ذاته يُساعد على تشخيص نواحي الضعف والقوة لدى المتعلمين، والعمل على تحسين الأوضاع والارتفاع بمستوى التعليم، وهو لا يعتمد على اختبار النواحي اللفظية والنظرية فحسب، وإنما يصلح لتقويم النمو في النواحي العلمية والتطبيقية، وفي مجالات الميول والاتجاهات والقيم والعلاقات والسلوك وغيرها مما تحقق الامتحانات العادية في قياسه، أو إثارة الاهتمام به.

وإذا كان للتقويم قوة دافعة بالنسبة للمتعلم فإن إعطاء وزن لأعمال السنة بالنسبة إليه سوف يكون علاجاً لكثير من الظواهر التي تشكو منها المدارس حالياً وفي مقدمتها مشكلات السلوك والمواظبة، وتواني المتعلمين في دراستهم أشهراً طويلة من العام الدراسي حتى إذا أقبل موسم الامتحانات الختامية، أرهقوا أنفسهم في فترة نهاية العام باستذكار الدروس، وحفظ الكتب، والاستعداد للامتحان. ومن ذلك يتضح أن الأخذ

بنظام أعمال السنة له مزايا متعددة، ولكن هذه المزايا لا يمكن أن تتحقق من تلقاء ذاتها، وإنما تتحقق بقدر ما نخطط ونهيئ الظروف المناسبة للوصول بها إلى الأهداف المنشودة.

وقد دلت الدراسات الاستطلاعية التي أجريت حول أساليب تطبيق هذا النظام في كثير من المدارس - على أنه لا يُطبق على أساس علمي سليم. فكثير من المدرسين يلجئون في سبيل تقويم نمو طلابهم على مدار العام الدراسي، إلى امتحانات دورية يجرونها في نهاية كل أسبوع أو شهر أو فترة محددة أو غير محددة. وقد تكون هذه الامتحانات شفوية أو تحريرية. وفي كلتا الحالتين تتسم هذه الاختبارات بالعفوية والارتجال. فقد يطلب المدرس إلى طلابه الإجابة عن سؤال أو أكثر في مدة يحددها لهم، في حصة من الحصص. والاختبارات على هذه الصورة تحمل كل مساوئ الامتحانات المعتادة وزيادة. وهي في الوقت ذاته لا تُعالج العيوب التي وضع النظام لعلاجها.

وقد حاولت بعض المدارس أن توزع درجات أعمال السنة على مجالات محددة، ليكون في توزيعها عون للمدرس على حسن الانتفاع بها. ومن أمثلة هذا التوزيع، إعطاء 10% من درجة أعمال السنة لكل من الامتحان الشفوي والأعمال التحريرية في الفصل والمواظبة والسلوك. وكراسة المجهود الشخصي وكراسة الحصة.

ويؤخذ على هذا التوزيع أنه يعطي أوزاناً متساوية لجميع هذه المجالات. بينما تختلف قيمتها وأوزانها الحقيقية من مجال إلى مجال. وينبغي أن يتم هذا التوزيع على أساس علمي. كما أن هذا التوزيع أدخل السلوك والمواظبة ضمن أعمال السنة. ومع أهمية السلوك والمواظبة، فإنه ينبغي أن يكون لهما تقدير خاص. يحاسب المتعلمين بمقتضاه، بحيث يُجزى الممتازون ويحاسب المقصرون، وبالإضافة إلى ذلك فإن هذا التوزيع لا يقدم حلولا حاسمة لمشكلة عدم معرفة المعلمين لفلسفة هذا النظام وأهدافه. وطرق الانتفاع به في تحسين مستوى التعليم.

ويتطلب نجاح هذا النظام على مدى ما نُقدمه للمعلمين من عون في مجاله. فينبغي أن يكون لدى المعلم فكرة واضحة عن هذه الأهداف السلوكية التي يعمل على تحقيقها،

وطرق تحقيق هذه الأهداف وأساليب تقويمها. بحيث يكون قادراً على ترجمة الأهداف إلى معايير. وتهيئة الظروف المناسبة. والملاحظات التي يجمعها عن طلابه بصورة علمية وأساليب الحوار والمناقشة التي يُجريها معهم. كما ينبغي أن يكون المتعلم متمرساً بمهارات تسجيل هذه البيانات وتحليلها، وتفسير النتائج، والتحقق من صحة الفروض التي يُقيم عليها تفسيراته ورسم الخطة لإجراء التحسينات اللازمة وعلاج المشكلات بالتعاون مع المتعلمين والمدرسين وإدارة المدرسة والمنزل وجميع العوامل التربوية الأخرى.

وعلى الرغم من مزايا الأخذ بنظام أعمال السنة، فإن تقديراته كثيراً ما يشوبها عنصر الذاتية. فكثير ما يتأثر المدرس في حكمه على المتعلم ببعض النواحي الخاصة مثل مظهر المتعلم وعنايته بالنظام والترتيب. ومثابرته وخصائصه الاجتماعية. ونحن لا نريد أن نقلل من أهمية هذه الصفات، ولا من أثرها في النجاح حاضراً ومستقبلاً، ولكننا لا نريد أن يختلط حكم المعلم على التحصيل ببعض المؤثرات الخارجية مهما كانت أهميتها، وذلك حتى لا نظلم الموهوبين أو نضع بعض المتعلمين في غير مواضعهم من الوجهة التحصيلية. لذلك فإننا نقترح أن يقترن نظام أعمال السنة بنظام البطاقات الشاملة التي تُعطي جميع مجالات النمو والشخصية ما تستحقه من اهتمام. بحيث تتكون لدينا صورة واضحة عن كل من النواحي التحصيلية لدى المتعلمين وخصائصهم الاجتماعية والنفسية. وبذلك نستطيع أن نشخص مواطن القوة ومواطن الضعف ونقدم للمتعلمين أفضل عون ممكن في سبيل تحقيق نموهم الشامل.

أسئلة التقويم الذاتي

س1: وضح الفرق بين التقويم والقياس؟

س2: اشرح باختصار أنواع التقويم؟

س3: عدد مجالات التقويم ووسائله؟

س4: اذكر مميزات وعيوب الاختبارات الموضوعية؟

س5: وضح رأيك في عيوب امتحانات الثانوية العامة؟

س6: ما هي مقترحاتك وتصوراتك لتطوير الاختبارات المقالية؟

س7: ما هي الشروط التي ينبغي مراعاتها عند بناء الاختبارات الموضوعية الآتية:

أ- الاختيار من متعدد   ب- الخطأ والصواب   ج- التكملة

س8: ضع علامة (√) أمام الإجابة الصحيحة لكل مما يأتي:

(1) وضع أحد الزملاء السؤال التالي من نوع الصواب والخطأ " تُعد طريقة القسط المتناقص لحساب الإهلاك أفضل دائماً من طريقة القسط الثابت. هذا السؤال غير جيد

أ- تضمنه أكثر من فكرة   ( )

ب- عدم التجانس بين عناصره   ( )

ج- وجود بعض الكلمات تفيد التعميم   ( )

د - كل من ب ، ج   ( )

(2) يقضي المستجيب (الممتحن) معظم وقته في التفكير والكتابة عند الإجابة عن أسئلة:

أ- الاختبار من متعدد   ( )

ب- المقابلة (المزاوجة)   ( )

ج- المقال   ( )

د- الصواب والخطأ   ( )

(3) لتحسين تصحيح إجابات الطلاب عن الأسئلة المقالية ينبغـي :

ا- إعداد نموذج يوضح العناصر الرئيسية لإجابة ( )

ب- تصحيح إجابة جميع الطلاب على السؤال الأول ثم الذي يليه ( )

ج- قيام مصحح واحـد بتصحيح جميع الأسئلة ( )

د- كل من أ ، ب ( )

(4) وضع أحد زملائك سؤالاً من نوع المقابلة، وتضمن العمود الأول المصلحات الآتية : الفاتورة - الشيك - الكمبيالة - السند - التخزين - التأمين - النقل، وتضمن العمود الثاني تعريفات لهذه المصطلحات. فإن هذا السؤال غير جيـد؛ لأنـه ينقصه :

أ - الترابط اللفظي ( )

ب - التناسق اللغوي ( )

ج - التجـانس ( )

د - ليس واحداً مما سبق ( )

(5) التقويم أشمل وأعم من القياس لأنه :

أ - يصف السلوك أو البرنامج وصفاً كمياً ونوعياً ( )

ب - يحكم على قيمة السلوك أو البرنامج ( )

ج - يحكم على بدائل القرارات التي تتخذ ( )

د - كل ما سبق ( )

(6) إن نواتج عملية القياس والتقويم هي الموجه لكل مما يأتي فيما عدا :

أ- المعلم والمتعلم ( )

ب - مدير المدرسة وولي الأمر ( )

ج - مخططي ومطوري المناهج ( )

د -أصدقاء المعلم والمتعلم ( )

(7) إن الذي يساعدنا على اتخاذ قرار بتقسيم الطلاب إلى مجموعات أكثر تجانسا هو التقويم :

أ- التكويني ( )

ب- المبدئي ( )

ج- التجميعي ( )

د- التتبعي ( )

(8) حصل الطالبان أحمد ، محمد على الدرجتين 90 ، 70 على التوالي في الاختبار النهائي لمادة المحاسبــة (الدرجة العظمى 100) فإذا علمت أنهما في الاختبار المبدئي للمادة قد حصلا على الدرجتـين 60 ، 30 على التوالي. فعلى أي معيار من المعايير التالية بعد إنجــاز الطالب محمد أفضل من الطالب أحمد :

أ- النسبي ( )

ب- المتعدد ( )

ج- الأعلى ( )

د- الأدنى ( )

(9) يصنف التقويم من حيث التوقيت الزمني إلي تقويم :

أ- تكويني وتجميعي ( )

ب- كمي وكيفي ( )

ج- داخلي وخارجي ( )

د- مركزي ولا مركزي ( )

(10) من خصائص التقويم الجيد :

أ- الثبات والموضوعية ( )

ب-الاستمرار والتكامل ( )

ج- التوازن والشمول ( )

د- كل من ب ، ج ( )

(11) يقوم المعلم بجميع الخطوات التالية عند وضع خطة التقويم الشهرية فيما عدا :

أ- إعداد قائمة بالأهداف التربوية الواجب تحقيقها ( )

ب- إعداد قائمة بنشاطات التعليم والتعلم ( )

ج- تحديد الزمن المناسب لتدريس الموضوعات ( )

د- إعداد قائمة بالموضوعات التي تدرس خلال الشهر ( )

(12) يتم تحديد الأوزان النسبية لموضوع دراسي معين من خلال :

أ- عدد صفحاته ( )

ب- عدد حصصه ( )

ج- أراء الخبراء ( )

د- كل ما سبق ( )

(13) أي مما يأتي يعد أفضل أسلوب لتقويم الطالب في استخدام أجهزة ومعدات المختبر التجاري :

أ- اختبار الاختيار من متعدد ( )

ب- بطاقة الملاحظة ( )

ج- المقابلة الشخصية ( )

د- اختبار المقال ( )

(14) الاختبارات التي تعد لأغراض التقويم التكويني هي اختبارات :

أ- محكية المرجع أكثر من كونها معيارية المرجع ( )

ب - معيارية المرجع أكثر من كونها محكية المرجع ( )

ج- محكية المرجع أقل من كونها معيارية المرجع ( )

د - معيارية المرجع أقل من كونها محكية المرجع ( )

(15) يتكون جدول مواصفات الورقة امتحانية من :

أ- محورين للأهداف والمحتوى ( )

ب- ثلاثة محاور للأهداف والمحتوي وأساليب التقويم ( )

ج- أربعة محاور للأهداف والمحتوى والأنشطة وأساليب التقويم ( )

د- ليس واحداً مما سبق ( )

(16) وضعت اختباراً في مادة فن البيع من نوع الاختيار من متعدد ، التكميل ، المزاوجة والصواب والخطأ . فإنه من الأفضل أن يتم ترتيب فقرات هذا الاختبار علي أساس:

أ- درجة الصعوبة ( )

ب- نوع الفقرة ( )

ج- تسلسل المحتوى ( )

د- الأهداف التعليمية المرجوة ( )

(17) جميع ما يلي بعد من مزايا ترتيب فقرات الاختبار على أساس نوع الفقرة فيما عدا :

أ- سهوله التصحيـح ( )

ب- سهوله وضع التعليمات ( )

ج- سهوله التطبيـق ( )

د- المحافظة على التهيؤ العقلي للطالب ( )

(18) وضعت اختباراً في مادة الأعمال المكتبية يحتوي علي أكثر من نوع من الأسئلة الموضوعية فإنه من الأفضل وضع تعليمات الاختبار في صورة :

أ - عامـــة ( )

ب - خاصة لكل نوع ( )

ج - عامـة وخاصة ( )

د - كـل ما سبق ( )

(19) المعلومات المتعلقة بالغرض من الاختبار وزمنه وطريقة الإجابة عليه تعد من :

أ- الخصائص ( )

ب- الشروط ( )

ج- التعليمات ( )

د- المزايا والعيوب ( )

(20) يتم تحليل الأسئلة الموضوعية لتحديد ما يلي فيما عدا :

أ- معامل الصعوبة ( )

ب- معامل التمييز ( )

ج- معامل السهولة ( )

د- معامل الصدق ( )

(21) جميع ما يلي يعد من مميزات أسئلة الاختيار من متعدد فيما عدا أنها :

أ- يمكن أن تستخدم في قياس الفهم والتطبيق ( )

ب- تستخدم بكثرة في مختلف مجالات المعرفة ( )

ج- تتطلب من المختبر استخدام عمليات عقلية مختلفة ( )

د- تحتاج في إجاباتها إلى قدر كبير من الكفايات اللغوية ( )

(22) للحصول على مؤشر إحصائي لفاعليه المشتت في بدائل الاختيار من متعدد يجب معرفة :

أ- عدد طلاب الفئة العليا الذين اختاروا المشتت ( )

ب- عدد طلاب الفئة الدنيا الذين اختاروا المشتت ( )

ج- العدد الكلى للطلاب ( )

د- كل ما سبق ( )

(23) يتحدد عدد الأسئلة في كل خلية من خلايا جدول المواصفات على ضوء:

أ- الأهداف المراد تحقيقها ( )

ب- الأهمية النسبية للموضوع ( )

ج- الزمن المخصص للاختبار ( )

د- كل من ا ، ب ( )

(24) كلفت بوضع اختباراً من نوع الاختيار من متعدد في مادة البنوك مدته ثلاث ساعات فإن عدد أسئلة هذا الاختبار يجب أن يتراوح بين :

أ - 60 - 90 ( )

ب- 50 - 70 ( )

ج- 40 -60 ( )

د - 30- 80 ( )

(25) ما يلي عبارة عن جدولاً للمواصفات امتحان في موضوعات مادة السكرتارية :

الموضوعات/ الأهداف	تذكر	فهم	تطبيق	الوزن النسبي
أ				20 %
ب				30 %
ج				50 %
الوزن النسبي	10 %	20%	70 %	100 %

في ضوء ما سبق فإن عدد الأسئلة الخاصة بمستوى التطبيق للموضوع (ج) هو :

أ- 14 ( )

ب- 4 ( )

ج- 35 ( )

د- 6 ( )

(26) تعد بطاقة الملاحظة نوع من :

أ- الاختبــارات ( )

ب- مقاييس التقدير ( )

ج- مقاييس العلاقة ( )

د - مقاييس النزعة المركزية ( )

(27) كل ما يلي من جوانب الضعف في الأسئلة الموضوعة فيما عدا :

أ- تمكن الطالب من الوصول إلي الإجابة الصحيحة بالتخمين العشوائي ( )

ب- لا تعطي الطالب الفرصة أن يعبر عن معرفته بلغته ومفرداته الخاصة ( )

ج- تحتاج إلي مهارة وخبره كبيرة في صياغتها وصياغة تعليماتها ( )

د - لا تحتاج من الطالب أن يستدعي المعلم ويسأله عن طريقة الإجابة ( )

(27) جميع ما يلي من جوانب القوة في الأسئلة الموضوعية فيما عدا أنها :

أ- تمكن المعلم من تحديد المطلوب من السؤال بشكل لا يتحمل الغموض ( )

ب - تمكن المعلم من اختبار عدد مناسب من الأسئلة يمثل المحتوي ( )

ج- تمكن المعلم أن يصحح إجابات الطالب بسهوله ويسر ( )

د- تشجع الطالب علي تفتيت المادة ودراستها دون الحاجة للربط بين الأفكار ( )

(29) تتميز الاختبارات المقالية عن الاختبارات الموضوعة بأنها:

أ- تتمتع درجات الطالب فيها بدرجة ثبات عالية ( )

ب - تشجيع الطالب على تفتيت المادة الدراسية ( )

ج- توفر وقت وجهد المعلـــم ( )

د- تهيئ للطالب فرصة إظهار فرديته ( )

(30) من المؤشرات التي قد تساعد في التوصل إلى الإجابة الصحيحة :

أ- وجود ترابط لفظي بين المتن والبدائل كما في الاختيار من متعدد ( )

ب- وجود بعض الكلمات التي تفيد التأكيد كما في الصواب والخطأ ( )

ج- ضعف التجانس في عناصر العمود الواحد كما في أسئلة المطابقة ( )

د- كل ما سبق ( )

(31) طريقة القسط المتناقص أفضل دائما من طريقة القسط الثابت لحساب للإهلاك.

هذا السؤال غير جيد لـ:

أ- تكرار بعض الكلمات في السؤال ( )

ب- عدم الانسجام أوالتناسق اللغوي في السؤال ( )

ج- وجود بعض الكلمات التي تفيد الجزم أو لتأكيد ( )

د - كل من ا، ب ( )

(32) يفضل إعداد إجابة نموذجية مقدماً توضح العناصر الرئيسية في الإجابة لأسئلة:

أ- الاختبار من متعدد ( )

ب- المقابلة (المزاوجة) ( )

ج- المقـــــال ( )

د- الصواب والخطأ ( )

(33) لتحسين تصحيح إجابات الطلاب على اختبار المقال يمكن :

أ- إعداد نموذج يوضح العناصر الرئيسية لإجابة ( )

ب- تصحيح إجابة جميع الطلاب على السؤال الأول ثم الذي يليه ( )

ج- قيام أكثر من مصحح بالتصحيح وأخذ المتوسط ( )

د- كل ما سبق ( )

(34) وضع أحد زملائك سؤالاً من نوع المقابلة وتضمن العمـود الأول المصـلحات الآتيـة : الشيك ، الكمبيالات - السـند - الشراء - البيـع -التخـزين ، وتضـمن العمـود الثـاني تعريفـات لهذه المصطلحات ، فإن هذا السؤال غير جيد لأنه ينقصه :

أ - الترابط اللفظي ( )

ب - التناسق اللغوي ( )

ج - التجانس ( )

د - ليس واحداً مما سبق ( )

نشاط صفي (8)

- صياغة أسئلة تقومية مقالية في مجال المتخصص
- صياغة أسئلة موضوعية مختلفة لمجال التخصص

المراجــــــع

قائمة المراجع

أولاً المراجع العربية

1- إبراهيم بسيوني عميرة: المنهج وعناصره، القاهرة، دار المعارف، 1987م.

2- أحمد بلقيس، توفيق مرعي،الميسر في سيكولوجية اللعب،الأردن، دار الفرقان،1987م.

3- احمد حسين اللقاني: المناهج، الأسس، المكونات، التطبيقات، القاهرة، عالم الكتب 1994م.

4- أحمد خيري كاظم، جابر عبد الحميد: الوسائل التعليمية والمنهج، القاهرة، دار النهضة العربية.

5- بنيامين بلوم، وآخرون: نظام تصنيف الأهداف التربوية، ترجمة محمد الخوالدة وصادق عودة، جده، دار الشروق، 1985م.

6- توفيق أحمد مرعي، محمد محمود الحيلة، تفريد التعليم، الأردن دار الفكر 1998م.

7- جابر عبد الحميد جابر، آخرون: مهارات التدريس، القاهرة، دار النهضة العربية، 1992م.

8- جابر عبد الحميد: سيكولوجية التعلم ونظريات التعليم، القاهرة، دار النهضة العربية.

9- الجمعية المصرية للمناهج وطرق التدريس، أبحاث المؤتمر العلمي الثالث عشر "مناهج التعليم وتنمية التفكير"، جامعة عين شمس،25-26 يوليو 2000.

10- جودت أحمد سعادة، استخدام الأهداف التعليمية في جميع المواد، القاهرة، دار الثقافة للنشر والتوزيع، 1991م.

11- خليل يوسف الخليلي،د. عبد اللطيف حسين حيدر، -محمد جمال الدين يونس،تدريس العلوم في مراحل التعليم العام، الإمارات، دار القلم، 1996م،.

12- دي بونو، التفكير الإبداعي، ترجمة: خليل الجرسي، أبو ظبي،المجمع الثقافي،1997.

13- ديفيد وجونسون،روجرت.جونسون،إديث جونسون هولبك التعلم التعاوني ترجمة مدارس الظهران الأهلية، السعودية، 1995م.

14- رالف تايلوز: أساسيات المناهج، ترجمة أحمد خيري كاظم، جابر عبد الحميد، القاهرة، دار المعارف، 1983م.

15- صالح عبد العزيز، عبد العزيز عبد الحميد، التربية وطرق التدريس، القاهرة، دار المعارف، 1975م.

16- صالح عبد الله عيسان، الأهداف التربوية السلوكية، مسقط، كلية التربية والعلوم الإسلامية، 1989م.

17- عبد الباقي أبو زيد، أثر أسلوبين للتعلم التعاوني على التحصيل في العلوم التجارية والثقة بالنفس لدى طلاب التعليم التجاري، مجلة الثقافة والتنمية،

جمعية الثقافة من أجل التنمية سوهاج، مصر،العددان الأول والثاني يوليو2000/ يناير 2001م

18- عبد الرحمن سالم البلوشي (2001). التعلم من خلال المجموعات. منشورات المديرية العامة للتربية والتعليم لمنطقة الباطنة شمال، قسم التربية الإسلامية، صُحار، سلطنة عُمان.

19- عفاف اللبابيدي،عبد الكريم خلايله،سيكولوجية اللعب، الأردن، دار الفكر، 1993م.

20- علي السيد سليمان، عقول المستقبل -استراتيجيات لتعليم الموهوبين وتنمية الإبداع، الرياض،مكتبة الصفحات الذهبية،1999.

21- فتحي عبد الرحمن جروان،تعليم التفكير- مفاهيم وتطبيقات،عمان، دار الكتاب الجامعي،1999.

22- فوزي طه إبراهيم، رجب الكلنرة: المناهج المعاصرة، الإسكندرية، منشأة المعارف، 1983م.

23- الكسندر روشكا، الإبداع العام والخاص، ترجمة: غسان أبو فخر، الكويت، مكتبة عالم المعرفة، 1989.

24- محمد أحمد. العقلة (2000). قيادة المشاغل التدريبية والعمل في مجموعات. منشورات وزارة التربية والتعليم، قسم الإشراف الفني، مسقط، سلطنة عُمان.

25- محمد أمين المفتي، "فرق التفكير وحل المشكلات العالمية "، مؤتمر مناهج التعليم وتنمية التفكير، الجمعية المصرية للمناهج وطرق التدريس،جامعة عين شمس، 25- 26 يوليو 2000.

26- محمد أمين المفتي، قراءات في تعليم الرياضيات،القاهرة مكتبة الأنجلو المصرية، 1995.

27- محمد بن علي بن حارب البلوشي، التعلم التعاوني، وزارة التربية والتعليم بسلطنة عمان، مسقط: منطقة الباطنة شمال.

28- مراد وهبة، منى أبو سنة،أبحاث ندوة الإبداع وتطوير كليات التربية من 6-8 مايو 1995، جامعة عين شمس، مركز تطوير اللغة الإنجليزية، 1996.

29- منصور محمد يعقوب (2000). التعلم التعاوني والعمل في مجموعات. منشورات وزارة التربية والتعليم، قسم الامتحانات، مسقط، سلطنة عُمان.

30- منير كامل ميخائيل،ندوة التربية العلمية ومتطلبات التنمية في القرن الحادي والعشرين،مركز تطوير تدريس العلوم، جامعة عين شمس،4- 5 ديسمبر 1996.

31- نورمان جروتلند: الأهداف التعليمية، ترجمة أحمد خيري كاظم، القاهرة، دار النهضة العربية.

32- ورقة توصيات ندوة دور المدرسة والأسرة والمجتمع في تنمية الابتكار، 25-28 مارس 1996، كلية التربية جامعة قطر، الدوحة، قطر، 1996.

33- وزارة التربية والتعليم. (2000). العمل في مجموعات. إعداد فريق من دائرة مناهج العلوم والرياضيات، مسقط، سلطنة عُمان.

34- وزارة المعارف السعودية، "تقرير عن المؤتمر العالمي السابع للتفكير – المنعقد في سنغافورة في المدة من 1-6 يونيو 1997" مجلة المعرفة، ع32، مارس 1998.

المراجع الأجنبية

1- Akin, J.M. (1969). "Behavioral Objectives in Curriculum Design A Cautionary Note" In R.C. Anderson et al. (Editors).

2- Current Research on Insert - Unction. Englewood Cliffs, New

3- Jersey: Prentice - Hall Inc.

4- Bishop R.D (1969). "Effectiveness of Prier Exposure to perform objectives as a technique for Improve - meant of student Recall and Retention" - Unpublished Doctoral Dissertation. The Ohio states university at Columbus, Ohio.

5- Bloom, Benjamin S. et al. (Editors) (1956). Taxonomy of Educational Objectives: the Classification of Educational, Goods: handbook I: Cognitive Domain New York: Langmeuns, Green and Company.

6- Burner J. Good new, and G. 1956 Austin, Astudy of Thinking. (New York: John wiley).

7- Bloom, P.S. et al (1971), and handbook on Formative and Summative Evaluation of Student Learning - New York: McGraw - Hill Book Company.

8- Borphy. J. And Good, T. (1974), Teacher. Student Re - Lationshipi of Thinking. (New York: Holt, Rinehart and Winston.

9- Clark. D.C., 1971 Teaching Concepts is the Classroom: asset of Teaching Prescip Tlans Derived From Experimental Research," Catalan Psychology, 62, No.

10- Copper, J. M., et al (1977), Classroom teaching skills A Hard book. Lexington, Mass: D.C. Heath and Com. pray.

11- Edwards, C.H. et al, (1977), Planning, teaching and Evaluating Competency Approach. Chicago: Nell-Son-Hall.

12- Flankers, N. A. 1970 Analyzing Teaching Behavior (New York, Addison - Wesley,).

13- Cange, R.M. (1977), The Conditions of Learning (3rd edition). Newark: Holt, Rinehart and Winston.

14- Greenland, N.E. (1976), Measurement and Evaluation in teaching (3rd edition). Newark: Macmillan Co.

15- Kemp, J.E. (1977), Instructional Design: A plan for unit and course development. (2nd ed.) Belmont - California: Fearon publishers Inc.

16- Krothwohi: DP et al. (1964), Taxonomy Educational Objectives: the classification of Education coatis Handbook: Aft active Domain. New York: David Mckay Company, Inc.

17- King, A.R. and Baron, T.A. (1966) The Curriculum and The Disciplines of Knowledge (New York Johnwiley-).

18- Martin, J. (1970) Explaining, Understanding and Teaching (New York: M.C Grow Hill,).

19- Stones, E. (1972) and Marisa's. Teaching Practice, Problems, and Perspectives (London, Methuen,).

20- Sanders N, M, (1966). Classroom questions: What Kinds, New York: Harbor Row Pueblos hers.

21- Thompson, Brend (1973). Learing to teach [London, Sid wiek, Jackson,

22- Wilson, P.S, (1972). Interstand Discipline In Education (London Rout - Ledge Kegal Paul

23- Cale, M.A. Sarquis MN., Nolan, L.M. (1991). Physical Science the Challenge of Discovery. Lexington: D.C. Health & Co.

24- Willerman, M., Mac Harg, R.A. (1991). The concept map as an advance organizer, Jounal of Research in Science Teaching, 28, 705-711.

25- Sharan, Y. & Sharan, S. (1992). Expanding Cooperative Learning Through Group Investigation. New York: Teachers College, Columbia University.

Printed in the United States
By Bookmasters